JIEGOU
YU LIANJIE

解构
与连接

SHANGHAI WENHUA CHANYE
KONGJIAN ZAIZAO YANJIU

上海文化产业
空间再造研究

王　涛◎著

中国财经出版传媒集团

经济科学出版社
Economic Science Press

图书在版编目（CIP）数据

解构与连接：上海文化产业空间再造研究/王涛著．
－－北京：经济科学出版社，2021.12
ISBN 978－7－5218－3200－6

Ⅰ.①解… Ⅱ.①王… Ⅲ.①文化产业－产业发展－
研究－上海 Ⅳ.①G127.51

中国版本图书馆 CIP 数据核字（2021）第 248423 号

责任编辑：胡成洁
责任校对：刘　昕
责任印制：范　艳

解构与连接：上海文化产业空间再造研究

王　涛　著

经济科学出版社出版、发行　新华书店经销

社址：北京市海淀区阜成路甲 28 号　邮编：100142

经管编辑中心电话：010－88191335　发行部电话：010－88191522

网址：www.esp.com.cn

电子邮箱：expcxy@126.com

天猫网店：经济科学出版社旗舰店

网址：http://jjkxcbs.tmall.com

北京季蜂印刷有限公司印装

710×1000　16 开　14.75 印张　270000 字

2022 年 3 月第 1 版　2022 年 3 月第 1 次印刷

ISBN 978－7－5218－3200－6　定价：75.00 元

（图书出现印装问题，本社负责调换。电话：010－88191510）

（版权所有　侵权必究　打击盗版　举报热线：010－88191661

QQ：2242791300　营销中心电话：010－88191537

电子邮箱：dbts@esp.com.cn）

前　言

在全球化、网络化的时代背景下，在体验经济、共享经济的语境模式下，城市转型、产业升级已成为常态。当前，城市更新改造已成中国新型城镇化发展的重要内容之一，国家"十三五"规划亦提出"旧区改造与城市更新、产业转型升级更好结合"的要求。国外已有诸多产业创新升级的典型案例，包括城市历史街区、工业区、社区等，文化产业的再生产、更新、复兴、营造及对于"空间再造"的研究，已相当成熟。在城市更新和产业升级的宏观背景下，中国城市的大众消费方式和文化体验需求的形式、业态和要求不断变化，由此衍生出一种文化消费潮流和体验需求，使"空间再造"课题重要性凸显。更新和再造城市文化产业的物质和活动空间，有着巨大而多元的动能、要素、环节、机制，以某种力量和模式运作于其中，迅速解构着人们的思想和行为模式，进而影响着城市发展和社会生活。城市文化、文化产业、空间再造，尤其在以上海为代表的中国大都市中，三者互为机理、关系密切。大力发展文化产业，培育和凸显城市的文化特征，将文化特征显化为海派文化生产力，是上海城市转型升级的需要，也是上海城市可持续发展的动能。本书对上海文化产业空间再造的主要问题进行表里现象和相互关系的梳理和研判，尤其对其所起解构与连接之作用和功能引发的诸多关联问题进行思考，把握其中态势、路向、模式、规律等，力求带来相关的重要启发和借鉴。

本书选取上海为研究对象，以上海特有的社会文化要素及要素之间的关联关系为研究的逻辑依据和立论视角，基于对 69 处典型性案例地的多次实地走访和调查，对上海近年来文化产业的空间再造问题进行研究和个案剖析，在城市更新和地方理论的宏观视域下，梳理和研判中国大都市发展中文化产业空间再造的新态势、新动向，提炼其中的发展模式、特征、属性及关联问题，并在此基础上，对不同动力机制下呈现出的不同类型的典型文化产业再造空间事例做进一步的分析，以呼应和归纳发展模式。辅以对国际横向案例釜山经验和模式的分析，探究上海文化产业空间再造中的一些规律和趋向、寻求更优化发展的路径和方案。

文化是一种想象力，文化产业是元素的迭代叠加和转换，文化产业所具有的产业力有时表现为一系列的模糊创造，但其空间再造形态上是物象具化的载体更新和重塑，同时也包括非物态的空间场域、系统、意识等形态的演进和发展，功能上是起承转合的连接和解构，文化产业空间再造也是一种想象力的再造。上海文化产业空间再造，表现出文化资源价值的区位人文的聚合，地方性和社区融入特征明显，具有多面向的研究和观察维度，异质性和典型性较强，能够根据一定的逻辑依据和立论视角，总结和归纳出自己的发展范式——本书称为上海经验或上海模式。通过探讨和比对上海文化产业空间再造的生产和运作发展规律，能够推演和总结出上海模式的特征、属性，进而为构建有关影响因素的主客观内容模型创造条件。

本书在具体研究方法上，以质性研究为主，侧重于社会学和文化人类学的研究范式，综合运用文献研究法、实地调研法、观察法、演绎法和归纳法等，部分章节辅以问卷、访谈，借助对高德地图、PICPICK 制图软件、移动客户端等对有关地理、区位、线路走向等信息资料进行分析和整理，对自有资料（包括文字记录、图片等）进行汇总和归纳。以上海特有的社会文化要素及其关联关系为研究的逻辑依据和立论视角，通过调研过程中的信息采集、汇总、整理、比较、分析工作，基于学理性的宏观视域、逻辑推演和案例研究，层层演绎、步步推敲，以期发现现状与问题，梳理特征与原因，总结趋向与态势，研判关系与规律，寻求路径与方案。

从根本上来说，文化产业空间再造问题，是一个策略性的发展问题的求解过程，是通过对文化产业空间的平面铺展和立体重构的空间关系的解构、链接、赋新，以实现更好的城市生活质量。在空间的还原、重构、再造、赋新等过程中，它体现主体与客体跨时空的想象力、衔接度、融合性。一定意义上，它将现代人都市文化生活的问题，解构为一种新生活的机会，提供了一种更乐观和集约的方式，让人们热爱生活、探求自我、审视未来。

对上海文化产业空间再造问题的研究，是对我国地方文化产业发展的专题性研究，是对上海的文化产业发展与社会空间之间关系的研究。本书以上海特有的地方性社会文化要素及其关系为立论视角和逻辑依据，分别对上海文化产业发展的历史演进、宏观格局、地域特征、空间发展新趋向、空间发展模式及特点做了分析和研判，并对滨江、沿河、群组、环链式的四种空间结构属性的四个典型性文化产业空间再造的案例进行了多维度、多路向、多态势的空间属性研究。

上海文化产业空间再造，具有鲜明的上海城市特色和地域特性，具有鲜明的文脉烙印和上海发展范式，具有文化产业空间再造的特有规律、属性、特征，既是一个作为国际化大都市的经验和态势，也可反映某一维度和剖面上中国文化产业发展的路向和特征。上海模式有其自身宝贵的实践经验，亦有需要提升的客观挑战，作为经济发达、文化多元、人口众多的中国城市的文化产业空间发展典型范式之一，融合创新，扬长避短，不断完善，方能价值彰显。

CONT目ENTS录

第**1**章

绪论

1.1　研究背景与目的

城市更新改造已成中国新型城镇化发展的重要内容之一，国家"十三五"规划提出"旧区改造与城市更新、产业转型升级更好结合"的要求。上海市"十三五"规划及于 2017 年 5 月召开的新一届市委党代会上提出，除经济中心、贸易中心、金融中心、航运中心的"四个中心"之外，全力将上海建设成为"全球科创中心"和"全球文化中心"，建设令人向往的卓越的全球城市，着力打造创新之城、人文之城、生态之城。大力发展文化产业，培育和凸显城市的文化特征，将文化特征显化为海派文化生产力，是上海城市转型升级的需要，也是上海城市可持续发展的动力。人文之城，公正包容，更富魅力。中外文化交相辉映，现代和传统文明兼收并蓄。建筑是可阅读的，街区是适合漫步的，公园是最宜休憩的，市民是尊信守法文明的，城市始终是有温度的。① 这样的表述和定位，既强调一种"以人为本"城市人文精神的塑造，也无疑给上海未来城市的文化休闲设施建设、人文环境营造、文化游憩活动开展、文化消费的供给与升级，文化产业空间及模式的发展和创新等与文化及文化产业发展相关的城市环链，提供了前提和保障。

2017 年 12 月，上海市委、市政府印发了《关于加快本市文化创意产业创新发展的若干意见》②，提出了上海着力发展文化产业的总体要求，提出在未来五年基本建成现代文化产业重镇、2030 年基本建成具有国际影响力的文化产业中心、2035 年全面建成具有国际影响力的文化产业中心，并在发展影视、演艺、动漫等重点领域，构建现代文化市场体系，引导资源要素向文化产业集聚等方面，做了具体部署和实施策略。这既是在宏观政策面上，更是在具体发展思路上，对上海文化产业的发展做出了至关重要的定位、导向和指引。

在诸多让城市"有温度"的资源要素配置中，在人性化的城市人文及产业力的搭建和创模中，在重点发展文化产业的进程中，上海文化产业发展的空间问题及关联性话题，已成为城市可持续发展必不可少的逻辑议题，也

---

① 上海市委书记韩正于 2017 年 5 月 8 日召开的中共上海市第十一次代表大会开幕式上的讲话，在描述上海未来城市发展目标中的"人文之城"时，提出的愿景。

② 2017 年 12 月 12 日，上海市委、市政府正式对外发布《关于加快本市文化创意产业创新发展的若干意见》，引来各方高度关注。

是上海城市产业转型生态环链流动闭合中物质文化载体重塑的重要立论依托。

对上海文化产业空间问题的探讨，离不开宏观视域下高屋建瓴的观察。在全球化、互联网时代背景下，在体验经济、共享经济的语境模式下，城市转型、产业升级已成为常态。国外早有诸多产业创新升级的典型案例，涉及城市历史街区、工业区、社区等，文化产业的再生产、更新、复兴、营造及对"空间再造"的研究。

在欧洲，以浓郁历史文化氛围见长的英国城市街区，较早营造出特有的场所感和认同感，用场景与地方感，吸引更多的就业、商业、旅游机会，促进内城本身居住条件的改善，使得内城振兴并与其他城市街区整合。荷兰埃因霍温自觉进行城市产业格局的调整，飞利浦等生产基地的转移，给大量闲置工业遗址的产业转型带来契机，而飞利浦 Strijp-S 工业区经过十年的改造，成功转型为文化创意产业聚集区和创意生活区，成为地区复兴的典范。西班牙巴塞罗那普布诺更新改造中，城区更新成为共识，在经济复兴和社会再购的规划中，强调创新驱动产业改造，形成了全球第一个创新新城。

在亚洲，日本在地方建设中，充分挖掘"人""文""产""地""景"五类资源，将保护利用作为核心，提升产业、文化、景观生态等多元价值，最终带来了可持续地自下而上的一股内生力量，推动了文化产能的释放和正态发展规律。韩国致力于体现不同的文化产业空间格局，使街巷里弄成为文化产业空间主要依托，街区的布局、创意小店的设计感、消费带动的需求成为文化产业的动力。空间布局整体均衡，局部活跃，空间再造较少大动干戈、兴师动众，文化产业的属性渗透到国家、城市和人们的思维、行为中，形成产业良性发展惯性。位于首尔的北村韩屋村，位于都市圈的爱宝主题乐园，位于釜山的甘川文化村、电影的殿堂、迎月路等，都是韩国文化产业空间再生的典型成功范例。

在城市更新和产业升级的宏观背景下，中国大众消费方式和文化体验需求的形式、业态和要求快速变化，由此推衍出一种迫切的文化消费和体验需求，使"空间再造"课题的重要性凸显。生产、更新和再造城市文化产业的物质和活动空间，有着巨大而多元的动能，以某种力量和模式迅速解构人们的思想和行为模式，进而影响着城市发展和社会生活。事实上，近年来，中国的文化产业发展、创新、变革一直在进行着，在《中国文化产业年度发展报告 2016》① 中，分别以"宏观发展环境的新变化""文化产业资源的

① 叶郎. 中国文化产业年度发展报告 2016 [M]. 北京：北京大学出版社，2016.

新开发""文化产业的竞争与发展"为主题加以呈报。

城市文化、文化产业、空间再造，尤其在以上海为代表的中国大都市中，三者彼此关联、互为机理；对表里现象和相互关系的梳理、深究和研判，会引发对诸多关联问题的进一步思考，这些问题环环相扣，如能把握其中态势、路向、模式、规律等，则会带来相关的重要启发和借鉴，既有实践意义，又有学科理论探索的价值。

在城市更新和消费新需求等视域下，本书对上海文化产业表里现象和关系的梳理、探究和研判，基本是基于对一个个活化个案的走访和田野调查。如，位于上海市徐汇区的 D1 国际创意空间，是由两幢相连的三层旧式老公房改建而成，敞开式的楼面，有不同于其他创意园区的外观设计，强烈而浓郁的"上海老住宅"特征明显，旧貌新颜，整体感突出。本地居民居于徐汇区传统老居民区，四周被老公房包围，外出通道狭窄，人流固化，囿于空间，物理的"辗转腾挪"尚费工夫，外向型的空间辐射和产业输出又谈何容易。走访和观察上海城市文化、文化产业发展时，必然绕不过空间问题。从另外一种维度思考，现有空间形态下，作为特殊的社区，老小区旧公房"四面埋伏"的 D1 国际创意空间，到底能创造多少产业价值、产生多少文创功效，空间通达是否可优化，发展模式怎样去比对？进而追问层出不穷的文创载体是否需要"千人一面"，如果不需要，空间再造中的创新如何实践，实践中如何把握度向、路向和分寸？这些环环相扣的问题，串联起"城市文化、文化产业、空间再造"三者之关系，使得基于空间的文化产业研究有趣有益。

由文化产业空间引发的思考还有其他案例。如位于上海市北虹桥的 F. E. U1985 时尚创意园，被业界誉为"有腔调的时尚艺术区"，这一略带上海地方口语特征的评价，让人在好奇之余，不免思考：以服装设计和视觉艺术为主要特色的园区如何体现了上海地域特色，海派文化衍生出的新业态如何通过空间再现，它所依载的老上海工业厂房的历史发展脉络如何，视觉上宽敞的艺术空间如何被加以利用，是什么力量和因素推动了它的形成和发展，空间再造中如何处理各种关联方的权责，上海诸多老工业厂房的改造形式是怎样的，其中用于文化产业的发展命运有何异同，与什么变量有关，有何空间形态，有无成功规律和发展模式，有无生存边界，等等。

"一年一小变，三年一大变"。上海城市发展和更新中，所涉文化产业载体空间的相关个案很多。与上述情形相仿，笔者在多次走访和田野调查中，着重关注上海文化产业空间再造，由此便逐渐引发了将在本书探讨的相关问题。将个案的问题提炼整合，形成了本书的研究方向。上海文化产业空间是如何形成的？上海文化产业空间布局和载体样式有何形态特征？上海文化产业空间再造的发展态势、路径和模式如何？哪些因素可能影响上海文化产业空间再造？上海本地的地域文化和地方性特征，在资源价值再整合前提下，如何具体体现在上海文化产业空间发展中？上海文化产业空间有无自身固有的生存边界或生命周期，如果有，在空间上是怎么体现的，将怎样影响文化产业的功能辐射？上海文化产业发展的空间风貌特性和内在机理特点有哪些，能否归纳为"上海模式"？

城市更新、城市复兴、城市重构、城市再造等，也是国内外城市问题研究领域持续关注的热点，其既与城市发展的规划、设计有关，也与城市的空间改造、物质载体、生产生活息息相关。

本书选取上海为研究对象和立论剖面，以上海特有的社会文化要素及其关联关系为研究的逻辑依据和立论视角，基于对 69 处典型性案例地的多次实地走访和调查，对其近年来文化产业的空间再造问题进行研究和个案剖析，在城市更新和地方理论的宏观视域下，梳理和研判中国城市发展中文化产业空间再造的新态势、新动向，评述和归纳其中的发展模式、特征、属性及关联问题，在此基础上，对不同动力机制下呈现出的不同类型的典型文化产业再造空间案例做进一步的分析和探因，呼应发展模式，辅以对韩国釜山相关经验和模式的分析，探究上海文化产业空间再造中的一些规律和趋向，寻求优化发展的路径和方案。

1.2　研究预设与主要内容

1.2.1　研究逻辑或预设

文化是一种想象力，文化产业是元素的迭代、叠加和转换，文化产业的发展有时表现为一系列的模糊创造，其在空间再造形态上是物象具化的载体更新和重塑，同时也包括非物态的空间场域、系统、意识等形态的演进和发展，功能上是起承转合的连接和解构。文化产业空间再造也是一种想象力的再造。上海文化产业空间再造，表现出文化资源价值和区位、人文的聚合，"自身所固有的东西"① 是发展的契机，地方性和社区融入特征明显，具有多方面的研究和观察维度，异质性和典型性较强，能够根据一定的逻辑依据

---

① 叔本华. 幸福的三个来源 [J]. 现代大学周刊, 2017 – 08 – 27.

和立论视角，总结和归纳出自己的发展范式，本书称为上海经验或上海模式。在探讨和比对上海文化产业空间再造的生产和运作发展规律过程中，本书力图推演和归结出上海模式的特征、属性，进而为构建有关影响因素的主客观内容模型创造条件。

本书既有基于田野的思考和研判，亦有案例研究，还有就各自显化的共有特性做出演绎和归纳，最终共同指向为文化产业空间再造议题上的"上海经验"或"上海模式"的范式研究。这也可以看成是关于文化产业空间再造"上海经验"或"上海模式"研究中的若干子预设或子话题。具体内容包括：（1）上海老厂房的空间再造、产业升级、业态转型已自成规模和特色，形成众多集中却未显性辐射的创意产业园，受制于上海的纵深空间面积，又被单位的地域分隔影响功能的连接度；（2）上海老弄堂的改造，形成代表性文创社群和文旅社区，体现海派文化产业发展的整体性和新意识标识；（3）特色街道、街区、场所，经过物理改造、串联和资源价值再整合，形成主题鲜明的文化产业富集的城市街区、地理廊道、岸线，凸显新的城市文脉和地脉；（4）依托交通、人口、传统商业的城市综合体，形成消费升级下体验与共享双重驱动的文化新地标和文化产业发展新的空间生态格局；（5）上海街头巷尾的文化品牌和创意小店，衍生和改变着城市发展的微观路向，既是补充，亦自成特色，并在地域分布上有规律可循；（6）外国人集聚区、国际商务区等文化产业空间的分布、形态、组合、发展模式，形成了鲜明的跨文化对榫、功能互补、空间呼应等态势和特征，并体现了交通、居住、商务活动、人员往来等非政府因素对文化产业空间再造的生成机制和空间格局的影响。

1.2.2 本书的主要研究内容

第一部分，引言。主要介绍研究本书的背景与目的、研究假设和内容、研究方法和创新之处。举例说明研究文化产业空间再造问题的必要性，在实地走访过程中由想象引发的诸多关联思考，进而整合凝练成本书研究的目的。研究预设是基于对现有态势、规律等的理性思辨后提出的逻辑定设，后文中将理论结合实际加以具体论述。对上海经验或上海模式的探讨，采用质性研究方法，尝试进行文本和实证的研究。寻求对理论架构的完善和新的理论解释逻辑，并运用于文化产业领域日渐火热的创新创业实践浪潮。

第二部分，具体概念、理论与文献综述。对本书涉及的三个主要概念以及两个重要的依托理论（城市更新理论和地方理论）做了梳理和介绍。文献综述部分分类收集、整理、归纳了同类文献，进行比对和分析，以判断和领会领域里的学术热点和本书研究的可行性。

第三部分，上海文化产业发展的阶段性演进、空间格局与地域特征。分别从时间、空间的维度，就上海文化产业空间态势、整体空间体系、城乡分布结构及地域性特征做了分析和归纳。因篇幅所限和论述重点所需，以2010年上海世博会为时间界限，前后对比，分析新世纪上海文化产业发展演进的两大阶段，尤其是2010年前发展缓慢的原因。从现有情况看，中心城区－郊区的二元文创发展态势特征虽随都市郊区化影响整体日渐改善，但"作为整体的局部"① 的上海郊区城镇和"作为局部的整体"② 的上海市区，仍呈现诸多不均衡的空间发展规律。因此，在做好上海市区城区文化产业空间布局的同时，不可忽视作为上海城市整体中重要组成部分的郊区的空间格局，应探索其与城区文化产业空间上的遥相呼应和动态发展的长效机制。围绕"上海文化产业空间再造"的预设语境和前提，指出上海郊区文化产业应与市区要素主体进行空间多向合作和空间错位再造的必要性，以体现空间意识。

第四部分，上海文化产业空间再造的趋向与模式研究。从概念的重释与赋新、理论的突破和丰富、态势和模式的推演、特征和属性的总结等方面，分析和阐述"趋向"，对上海文化产业空间的形态、业态、类型、布局、分布、距离、纵深、规模、体量等方面，做分类研究，以此提出对"文化产业空间"概念的属性区分和细化类型的探讨，并选取空间分布、形态组合、业态特征三个变量，分别从聚集和梯度、多元多样载体、资源价值和地方性三个方面做推演。其中论及城市新地标的文化产业元素和比重、空间再造下的市民文化生活变化，探讨在空间多元和更迭情形下，文化产业的空间地位。这一部分对发展模式的分析和阐释，则是回望和映射本书的几个子预设，将上海文化产业空间再造的范式归纳为特征性明显的几类路径，依次考察，并从中思考社区融入嵌入性、地域割裂、非显化辐射、被动内向性、市场和非市场的多重动因、空间的生存边界等发展问题。探讨商业及商业环境对上海文化产业空间再造的影响价值，重点考察上海的69处典型性案例，在探讨中进行比较分析，推演、归纳出共同属性和规律性特征。以上海特有历史、区位、人口、地域、产业、社会发展等社会文化要素及其关系作为重要的逻辑推演思路和依据，归纳出四种"上海经验"或"上海模式"：社区赋能式的里弄民居、街坊老宅及附属地方的空间改造，工业遗存、文博遗产

①② 王铭铭在《局部作为整体——从一个案例看社区研究的视野扩展》中提到，原文发表于《社会学研究》，2016年第4期。

的地方性再生，"文""商""旅"业态融合的空间再造，国际化影响下的文化产业的空间自觉。并基于社会文化要素的视角，进一步提炼为文化产业空间的想象力、区位的人文产业特性、资源价值的地方性再生、文化遗产空间的"超级存在"四种发展模式的特征，寻求对现有理论架构的完善和新的理论解释逻辑。

第五部分，案例研究。分别从政府主导和民间自发两个路向，对上海典型文化产业空间再造的个案进行细致深入分析和研判，进一步解读不同发展路径和模式的文化产业空间的再造过程、特征、规律、经验。以虹口－北外滩地区、闸北－苏河湾地区、山阴路地区、虹桥－虹泉路地区为典型案例地，在现有概念和已有理论框架基础上，以"滨江""沿河""群组""环链"这四种代表性的空间结构属性为逻辑依据，针对四种空间不同的发展经验、特征、模式，基于上海特有的地方性社会文化要素，分别进行各维度、各路向的空间再造态势和特征的研究。用想象力、区位人文性、地方再生、超级存在等观点进行穿插阐释，重点分析空间分布、形态组合、业态属性、结构特征、发展模式、具体做法、改善建议等，推及其他，探究和总结上海文化产业空间再造的一般性发展经验或模式。

第六部分，横向的国际案例研究。选取韩国釜山市作为与上海进行横向比对的城市。这种比对，不是严格意义上的比较研究，而是兼论性质的案例研究。作为韩国典型性大城市的釜山市，其独特的社会文化要素、特有的地方性特征、沿海沿江的地貌、文化资源的丰富与多元等特征，都与作为中国典型性大城市的上海类似。基于此因，探析韩国釜山文化产业空间再造的模式、经验、特点，考察其利用文化资源价值和地方性特征进行文化产业发展的具体实践路径，探究其因，可做一定程度上的借鉴之用。笔者认为：釜山文化产业空间再造的实践中，强调地方性的"文化营造"和社区融入，讲究空间资源的充分利用和均衡发展，凸显原生性和创意性，表现为一种鲜明的"地方营造"特点，是文化空间的"经营和再造"。

第七部分，结论与展望。这一部分将再次梳理、总结前文提及的内容，全面地归纳出本书的研究结论，并对上海文化产业空间的可持续发展和未来进一步的研究进行展望。

1.3 研究方法

本书以质性研究为主，侧重于社会学和文化人类学的研究范式，综合运用文献研究法、实地调研法、观察法、演绎法和归纳法等，部分章节辅以问卷、访谈，借助高德地图、PICPICK 制图软件、移动客户端等对有关地理、区位、线路走向等信息资料进行分析和整理，对自有资料（包括文字记录、图片等）进行归纳，通过对调研过程中的信息采集、汇总、整理、比较、分析，基于学理性的宏观视域、逻辑推演和案例研究，层层演绎、步步推敲，以期发现现状与问题，梳理特征与原因，总结趋向与态势，研判关系与规律，寻求路径与方案。

1.3.1 文献研究法

（1）文献研究法是通过常用的国内外文献搜索引擎，对现有文献进行收集、分类、梳理、整理、比对，就与上海文化产业空间再造问题相关联的文献，按类进行文献综述研究。当某一类文献较多时，依次按转引量、下载量、点击量选取样本文献，同时考虑了文献的影响因子和登载期刊的区级，对同类相似课题的研究，一般以 SCI、EI、CSSCI 等核心期刊的文献为首选。当选取的同类比对文献较多且不易阅读辨识时，以表格形式综述。

（2）对城市空间、文化产业相关中外文专著、书籍和第一手资料，做研究综述。在论及上海文化产业空间再造的发展态势和趋向等内容时，对"组团""集聚"等学术界持续关注的焦点问题的发展演进过程的总结，对代表性专家、专著、观点的引用和阐释，都是基于对其代表性文献中文本资料的具体运用。

（3）对田野考察和实地走访中收集到的诸多第一手资料进行汇总、分类、整理、筛选，注重文字记录资料与现场观察的结合，必要时也以图表、附注、附录等形式呈现。

1.3.2 基于实地调查的研究方法

学术不同于创作，学术上的"一空依傍"，是指找到学术前沿，提出新问题，开出新领域，或解决旧的悬案。葛晓音形容读书时认为，"只是有个大概的方向，然后不停地提问、质疑，最后会得出结论，这个最后的结论可能和以前想的完全不同。"[①] 本书所做的分析、阐释、归纳、推演，包括对原有概念的内涵赋新、对新现象和态势的发现、对原有理论的不同维度的理解和阐释、对一些研究问题的思维角度的推演过程等，都是基于走访、观察、调研、记录等工作一步步进行和形成的。伴随着理性的辨识和思考，对

---

① 葛晓音. 器局：学者内心的修养［J］. 文艺研究，2016（1）.

走访过调研过程和各种搜集而来的资料进行分类、整理，在逐步分析、推敲、演绎的基础上，逐渐发现和形成一些对相关问题的逻辑思路、立论线索和研究结论，既有质化研究的逻辑演绎的过程，也有田野考察的调研过程，在方法论的属性上，更多地倾向于文化人类学的研究范式。

1.3.3 基于地理信息的研究方法

本书运用高德地图、PICPICK 制图软件、移动互联网客户端等工具开展研究。通过对地理、地域、区位、数据等实时信息的获取，更直观地开展文化产业空间再造研究。这既是关于文化产业方面的研究，又是关于空间特点属性方面的研究，聚焦于文化产业新建、重构、再造的众多空间、场域、区位、系统及其之间的关联关系。在具体的研究中，还会涉及深层次、多路向、多维度的关于空间分布、形态组合、样式属性、业态特点、路径类型、发展模式等方面的一个或多个关联案例地的比较、分析、推演、研判。这些过程除了有学理性的逻辑思路和推演，还要有充分可靠的地理位置、区位条件、地铁串联、外部形态、分布组合、产业活动开展场域情况、周边场域情况等方面的图文数据信息作为支撑。通过高德地图，主要采集和获取文化产业再造空间客观发展演进过程中有关地理、交通、区位、形态、分布、组合等方面的图文信息；通过 PICPICK 制图软件，主要标识和绘制研究对象的考察线路、考察路向、空间方位、空间结构、空间属性、空间关系等方面的图文和数据信息；通过移动互联网，尤其是微信朋友圈、微信购票等手机客户端，主要采集和获取文化产业再造空间主体性参与过程中有关年龄、职业、时间段、产业活动开展场域、产业活动开展形式、产业活动内容、产业活动地区、与生活区社区的地理关系等方面的图文和数据信息。

1.4 本书创新之处

1.4.1 概念和理论上的创新

基于城市更新和地方理论，本书在对上海文化产业空间再造的研究中，侧重于对文化产业空间的想象力、区位的人文产业特性、资源价值的地方性再生、文化遗产空间的"超级存在"等维度的阐释，试图突破和丰富现有概念和理论，从学科交叉的角度，归纳经验和模式，对城市空间理论、文化产业理论提供新的逻辑假设和理论支撑。

1. 概念上的创新

文化产业空间是什么样的空间，其内涵、外延可否延伸，形态特征是什么，边界在哪里？不产生显性经济产业效力的社会文化空间是否是文化产业空间的范畴，而产生显性经济产业效力的社会活动或自发性组织所进行的暂时性文化活动空间，是否也是文化产业空间的范畴等。与相似概念做比对，尝试进行概念分级，以确认作为一级概念的"文化产业空间"，是否有二级、三级概念，可否依据目标物的物态形式或产业活动中的从属性质等方面进行细化分类。例如，统称为"世界遗产"的概念包含"自然遗产""文化遗产""自然与文化双遗产""文化景观"等二级概念，各二级概念的内涵、范畴、边界均不同，形态上更是分为"有形文化遗产"和"无形文化遗产"。再如，城市更新是对城市中某一衰落的区域进行拆迁、改造、投资和建设，以全新的城市功能替换功能性衰败的物质空间，使之重新发展和繁荣，包括两方面内涵：一方面是对客观存在实体（建筑物等硬件）的改造；另一方面是对各种生态环境、空间环境、文化环境、视觉环境、游憩环境等的改造与延续，包括邻里的社会网络结构、心理定式、情感依恋等软件的延续与更新。那么，"文化产业空间"可否做内涵上的丰富和外延上的扩展，进一步地分类和细化呢？能否从更具广义上的范畴去理解"文化产业空间"，进而使得"文化产业空间再造"问题拥有更全面、更多元、含有多路向和多维度上的内涵和外延？因此，在对上海文化产业空间再造的发展趋向的阐释中，基于对物理学、心理学等学科的交叉运用，对文化产业空间分布、结构、形态、组合等方面的阐释和案例分析时，将会对"文化产业空间"进行概念的赋新、内涵的丰富、外延的扩展。另外，结合走访和调研，在对代表性案例空间再造的新发展趋向的分析和总结时，笔者归纳和推演出新的"空间群组""空间环链"等概念，并对其概念进行了描述和解释，对其特征进行了分析和阐述。

2. 理论和方法的创新

基于上海特有的地方性社会文化要素及其关联关系，重视上海历史、区位、人文、产业、社会发展等要素对空间再造的影响，由此层层推敲、步步推演，最终归纳出上海特有的文化产业空间再造的四种发展模式。通过走访和调研，与案例相结合，在分析和研究上海文化产业空间再造的新趋向时，提出了基于系统论的空间分布形态、组合的优化发展路径，即由"空间集聚"发展为"空间群组"和"空间环链"。在分析和研判四种发展模式特点时，以交叉学科的视角，综合运用社会学、文化人类学、心理学、地理学的学科理论和研究范式，从不同维度、路向阐释上海模式的属性特征，分别归纳为文化产业空间的想象力、区位的人文产业特性、资源价值的地方性再生、文化遗产空间的"超级存在"等。通过上述理论视角、逻辑思路、推演依据、理论的综合运用,分析和研判关于上海文化产业空间再造的重要问题,阐明本书的逻辑依据、分析过程、研究结果,以丰富和突破现有理论观点,进而形成更全面完善的文化产业空间再造理论架构体系。

1.4.2 实践和实证上的创新

本书以名人故居、特色街区、体育观赛、休闲娱乐为特色,以多伦路文化街区、山阴路风貌区、甜爱路涂鸦文化街、四川北路文化商街为重点,通过空间再造、串联、提升,将由街道、街区、文化名人遗产、文化风貌区等空间要素及其关联关系而形成的空间群组进行串联、整合、活化,挖掘丰富的文化遗产资源IP,盘活名人故居、文博遗址等空间场域,设计文创产品、内容、线路及衍生品,发展"文旅商"业态融合的空间,推动产业创新升级。

当前,上海积极谋划打造全球竞争力"4+2中心"的各层级规划建设,文化产业空间再造在数量、质量、规模、知名度上均有快速发展态势,发展模式也较为独特,但还是缺少总体上具备战略性导向性的空间谋划和布局。除在远郊的上海自贸区设有文化产业进出口机制创新外,大多中小文化产业主体成为积极实践的主力,老的历史文化风貌区已无法承载新的文化产业发展需求,在体制机制上,急要大胆创新、实践,急需政府主导的与地域社会经济发展相匹配的文化中心城市建设试验区,而文化产业实体的空间集聚的空间选址和产业配置又至关重要。基于此,本书将进行上海创建"全球文化中心城市"纸面上的视觉空间设计,综合区位和其他产业要素,做出涉及上海三区的三角跨区协同是上海文创试验区选址规划,以给政府部门提供参考。

另外,正如前文所述,在重点做好上海市区城区文化产业空间布局的同时,宏观上也不可忽视作为上海城市整体中重要组成部分的郊区的产业空间格局。上海郊区的新型城镇化和产业的合理布局,在上海城市发展及产业转型升级中至关重要。事实上,上海郊区很多新市镇和新城,正在着手发展各具特色的文化产业,突出地方特性,发挥资源优势,体现产业价值。作为国际大都市的上海,在实践层面,也应积极探索和尝试郊区与城区文化产业空间上的遥相呼应和有机动态发展的长效机制。这一点,在本书最后一部分内容中,结合上海新型城镇化和上海郊区文化产业转型发展策略,将会做出相应的分析、展望和建议。

第**2**章

概念、理论与文献综述

2.1　相关概念

2.1.1　文化产业

文化产业这一术语产生于 20 世纪初，最初出现在霍克海默和阿多诺合著的《启蒙辩证法》一书之中。它的英文名称为 culture industry，可以译为"文化工业"，是工业思维的产物。后工业时代，以文化属性为重要特征，将其工业特性赋予更多的产业功能。文化产业作为一种特殊的文化形态和特殊的经济形态，影响了人们对文化产业的本质把握，从不同国家、不同角度看文化产业有不同的理解，不同的组织机构对文化产业的具体定义也不同。

联合国教科文组织关于"文化产业"的定义如下：文化产业就是按照工业标准，生产、再生产、储存以及分配文化产品和服务的一系列活动。①

美国没有文化产业的提法，他们一般只说版权产业。日本政府则认为，凡是与文化相关联的产业都属于文化产业，除传统的演出、展览、新闻出版外，还包括休闲娱乐、广播影视、体育、旅游等，也称为内容产业，更强调内容的精神属性。

中国对文化产业概念的定义为："从事文化产品生产和提供文化服务的经营性行业。"文化产业是与文化事业相对应的概念，两者都是社会主义文化建设的重要组成部分。文化产业是社会生产力发展的必然产物，是随着中国社会主义市场经济的逐步完善和现代生产方式的不断进步而发展起来的新兴产业。②

2004 年，中国国家统计局将"文化及相关产业"界定为"为社会公众提供文化娱乐产品和服务的活动，以及与这些活动有关联的活动的集合。"③2012 年，中国国家统计局在最新的《文化及相关产业分类（2012）》中，把"文化及相关产业"的定义进一步完善为"为社会公众提供文化产品和文化相关产品的生产活动的集合。"④

按此分类，"文化及相关产业"共分为 10 个大类，其中，"文化创意和

---

① 根据联合国教科文组织的定义。

② 见 2003 年 9 月，中国文化部制定下发的《关于支持和促进文化产业发展的若干意见》。

③ 参考 2004 年国家统计局在《文化及相关产业分类》中对"文化及相关产业"的界定。

④ 参考 2012 年国家统计局在《文化及相关产业分类（2012）》中对"文化及相关产业"的重新界定。

设计服务"首次被提出。一般而言，文化产业指"文化及相关产业"，是一个具有更大范畴和内容的概括性用语。而学术及社会各界所指的"文化创意产业"，包含于"文化产业"中，是具体化的文化产业门类之一。有时，"文化创意产业"与"文化产业"含义相同，文化创意产业即文化产业。

在《关于加快文化创意产业创新发展的若干意见》① 中，上海市委、市政府提及的文化创意产业重点发展领域有影视、演艺、动漫、网络文化、创意设计、出版产业、艺术品交易、文化装备产业八项。广义上，这些都属"文化产业"的范畴。

总的来说，文化产业是"以生产和提供精神产品为主要活动，以满足人们的文化需要作为目标，狭义上包括文学艺术创作、音乐创作、摄影、舞蹈、工业设计与建筑设计。"② 准确地说，"文化产业"应是指广义上的"文化及相关产业"中涵盖的各门类产业部类，包括影视产业、创意产业、动漫产业、旅游产业、图书产业、演艺产业、艺术产业、舞蹈产业、音乐产业、设计产业、民族文化产业、游戏产业、出版产业、艺术品交易产业、文化装备与设施产业等。

2.1.2 文化产业空间

对于文化产业空间这一概念，目前各国没有统一的界定。学者在对文化产业空间问题的研究中，一般以文化及相关产业业态所依托的空间载体为对象。按中国国家统计局 2012 年对"文化及相关产业"的定义，文化产业空间，一般可以认为是"为社会公众提供文化产品和文化相关产品的生产活动的集合"所依托的空间载体。大部分民众和学者认为，文化产业空间以空间载体形态存在，是有形的。实际上，文化产业空间更多时候被理解为物理学、地理学概念的有形物态。

部分学者在对文化产业空间问题的深入研究中，对文化产业空间有了新的认识。胡惠林在《时间与空间文化经济学论纲》中，论述文化产业空间形态和发展模式时，提到"多元网状结构"，并对"文化产业空间"进行了阐释和表述。基于文化产业空间的社会化过程，他认为，有一种"内外多元同构"的存在模式，由外部空间和内部空间共同建构了文化产业空间的基本图形关系。外部空间表现为物理形态，内部空间表现为社会形态。这种

---

① 2017 年 12 月 12 日，上海市委、市政府正式对外发布《关于加快本市文化创意产业创新发展的若干意见》。

② 《各地创新金融模式 力促文化产业发展》，中国城市低碳经济网，引用日期 2012 - 09 - 25。

解释是对原有空间概念的一种丰富和扩展，具有一定的开创性，也给本书以不同的视角和维度。

2.1.3 空间再造

再造，动词，指再次建造、创造、制造等。语出《宋书·王僧达传》："再造之恩，不可妄属。"引申义为再生、重建、复兴。

广义上，空间再造既是指在一定区域范围内，经土地拆迁、还原后，从无到有的空间载体的新建、打造，也是指在一定区域范围内，对原有空间载体、场域、系统等物质形态的广义上的空间，进行规划、再建、改建、还原、营造、整合、优化、升级、转向、复兴、重塑、重构；对既定的空间、场域、系统等物质形态的广义上的空间，通过心理、思维意识等方式，进行衍生、丰富、延伸、扩展、想象、创造。

"文化产业""文化产业空间""空间再造"这三个概念的含义之间存有紧密的关联关系。就世界范围看，伦敦郊外的大学城文化街区、巴黎市北的蒙马特文化艺术村、首尔的北村韩屋村、首尔都市圈的爱宝主题乐园、釜山的旅游观光和文艺休闲的代表性空间改造社区甘川文化村，以及釜山的摄影、休闲、文化艺术的产业聚集地迎月路等，都是值得我们研究和借鉴的文化产业空间再造典型案例。

2.2 基础理论

围绕本书研究对象和核心问题的探讨，即关于"上海""文化产业""文化产业空间""空间再造"的研究，以更新的宏观视域，基于上海文化脉络与地域特征，着重剖析"产业发展空间"诸问题，是本书文本研究的关键。因此本书将以城市更新理论和地方理论为基础，分析和阐释上海文化产业空间再造的系列问题。下文部分章节对有关理论的阐释，对案例的具体分析，也多以此两个理论为背景和语境展开。

本书中的核心章节，即对上海文化产业空间再造的发展新趋向、态势、模式及特征的分析、研究、研判，无论是基于文化人类学的对地方性社会文化要素的考量，还是基于系统论的对上海文化产业空间再造过程中出现的宏观"新二元结构体系"变化发展的分析，以及在中观、微观维度上对上海文化产业空间分布中由"空间集聚"发展为"空间环链"格局现象的阐释、归纳和赋新，其逻辑思路、立论视角、推演内容，基本都是以上述两个理论为宏观视域，进而进行丰富、扩展和延伸性的。

首先是城市更新理论，这是基于对"城市更新"的理论阐释。虽然更新改造几乎伴随着城市发展的全过程，但是现代意义上大规模的城市更新运动（urban renewal）则是始于19世纪六七十年代的美国。"在最早的工业化国家英国，城市更新的任务更加突出，也更倾向于使用城市再生（urban regenerate）这个字眼，其表征的意义已经不只是城市物质环境的改善，而有更广泛的社会与经济复兴意义。"①

城市更新，是对城市中某一衰落的区域进行拆迁、改造、投资和建设，以全新的城市功能替换功能性衰败的物质空间，使之重新发展和繁荣。它包括两方面的内容：一方面是对客观存在实体（建筑物等硬件）的改造；另一方面是对各种生态环境、空间环境、文化环境、视觉环境、游憩环境等的改造与延续，包括邻里的社会网络结构、心理定势、情感依恋等软件的延续与更新。具体的方式可分为：再开发（redevelopment）、整治改善（rehabilitation）及保护（conservation）三种。

城市发展伴随着城市的更新和再造。对城市更新问题的研究一度成为全球性学术热点，形成了诸多研究理论和研究成果。方可（1998）对二战后西方国家城市更新的理论发展和实践过程作了细致梳理和归纳。阳建强（2000）认为城市更新是城市发展的调节机制。马树华（2010）考察了城市公共文化服务体系对城市文化空间的更新和再造作用。张俊（2016）研究了上海城市更新过程中，里弄民居从居住功能到文化功能的转化的发展路径。

国外相关研究多为对包括历史街区、工业区、乡村社区等在内的典型案例地的研究，提出城市发展过程中的"再生产""更新""复兴""营造"等表述。如史蒂文·蒂耶斯德尔、蒂姆·希思、塔内尔·厄齐（2006）研究了北美和欧洲的以浓郁历史文化氛围见长的几个典型城市街区的城市更新运动。

其次是地方理论。地方理论源于地理学的研究，过去人们总把地方看成是空间概念，是"人类活动的容器，是客观、可绘制的"。20世纪70年代，索尔（Sauer）、鲁克曼（Lukerman）与段义孚（Yi-Fu Tuan）等人文地理大师挑战了这些观念，指出"地方是一种对世界的态度，强调主观体验而非空间科学的冰冷生硬逻辑""是由个人或群体赋予了深刻内涵和意义的特殊

---

① 程大林，张京祥. 城市更新：超越物质规划的行动与思考［J］. 城市规划，2014，28（2）.

空间"。①

地方理论从 20 世纪 70 年代受到关注后，80 年代末被引入其他研究领域，主要涉及人文地理学、环境心理学和社会学三门学科。前两门学科从"人－地关系"角度对现象进行研究，而社会学则强调设施、空间的象征意义，从而影响人类与社会环境的相互作用。

将地方理论及其研究方法运用于城市问题研究中，尤其以空间视角开展研究，以张中华的成果最具代表性。② 中国国外的相关研究则较多，西方学者做了大量实证研究，并表现出较强的学术性和专业性，促进了地方理论的运用（见表 2－1）。

表 2－1　　　　　　基于"地方理论"的国外研究情况

文献	研究地点	研究对象	研究结果
威廉姆斯 （Williams，1992）	四个荒野旅游休憩区	游客、探险者	地方依恋与区位替代性、社会特质、经验模式、旅游特质、游憩敏感度及荒地环境状况有关
穆尔和格雷 （Moore & Graefe，1997）	自然环境	观光游客	地方感与拜访频率、游客年龄有关
开特布朗 （Kaltenborn，1998）	南挪威山谷的国家公园	从事农牧经营者	地方属性、整体地方氛围、环境特色会影响地方依恋的形成
米利 （Mcandrew，1998）	家	毕业生	距离远近与时间因素，会影响个人依恋行为表现
布瑞克和克思泰特 （Bricker & Kersetter，2000）	游憩地点	激流泛舟者	高专门化与地方认同、生活形态有关，地方性不会影响专门化的层级
海德尔格和赫尔南德思 （Hidalgo & Hernandez，2001）	居住地	居民	对于临近地点的依赖是最弱的，且依赖程度会受到年龄和性别的影响
开特布朗和威廉姆斯 （Kaltenborn &Williams，2002）	挪威国家公园	居民与游客	居住和使用者经验，会影响地方性
穆尔和斯考特 （Moore & Scott，2003）	国家公园与铁道艺术区	游客、摄影师等	不同类型的游憩地点，其地方依恋层级表现有所不同，个人参与活动的频次和类型会影响地方感

① 邹统仟．旅游目的地管理［M］．北京：高等教育出版社，2011：19.
② 张中华，张沛，王兴中．地方理论应用社区研究的思考——以阳朔西街旅游社区为例［J］．地理科学，2009，29（1）：141－146；张中华．地方理论在城市休闲空间研究中的应用［J］．城市空间，2012（3）；张中华．地方理论——迈向"人－地"居住环境科学体系建构研究的广义思考［J］．发展研究，2012（7）.

续表

文献	研究地点	研究对象	研究结果
威廉姆斯和瓦斯科 （Williams & Vaske, 2003）	森林与 公家公园	学生、游客	地方认同与地方依赖之间的效度分析和概念架构
普瑞德 （Pretty, 2003）	居住地	居民	不同年龄的居民认同与喜好程度不同
凯利 （Kyle, 2004）	自然环境	环境使用者	社会与环境状况会影响地方依恋的程度
哈米特和布莱克鲁 （Hammitt & Blacklu, 2004）	钓鱼泛舟地	游客和运动使用者	高层级使用经验者情感连接较多，而新手与游客替代行为较多

资料来源：邹统仟. 旅游目的地管理［M］. 北京：高等教育出版社，2011：28.

总的说来，地方理论的核心概念是地方、地方感、地方性、地方精神、无地方性、地方依恋，地方理论的主要内容包括地方性的阐释、地方依恋理论、地方营造理论。

段义孚认为，地方在实体环境基础上，随着历史的发展、各种事件的累积、文化的积淀，可以具有一种性格或精神，这样，地方不仅仅是地图上的符号标志，还被视为一个有意义的价值中心、一个情感附着的焦点，具有了地方性。[①] 地方性，是地方本身所具有的各类客观特征（自然、历史、民俗文化）的综合，而地方精神，是这一系列特征的内在涵义。地方依恋理论主要研究地方依靠和地方认同。地方营造理论则强调环境和空间功能，认为地方是个复杂的社会结构，意义广泛，可通过对环境和空间进行功能的改建、重构和再造，以挖掘地方性。

2.3　文献综述

本书主要研究城市发展中文化产业的空间再造问题，研究对象本身具有较强的层级感和逻辑性。文化产业发展的话题是当今中国人文领域的学术热点，因研究者们选取的理论、方法、视角不同，众多的相关研究文献需进行分类综述，以利于比较和分析。

---

① 邹统仟. 旅游目的地管理［M］. 北京：高等教育出版社，2011：21.

依据本书主题、关键词及其关联性，将相关文献归为 3 大类进行综述，依次为：城市空间与上海城市方面的研究、城市更新与城市再造方面的研究、文化产业和上海文化产业方面的研究。

2.3.1　城市空间、上海城市方面的研究

本书考察文化产业发展中的空间问题，以空间问题为研究对象，以上海为案例地，故需首要梳理和评述这一方面的文献。

1. 关于城市空间方面的研究

这一领域的研究向来是各国学术研究的重点。几个世纪来，在城市问题领域，涌现了很多知名学者和著名理论，成果丰硕。其中，从城市社会学视角看，在《城市社会学：意向和机构》中，威廉姆·弗拉纳根（2001）将城市社会学领域分文化人类学者观点和结构主义观点两类。文化人类学者常通过聚焦于大都市区域内部的因素研究城市化，结构主义者常将城市化看作大都市区域以外因素的一个结果。[①]

与本书相关的城市空间问题方面，代表性的研究当属城市空间结构理论。谢夫凯（Shevky）首次提出城市"社会区"概念，并应用于城市内部空间结构领域，利用 1940 年洛杉矶人口普查数据进行研究，指出城市内部空间结构可以用经济地位、家庭类型和种族背景 3 种主要特征要素的空间分异加以概括。[②] 由麦肯齐（R. D. Mckerzie）于 1933 年提出，1945 年经过哈里斯（C. D. Harris）和厄尔曼（E. L. Ullman）进一步发展而成的"多核心模式"，也属"城市空间结构理论"的重要内容。与此相关的还有空间近邻效应、社会过程的空间属性等。

值得一提的，华裔美籍学者陈向明教授对上海城市空间方面的研究贡献。其代表作有《国界的扭曲：环太平洋地区的跨国空间》（2005）、《城市的世界：比较和历史视野下的空间》（2003）、《世界城市：国际经验与上海发展》（2004）、《上海崛起：一座全球大都市中的国家权力和地方变革》（2009）。作为华人，陈教授将研究视角聚焦于中国城市空间发展的具体问

---

① ［美］马克·戈特迪纳，雷·哈奇森. 新城市社会学 ［M］. 黄怡，译. 上海：上海译文出版社，2011.

② Shevky 利用 1940 年洛杉矶人口普查数据中的职业、受教育程度、生育率、女性从业人口、年轻无子女家庭、住房类型、黑人或其他人种或外来白人人口等七个与"社会区"特征密切相关的指标作为基础资料，将指标归纳为经济状况、家庭状况和种族三类，进行了空间结构分析。

题，并将上海城市问题"局部作为整体"① 进行了实证和比较研究，其中所提及的空间问题，也是本书的研究对象。

陈向明（2016）将城市社会空间中的地方商街作为研究对象，以消费者、小商贩、建筑所有者之间各种层面和尺度上的互动关系为理论框架和模型，选取了全球6个城市进行商街比较研究。6个城市中，有纽约和多伦多两个北美城市，有阿姆斯特丹和柏林两个欧洲城市，有上海和东京两个东亚城市。在每个城市选取两条不同特性的街道，共12条，进行比较研究。其研究认为，地方商街反映了历史和现代社会变迁和社会稳定性同时存在的现象，大结构影响小空间，小空间本身也是全球化渗入地方的反映，从地方商街可以看到很多复杂的交叉关系，展现着城市的多元现状和地方居民生活本貌。② 其所述之"空间"多指"地理上的空间"，而"地理空间的人文和社会属性"也是本书格外看重的观察维度。

2. 关于上海城市的研究

国外以中国城市为个案的研究中，对上海的城市研究比重较高。李欧梵的《上海摩登》从咖啡馆、电影院、雪茄、回力球馆等各种物质或娱乐形式，考察旧时大上海生活的现代性；卢汉超的《霓虹灯外：20世纪初日常生活中的上海》，论述旧时上海里弄的日常生活。③ 卢汉超（2006）指出，从1980年代中期到整个1990年代，英语世界出版的中国城市史著作大部分都与上海有关，其中尤其以民国时代的上海历史为主流……有关上海的著作的特点可用六个字来概括：量大、题广、质优。④ 国外对上海城市的研究多集中于商业发展、城市变迁、社会问题、城市历史、人物传记、专题研究等，关于上海旧时都市文化的专著仅有两三部，如《上海摩登：上海新都市文化的兴起（1930～1945）》（1999）、《电影和上海的都市文化（1922～1943）》（1999），且成书时间较早。此后几乎再无关于上海文化产业空间发展的专题研究，这给本书带来了挑战和机遇。

国内对上海的研究，文献跨度大、数量多、质量优，主要体现在四个领

---

① 王铭铭教授发表于《社会学研究》的论文《局部作为整体：从一个案例看社区研究的视野拓展》中的表述。"局部作为整体"，是指在研究方法上，将研究对象作为局部性和整体性的合一。陈向明教授对上海城市的研究，多采用这种方法。

② ［美］Sharon Zukin, Philip Kasinitz, 陈向明, 于海, 钟晓华. 全球城市地方商街：从纽约到上海的日常多样性［M］. 上海：同济大学出版社, 2016.

③ 涂文学, 罗翠芳. 美国学界的二十世纪中国城市研究［J］. 江汉大学学报（社会科学版），2014.

④ 卢汉超. 美国的中国史研究［J］. 清华大学学报（哲学社会科学版），2008（23）：118.

域："上海学"① 研究中所涉上海城市研究、围绕上海"新型城市化"的研究、上海文化遗产保护与开发方面的研究、上海城市文化的专题研究。其中，"上海学"研究中所涉的研究领域，已基本涵覆上海城市及其文化方面的相关学术命题。结合与本书的关联性，以上四个领域各自的代表性研究有：熊月之（2006）从民众文化角度，阐述上海是世界性与地方性并存、摩登性与传统性并存、先进性与落后性并存，这种混在性特征使得即便是上海，"乡村里的都市"表现得也很明显，移居时间短暂、同乡交往密切、活动范围狭小，造成近代上海人大多生活在都市的乡村里。② 胡劲军（2014）认为上海城市发展应以文化理念引领，统一布局，文化牵引中的公共文化服务、文化产业实力、传统文化积淀、多样文化活力，是上海新型城镇化建设的核心，人的城镇化是关键。③ 左琰（2013）选取上海弄堂工厂为研究对象，将弄堂建筑及街区的遗产价值进行剖析归纳，指出上海弄堂工厂带有租界城市生态的痕迹，通过对田子坊案例的研究，讨论保护发展模式，以推动城市遗产保护和历史街区的再生实践。④ 陈犀禾、王艳云（2006）将当时怀旧电影里的老上海与 20 世纪 30 年代电影里的上海形象进行比较，发现已被赋予了国际化、消费化和世俗化特征，作为大众媒介，制造出一种上海想象，与上海文化建设构成互动共谋关系，一定程度上影响了上海的文化走向⑤。

2.3.2　城市更新、城市再造方面的研究

本书的研究离不开城市更新的宏观视域，城市发展伴随着城市的更新和再造，这方面的研究情况值得梳理借鉴。

方可（1998）对二战后西方国家城市更新的理论发展和实践过程做了

---

① 江闻道先生于1980年首次提出"上海学"概念，但他基本将"上海学"等同于"上海史"。1985年，陈旭麓先生提出，在上海史的基础上推动"上海学"研究，并发表《上海学刍议》一文，界定了这一概念。目前学界对"上海学"的说法还各执己见，定义上也较难统整。一般认为，"上海学"是对上海的研究，是研究关于围绕上海这座城市的各门类学术问题的学科集合，既可是对某一专门学科的上海地方性研究，如上海史，也可是学科交叉的集合研究，如《上海城市精神》。《上海学》杂志于2015年5月创刊，澎拜新闻撰文，题为"《上海学》创刊：呈现上海精神气质"。

② 熊月之. 乡村里的都市与都市里的乡村——论近代上海民众文化特点［J］. 史林, 2006（2）.

③ 胡劲军. 文化牵引上海新型城镇化发展的思考［J］. 科学发展, 2014（12）.

④ 左琰. 上海弄堂工厂的历史兴衰与街区再生［J］. 中国园林, 2013（7）.

⑤ 陈犀禾，王艳云. 怀旧电影与上海文化身份的重构［J］. 上海大学学报（社会科学版），2006（3）.

细致梳理和归纳，对大规模推倒重建、清理贫民窟等行为进行了反思，提出人本主义思想对城市更新的影响与日俱增，应重视城市更新的社会经济意义。① 阳建强（2000）认为作为城市发展调节机制的城市更新正以空前的发展规模和速度展开，中国城市应着重解决好其主要矛盾、基本特征、发展模式和制定政策等环节，并提出了一些建设性意见。② 刘宏梅、周波（2005）针对我国乡土建筑日益减少的现状，剖析"城市再造"的利弊得失，以金茂大厦和特吉巴奥文化中心为例，阐述了实践中传承乡土建筑文脉的路径。③ 刘兵（2006）根据湖南城市的基本现状，分析了聚集人流、物流、资金流、信息流的重要性，提出湖南城市再造战略，优先发展城市群，工业化与知识化并重，构建"一点两线"多层次、开放式城市体系。④ 马树华（2010）考察了城市公共文化服务体系，发现其对城市文化空间具有再造作用，并支撑着文化消费的大众化和城市文化的创新力，提出需将城市公共文化体系嵌入城市文化空间的拓展中。⑤ 张俊（2016）以上海里弄功能的空间再造为研究对象，通过田野调查，对文本中和现实中的上海里弄空间生活进行了比对分析，认为文本的里弄邻里和睦、兼容并包，形成了里弄保护的载体，但现实的里弄是黄金地段、低矮住宅、拥挤的社区、老旧的住宅和老龄人口并存，只有通过多元和共享的方式，实现从居住功能到文化功能的空间转化。⑥

对国外典型案例，包括历史街区、工业区、乡村社区等，不论是称呼上的"再生产""更新""复兴""营造"，还是对其基于文化创意和城市创新推动下的"再造"的研究，对学习和借鉴国外文化及创意产业的现有实践和发展经验，都具有十分重要的学术价值和现实意义。

史蒂文·蒂耶斯德尔、蒂姆·希思、塔内尔·厄齐（2006）选取以浓郁历史文化氛围见长的城市街区为研究对象，认为其营造出特有的场所感和认同感，可吸引更多的就业、商业、旅游机会，还有本身的居住活动，是内城振兴并与其他城市街区整合的重要指标。来自北美和欧洲的个案分析，展示出多样性的城市振兴策略和成果，从这些历史街区的经验中所获得的方法

---

① 方可. 西方城市更新的发展历程及其启示 [J]. 城市规划汇刊, 1998 (1).
② 阳建强. 中国城市更新的现况、特征及趋势 [J]. 城市规划, 2000 (4).
③ 刘宏梅, 周波. 透视新时期"城市再造"的乡土危机 [J]. 四川土木建筑, 2005 (1).
④ 刘兵. 中国崛起中的湖南城市再造战略刍议 [J]. 南华大学学报（社会科学版）2006 (2).
⑤ 马树华. 公共文化服务体系与城市文化空间扩展 [J]. 福建论坛（人文社会科学版), 2010 (6).
⑥ 张俊. 老城区旧里弄的文化功能转化与再造 [J]. 上海城市管理, 2016 (4).

与思考，构成了本书的核心内容。在一系列历史街区振兴案例的分析中，也将城市设计与城市更新予以了综合考虑。[①]

洪世键、张衔春（2016）将关注视角集中在"绅士化"问题，认为"绅士化"是西方国家再城市化过程中，城市中心区更新（复兴）的一种新的社会空间现象。文章基于马克思主义的分析范式和路线，借助土地产权的理论，对亚当·斯密的租差理论进行重新诠释，认为绅士化与再开发不仅是资本主导的"回归城市运动"，更是资本与权力驱动下的城市空间再生产过程，并指出由再开发转向再生产、从关注城市物质空间变迁转向关注社会空间与物质空间的互动机理及其相应空间效应，将是未来包括中国在内城市空间研究的必然趋势。[②]

王国恩、杨康、毛志强（2016）回顾了日本魅力乡村建设的三个阶段，对日本乡村建设中把"人""文""产""地""景"五类资源的挖掘和保护利用作为核心，提升产业、文化、景观生态等多元价值，最终带来可持续的自下而上的内生力量。文章虽立足日本乡村，但对日本社区更新的模式和路径的研究，可在思路和方法上对中国新型城镇化建设进程中的诸多问题有启发作用。[③]

孟潘磊（2016）对欧洲最重要的工业城市之一的荷兰埃因霍温做了考察，尤其是伴随城市产业格局调整的飞利浦生产基地转移后的大量闲置工业建筑的复兴与再造问题，文章梳理和回顾了过去十年中埃因霍温对飞利浦 Strijp-S 工业区的改造，认为将其转型为创意产业聚集区和创意生活区是地区复兴的典范，以期对中国工业城市复兴有所借鉴。[④]

李健（2016）借助全球第一个创新城区——巴塞罗那普布诺更新改造经验，探讨了从老工业区到创新城区转型中，城区更新、经济复兴与社会再构的规划、动力和机制，从发展理念、更新内容、发展机制、实施路径等方面总结创新驱动更新改造的模式，试图为中国城市更新改造与创新发展的有

[①] ［英］史蒂文·蒂耶斯德尔，蒂姆·希思，［土］塔内尔·厄齐. 城市历史街区的复兴 [M]. 张玫英，董卫，译. 北京：中国建筑工业出版社，2006.

[②] 洪世键，张衔春. 租差、绅士化与再开发：资本与权力驱动下的城市空间再生产 [J]. 城市经济，2016（3）.

[③] 王国恩，杨康，毛志强. 展现乡村价值的社区营造——日本魅力乡村建设的经验 [J]. 城市发展研究，2016（1）.

[④] 孟潘磊. 创意驱动下的城市工业区复兴——荷兰埃因霍温 Strijp-S 区启示 [J]. 住区，2016（6）.

机结合提供借鉴。①

　　另外，还有一些对韩国城市更新和文化产业空间再造的研究。韩国学者胡雪子（音）②将上海 M50 创意产业园区与韩国釜山甘川文化村进行比较研究，依据历史、经济、地理位置、文化、社会这五个视角，重点考察两个案例地的发展动力、特色、文化元素等方面的异同，指出甘川文化村很好地借用了传统文化资源，得以使原有的空间重生，上海 M50 则更具多元和国际化特色，以庆典为主的文化产业活动，使其充满融合性和产业活力。有学者以城市规划的视角，就釜山作为港口的城市特征的沿海文化产业空间的再开发，进行了研究；③有学者以城市改造的视角，就釜山作为"电影都市"的电影制作和外景拍摄应用下的城市地域性文化产业空间再生，进行了研究；④有学者以艺术学视角，就釜山作为文化性代表城市的文化艺术空置空间的活用问题，选取 F1963 和甘川文化村进行了研究。⑤在本书的第六章中，其作为横向比对的国际案例，还将会以韩国釜山市的文化产业空间再造状况为阐论对象，进一步进行理论和案例、态势和特征、实践和借鉴等方面的分析和阐述。这方面也有不少专著出版发行，如阳建强的《现代城市更新》（1999）、于今的《城市更新：城市发展的里程碑》（2011）等。

　　现有对城市更新、城市再造的研究，总的来说，多注重物质实体的再生与重构，对"空间再造"的研究也已然很多。本书侧重于关注在城市社会、文化、环境等综合要素下，作为第三产业的文化产业，其发展的空间载体的变化与再造，而这种物质载体，往往与在其中的人们的社会活动分不开，既有物质性，也具社会性。这个空间，"是由个人或群体赋予了深刻内涵和意义的特殊空间"，⑥考虑到它的社会属性，从这个视角，尝试跳出或拓展地理上、物理上"空间再造"之范畴，从这一点来说，算是对前人相关研究的实践创新。而马树华（2010）研究中对"城市文化空间"扩展再造的提

　　① 李健. 创新驱动城市更新改造：巴塞罗那普布诺的经验与启示［J］. 城市发展研究，2016（8）.

　　② 胡雪子（音）. 文化艺术园区的都市再生战略——以上海 M50 和釜山甘川文化村的事例比较为中心［D］. 首尔：建国大学，2017.

　　③ 刘东吉（音）. 居民参与下的激活港口型都市的项目改造方案——以釜山北航再开发项目为中心［D］. 庆尚北道庆山市：大邱大学，2009.

　　④ 金泰根（音）. "电影都市"概念主题应用下的釜山中区的创造性再生［D］. 釜山：庆星大学，2012.

　　⑤ 宋淑庆（音）. 闲置文化艺术空间的活用事例研究——以釜山市为例［D］. 釜山：釜山大学，2017.

　　⑥ 邹统仟. 旅游目的地管理［M］. 北京：高等教育出版社，2011：19.

法、张俊（2016）研究中对上海里弄空间的"文化功能转化与再造"的讨论，都已暗含了"空间再造"内涵与外延拓展的可能性和必要性，在研究视角与阐释维度上给本书带来了启发。

2.3.3　文化产业和上海文化产业方面的研究

本书的立论和阐释，均以文化产业为出发点，城市中的文化产业始终是本书的文本客体和研究对象。本书对空间再造问题的诸方面研究和探讨，都是基于文化产业而言的；空间再造的具化，指向的是文化产业。对文化产业及上海文化产业方面的研究情况的梳理和综述，从现有研究成果中探析这一领域的前沿话题和他人观点，对本书的研究十分重要。

1. 文化产业专题研究

综合考虑其学术前沿性、研究的理论与方法、成果学术与现实价值等因素，以下载量和被引量为指标，对代表性文献进行检索分析，可以看出，这一类文献多集中于对文化产业的区位因素、空间布局、产业集聚效应等方面的研究（见表 2 - 2）。

表 2 - 2　　　　　　　　　**文化产业方面代表性文献综述**

作者及发表时间	研究内容与结论
王伟年 （2007 年）	运用地理学、文化学的理论和方法，对城市文化产业的区位因素进行了系统分析，尤其对两种重要的地域组织形式的文化产业园区和文化产业带做了理论和实证研究，指出地域文化、资本、制度、人力资源、技术、市场等是影响城市文化产业区位的主要因素[1]
尹艳冰，马涛 （2011 年）	以天津在环渤海湾地区的区位优势入手，对该市文化产业发展的区位因素加以分析，通过梯度辐射效应图等方式，探讨文化产业的可持续发展问题，并构建了发展的战略选择框架[2]
郑国（2013 年）	先宏观分析了北京 798 文化创意产业集聚区产业影响力的发展路径，进而采用微观实证分析的方法，以对 798 消费者调查问卷的数据为基础，用 SPSS 软件进行样本统计，并用地理信息系统方法得出样本的空间特征。最后指出，798 是城市经济转型和城市再造的产物，也是自我融入创意城市的体现[3]

[1]　王伟年. 城市文化产业园区因素及地域组织研究 [M]. 沈阳：东北师范大学，2007.

[2]　尹艳冰，马涛. 环渤海湾区位视角下天津市文化产业发展研究 [J]. 商业文化月刊，2011（12）.

[3]　郑国楠. 基于问卷调查的北京 798 文化创意产业集聚区影响力研究 [J]. 科技与企业，2013（13）.

作者及发表时间	研究内容与结论
占绍文、辛武超 （2013 年）	指出文化产业园区应有清晰的概念界定，在运作时，评价指标也应相应健全和完善。构建评价指标体系，应从 5 大层面设计，即外部环境、发展水平、经济效益、社会效益以及可持续发展①
石宁（2013 年）	选取西安文化产业集聚特征明显的区域，发放问卷，利用因子分析、聚类分析、图表分析等方法，考察西安市文化产业集聚的社会文化效应。进而在文化产业空间布局特征和集聚模式分析基础上分析了空间效应。得出结论：2003 后后的西安文化产业集聚度逐年增强；集聚产生的社会文化效应，极为显著的是促进旅游、改善环境，表现为"一核心—四组团"的空间结构，有文化资源、顾客、产业链、政府主导四种集聚模式②
钟雅琴 （2015 年）	指出深圳文化产业的高速发展的原因，有市场、资本等要素的推动，但在新形势下，有必要从文化创新层面思考文化产业升级新路径，以助力该市产业结构调整、推动城市文化的发展和建构、实现城市文化空间的再造③

2. 文化产业与城市的关联性研究

这一类研究的热点，多集中于文化产业与城市竞争力、与城市再造、与城市意象，以及对个案城市上海、广州、武汉、三亚等的研究（见表 2 - 3）。

表 2 - 3　　　　　　文化产业与城市关联性研究的代表性文献综述

作者及发表时间	研究内容与结论
王伟年、张平 （2006 年）	探讨了创意产业与城市再生之间的关系，阐述了创意产业在城市再生中的四个作用：提高城市竞争力、增加城市就业、延续城市文脉、塑造城市特色景观。并指出创意产业园区是城市再生的新模式④
周蜀秦、徐琴 （2007 年）	分析和阐释了创意产业在全球的兴起，指出创意时代的城市更新，不可简单拆除和重建，而应保留城市记忆、发展足迹、历史文脉，并在此基础上提升城市品位、再造城市空间⑤
张豫（2008 年）	以创意产业入手，重点考察其对城市更新的推动作用，认为目前中国的创意产业对城市更新的影响，大多局限于"点"，这种利用历史文化街区和建筑发展创意产业园区的做法，缺乏宏观层面的影响和推动作用。进而从产业背景、更新条件、动力机制、空间特征等角度，研究产业集群化导向的城市更新的可行性和创新模式⑥

① 占绍文，辛武超. 文化产业园区的界定与评价指标体系研究 [J]. 天府新论，2013（1）.
② 石宁. 西安市文化产业集聚区多重效应研究 [D]. 西安：陕西师范大学，2013（5）.
③ 钟雅琴. 基于创新的文化产业升级路径：以深圳为例 [J]. 中国经济特区研究，2015（1）.
④ 王伟年，张平宇. 创意产业与城市再生 [J]. 城市规划学刊，2006（2）.
⑤ 周蜀秦，徐琴. 全球化的创意产业与城市空间再造 [J]. 世界经济与政治论坛，2007（2）.
⑥ 张豫. 创意产业集群化导向的城市更新研究 [D]. 长沙：中南大学，2008（5）.

续表

作者及发表时间	研究内容与结论
花建（2012 年）	指出文化产业的集聚发展，是对新型城镇化的重要贡献，包括以文化功能作为城市规划的基本要求、以传承创新作为历史遗产的开发路径、以产业集聚显示城市的文化实力、以科研院校作为文化创意的关键"智核"、以文化价值进行空间再造的要素重组。推动文化产业的集聚发展，将使中国城市化发展得更健康①
刘东东（2012 年）	通过对现有文献的梳理，以城市转型为背景，采用 SPSS 软件分析广州文化创意产业的发展和竞争力问题，进行了实证研究。结果发现，文化创意产业的发展，利于推动广州的城市转型，广州的文化创意产业优势明显，具有较强的产业竞争力②
柯维佳（2015 年）	基于系统论和可持续发展理论，运用演绎推理法，从经济、社会、文化、环境、空间 5 个维度，探讨了武汉城市更新和文化创意产业之间的相互影响和作用，指出了发展中的不足，提出了相应的对策③

3. 上海文化产业的专题研究

这一类研究的对象多集中于上海文化产业发展的集聚区、空间分布、产业竞争、影响因素、政府职能与管理等（见表 2-4）。

表 2-4　　　　　　　　上海文化产业方面代表性文献综述

作者及发表时间	研究内容与结论
潘海啸、卢源（2005 年）	对新技术的广泛应用和城市中心均质化的趋势做了分析，指出依赖基础设施投入拉动中心区发展的公共投资导向逐渐受"效益递减规律"挑战，进而研究了上海同济大学周边形成的产业群落结构及其与环境母体之间的多层次关系，提出了以城市中心区空间要素为导向的城市空间结构调整新模式④
高宏宇（2007 年）	认为文化及创意产业可在文化层面和经济层面增进国家竞争力，也产生心理层面的共同体意识，塑造城市整体意象。对文化及创意产业的内涵、范畴、特征和发展规律进行归纳综述，以上海为例，从政策、经济、空间三个方面，尝试构建文化及创意产业与城市发展互动的理论分析框架，并以同济大学周边设计创意产业为实证研究对象，做了产业集聚发展动力方面的研究，最终提出，通过文化及创意为核心的政策环境、经济环境、空间环境，建构适宜人居、充满活力和生命力的创意城市⑤

① 花建. 文化产业集聚发展对新型城市化的贡献 [J]. 上海财经大学学报，2012 (2).
② 刘东东. 城市转型背景下广州文化创意产业竞争力分析 [D]. 广州：暨南大学，2012 (6).
③ 柯维佳. 武汉市文化创意产业与城市更新的互动研究 [D]. 武汉：华中师范大学，2015 (5).
④ 潘海啸，卢源. 大学周边产业形成动因及结构的实证研究 [J]. 城市规划学刊，2005 (5).
⑤ 高宏宇. 文化及创意与城市发展：以上海为例 [D]. 上海：同济大学，2007.

作者及发表时间	研究内容与结论
花建（2012 年）	着眼于未来上海文化产业发展的空间布局，以城市定位和产业结构为维度分别进行考察，指出未来在空间布局上，一是要考虑国际文化大都市的战略目标，二是把创造优良的发展空间并向富有创新价值的业态和组团倾斜，顺应"一轴、两核、沿海、多组团"的大布局①
王雪圣（2013 年）	对上海文化产业发展中的政府行为做了研究，运用新公共关系理论和文化产业理论，对规模、机构、文化基地、文化贸易做了现状分析，重点阐述了政府从体制改革、确定战略、完善政策、调整结构、培育集团、加大整合、国际交流、吸引人才等诸多方面起作用，并就政府职能作用的发挥提出相应对策和建议②
王亚南（2013 年）	从扩大文化消费需求和促进均衡共享的视角出发，以经济学理论方法，定性分析与定量研究相结合，研究了上海文化产业发展的增长情况和"内生动力"，并特别注意到了上海城乡文化消费的区别、变化，考察了增长值、绝对值、比重、变动态势等情况，对未来 10 年作出预测，提出应拓展上海文化消费的"内生动力"③
吴明来（2014 年）	论述了文化产业对城市发展的重要作用，并在此基础上，分析了两者的相互影响作用关系，重点论述了文化产业对城市发展硬实力的提升和对软实力的培育作用，强调文化产业对城市发展的突出作用④

2.3.4 研究述评及文化产业空间再造研究的进展

第一，从上述几类主要文献综述内容看，2000～2010 年的 10 年里，相关学术热点主要为：文化产业战略、政策、管理、发展、模式、集聚等；2010 年后，相关学术热点主要为：文化产业的空间结构布局、文化产业的经济社会效益、文化产业传统与 IP 创新、文化产业细分行业的融合实践、文化产业与城市文化遗产保护开发、文化产业与城市更新再造、文化产业与个案城市在多维度多视角下展开的研究等，趋于专题化，体现时代性，注重延展度，研究内容更加精深细致，探讨话题更加多元理性。而基于对个案城市文化产业的发展模式、集聚效应、遗产保护、空间结构等的研究，是进入 21 世纪后中国文化产业研究领域持续关注的焦点问题。

第二，在对具体文献的梳理、综述后发现，与本书对象、主题等相近相

① 花建. 面向 2020 年的上海文化产业空间布局 [J]. 上海城市规划，2012（3）：7–10.

② 王雪圣. 上海文化产业发展中政府行为的研究分析 [D]. 西安：西北大学，2013.

③ 王亚南. 上海文化产业供需协调增长预期目标：既往 20 年分析与未来 10 年测算 [J]. 社会科学，2013（3）.

④ 吴明来. 城市文化产业对城市发展的影响研究：以上海市为例 [D]. 福州：福建师范大学，2014.

关的现有文献中，有的在时间上距今已有时日，分析和研究的都是"老现象""老规律"，时效性和现实性显得不足；距今较近的研究，在空间上较少研究上海，分析和研究的是全国或他城的相关问题，针对性和适用性显得不足。

前者，如花建（2007），在研究上海文化创意产业集聚区的模式和动力问题时，文中所提朱荣林教授的台湾新竹科学工业园"园区创新网络"模型和内容，转引自朱荣林（2003）所著《走向长三角——都市经济圈宏观形势与体制改革视角》① 一书，此书出版于 2003 年，年代已久；文中所列上海文化创意产业的发展指标和统计数据多为 2006 年及之前的指标和数据；而作为案例分析的上海杨浦区"环同济知识经济产业圈"的情况，经过十余年发展至今，已显然有了新变化、新态势、新特点。后者，在前述文献综述中可见，近期有较多就中国文化产业发展总体态势方面的研究，也有较多就上海之外的城市研究，而对上海的新近研究较少。

第三，在新背景、新语境下，文化产业领域里探讨的内容、研究的对象，在城市和社会快速发展过程中，出现了一些新动向、新态势，并愈加受学者重视，这也客观要求相关研究的进一步展开。

文化产业空间再造领域的研究，以花建教授、胡惠林教授最具代表。花建教授的相关研究有《创新、融合、集聚——论文化产业、创新技术与城市空间三者间的互动趋势》（2006）、《城市空间的再造与文化产业的集聚》（2007）、《面向 2020 年的上海文化产业空间布局》（2012）等。胡惠林教授的相关研究有《区域文化产业战略与空间布局原则》（2005）、《关于区域文化产业战略与空间布局》（2006）、《时间与空间文化经济学论纲》（2013）等。两位教授的这方面研究，虽具有先见之明和开创意义，论述也精辟，但研究时间已较早，并偏向于空间上的产业集聚、布局原则、战略趋势等专题研究，结论也大多是就中国整个文化产业发展形势而言的宏观研判。

花建教授的《面向 2020 年的上海文化产业空间布局》（2012）是建言献策的政府咨询性研究，"一轴、两河、沿海、多组团"的表述具有宏观性，时至今日，上海文化产业的空间发展现状和趋势，是否还如他当年所言，确需再实地探访调研。胡惠林（2013）以文化经济学视角，研究文化经济存在的一般关系，即时间和空间的关系，通过比较、分析和论述，认为时空的"压缩"与"膨胀"是文化经济演化的动力机制，并表现为"自然

---

① 本书主要阐述经济全球化、中国入世大背景下，中国经济和社会发展的变局、中国都市经济圈的兴起以及长三角地区经济社会发展的走向。上海学林出版社 2003 年出版。

生成、社会生成、国家生成"三种形态，呈现出多元网状的三种结构，并指出了时空文化经济学研究的四个向度，开创了"时间与空间文化经济学"新领域。① 即使是在当年，便有相关学者提出商榷之处：李炎（2013）认为文化生活、文化消费、文化生产的"时间空间问题"需放在特定时空下考察，从现代角度看，工业化和后工业化时代的文化经济的时空流变才是最重要因素。② 徐艳芳（2013）指出胡惠林对"空间"概念和"空间生产过程"的阐释尚不够深入，并认为"空间"应既是物质的、又是非物质的，文化经济"空间生产过程"集中体现在空间依赖和空间再造。③ 杨吉华（2013）认为中国文化产业早已进入"过剩阶段"，基于"短缺理论"的普惠式产业政策已过时，必须考虑多维的调整，出台应对政策。④

文化产业学术领域对持续关注的热点问题的研究与时俱进，精益求精。随着中国城市和社会的快速发展，学界学者们不断探索这一领域的新发展、新变化、新问题。当然，无论如何，不可否认的是，前人的研究，会对日后相关研究者的工作带来无尽的思维引领和学术启迪。

以"文化产业空间再造"为例，花建教授的《面向 2020 年的上海文化产业空间布局》（2012），同样提及了上海发展文化产业一定要考虑"城市定位"这一维度，应创造优良的发展空间并向富有创新价值的业态和组团倾斜；胡惠林教授的《时间与空间文化经济学论纲》（2013），开创性地提出了文化产业发展与时间、空间三者关系的元理论，进而引发了关于"空间问题"的再认识与再讨论；徐艳芳的《文化经济的空间依赖与空间再造——与胡惠林教授商榷》（2013），阐释了"空间"概念的双重含义，但并未明确辨析"非物质的"空间指代什么，提出了"空间依赖"的资源属性和"空间再造"的文化生产成果，说明了"是什么"却未说明"为什么"；杨吉华的《是过剩还是"战略性短缺"？——与张晓明、胡惠林、章建刚等教授商榷》（2013），意识到了发展性、时效性，指出文化产业需"去产能"，政策亟待调整，但如何定位战略、如何多维调整、如何引导转型，尤其是上海的具体做法是什么，没有进一步提及。另外，从马树华

---

① 胡惠林. 时间与空间文化经济学论纲 [J]. 探索与争鸣，2013（5）.

② 李炎. 论文化经济与时间空间的现代流变——与胡惠林教授商榷 [J]. 探索与争鸣，2013（9）.

③ 徐艳芳. 文化经济的空间依赖与空间再造——与胡惠林教授商榷 [J]. 探索与争鸣，2013（10）.

④ 杨吉华. 是过剩还是"战略性短缺"？——与张晓明、胡惠林、章建刚等教授商榷 [J]. 当代经济管理，2013（11）.

（2010）研究中对"城市文化空间"扩展再造的提法，到张俊（2016）研究中对上海里弄空间的"文化功能转化与再造"的讨论，虽研究重点和视角不同，但在概念和内容上均给本书带来了启发和借鉴。

综上所述，学术的热点在发展中变化。通过对这一领域研究成果的梳理，"城市""文化""空间"等词眼更加清晰浮现出来，关于"文化产业空间再造"的话题自然地也成为本书的聚焦和流脉。超越传统地理学意义上狭义"空间"的考量视角，又有别于"区位""地方"等概念，具有社会属性的"文化空间"，是本书的核心概念。在前人相关研究基础上，以新近的发展态势立论，研究上海文化产业的空间再造，在趋向、模式、特征、案例等剖面上做进一步的专题型探讨、延展性思考、探索式创新，成为本书的重中之重。

第**3**章

上海文化产业发展的历史演进、
空间格局与地域特征

3.1 上海文化产业发展的历史演进

3.1.1 上海世博会前文化产业的发展

从时间维度上看，上海文化产业发展的演进与上海城市发展历史息息相关。上海由于特殊的地理位置、区位条件、资源条件等，形成了近代以来"海纳百川，华洋共处"的城市风貌和居住格局。早期上海文化产业的发展，即是伴随着上海由清末"华洋分制"造成的城市空间格局，由租界及外围的老城厢外扩、从有限的区域到较大的空间，基本因循上海商业发展规律和经营区域展开。改革开放以来才是上海文化产业真正健康发展的时期，尤其进入 21 世纪后，在全球化、经济一体化、产业融合的影响下，上海文化产业发展步入快车道。

作为重大城市事件，2010 年举办的上海世博会，对上海经济社会发展各方面发挥了巨大作用，影响着城市发展的思路，丰富了城市文脉和城市精神。学界也往往将上海世博会作为各领域重要的研究节点，如崔宁（2008）《重大城市事件下城市空间再构：以上海世博会为例》，陈凌云（2013）《后世博背景下城市功能与空间再造：以浦东新区世博地区发展为例》，胡国梁、童晶（2015）《后世博时代展览空间形态创新分析》等研究。以 2010年上海成功举办世博会为时间界限，上海文化产业也形成了较为明显的前后两个阶段的发展特征。2010 年后出现的上海文化产业发展新趋向、新业态、新形式、新格局、新态势，是伴随着城市更新、产业转型、互联网技术、消费升级、文化体验需求等背景而来的。文化产业的发展促进着城市各要素的发展；反之，城市更新与社会发展也促使文化产业的大发展，两者相互影响，互为机理，彼此关联。

因篇幅所限和论述重点所需，本章重点以 2010 年上海举办世博会为时间线，前后对比，分析新世纪上海文化产业发展演进的两大阶段，即 2010年前渐进发展和 2010 年后快速发展的基本状况。2010 年后上海文化产业发展，尤其是"空间再造"问题的研究，将在下文中重点阐释。

据调查，世博会前的 2005 年，中国城市居民平均每天的自由可支配时间为 6 小时 6 分，与工作、个人生活必需、家务劳动等四类活动时间分别占总时间的21%、44%、10%和25%。① 虽然人们已开始有了更多的可自由支配时间，但用于工作和家务劳动的时间还是占了很大的比重。

2005 年 9 月 5 日至 10 月 30 日，针对上海市民的文化生活现状，上海师范大学课题研究团队也进行过一次关于历时性的问卷调查。调查组成员通过听众调查、网上调查、随刊读者调查和问卷调查四种方式，共收到近 8000份问卷，地域覆盖上海的黄浦、徐汇、静安、虹口、浦东等中心城区，以及闵行、宝山、嘉定等非中心城区。这次调查的受访者平均年龄为 37 岁，其中 18 ~ 50 岁占51%，50 ~ 70 岁占 49%；大专及以上学历者占73%；男女性别比为 52% 和48%，并涵盖了国家公务员、教师、公司员工、自由职业者、家庭主妇、农民工等主要职业群体。经调查组成员对收集数据进行加权统计，并参照有关部门的测量数据，得出上海文化休闲小康指数为63.5 分。

该调查组成员通过对上海部分被访居民调查问卷的收集与分析，还得出了以上海为样本的居民休息日文化休闲游憩主要形式及时间结构表，见表3 - 1。

表3 - 1　　　　　上海居民休息日文化休闲游憩时间结构　　　　单位：分钟

项目	2005 年	1986 年	2005 年比 1986 年增减数
睡眠时间（含午睡）	49	55	- 6
个人卫生时间	43	42	1
做饭时间	64	79	- 15
洗衣物时间	26	63	- 37
逛街购物时间	61	66	- 5
用餐（三餐）时间	82	78	4
照看孩子时间	55	29	26
读书看报时间	81	30	51
看电视时间	157	115	42
听广播时间	19	9	10
游园散步时间	45	52	- 7
体育锻炼时间	92	30	62

① 据王琪延，中国人民大学休闲经济研究中心，"生活时间分配课题组" 2005 年的抽样调查。

项目	2005 年	1986 年	2005 年比 1986 年增减数
探亲访友时间	31	79	−48
参加培训学习时间	12	23	−11
教育子女学习时间	8	15	−7

资料来源：王琪延，中国人民大学休闲经济研究中心，"生活时间分配课题组" 2005 年的抽样调查。

从表 3－1 可以看出，2005 年，跟中国全国平均水平比，上海居民的文化休闲活动比较多样化，除工作外的可自由支配的时间较多，但形式普遍还较为传统，几乎没有新式的文化产业类活动，看电视、体育锻炼、用餐占了自由时间排名的前三位，逛街购物的时间排在中间，而看电影、喝咖啡、娱乐、旅游等现今上海文化产业活动的常见形式，未曾出现在该统计表格中，更别提以网购、VR 等为代表的新消费、新科技、新业态、新体验。与更早的 1986 年情况对比，洗衣、做饭、访友等时间减少了，但增加时间最多的形式也无非依次是：体育锻炼、读书看报、看电视。调查对象基本足不出户地安排自己的闲暇时间，外出活动也多为体育锻炼、游园散步，外出逛街购物的时间还比 1986 年平均每天减少了 5 分钟。

世博会前针对上海的历时性调查，部分反映了当年上海城市居民日常文化生活和当时上海文化产业发展的状况。当然，这次调查结果还显示，学历越高，选择看电视作为休闲方式的越少，他们的首选方式是看书读报等文化消费。年轻人中，选择上网冲浪的人占大多数。泡吧、蹦极、网上冲浪等新名词纷纷涌现，卡拉 OK、旅游、健身、参观博物馆、去游乐场也是很多上海城市居民喜爱和向往的文化生活方式，反映了文化产业发展的一些新动向。

3.1.2　上海世博会后文化产业的发展

2010 年上海成功举办世博会，给中国、中国城市、城市居民的文化生活方式也带来了诸多变化，进而也影响和带动了上海城市发展进程，客观上刺激了文化产业的大发展。

一方面，世博会后，更多的就业机会和更高的收入水平，使得城市居民拥有更大的文化消费能力，能把更多的可支配收入用于文化休闲、影视娱乐、文体游憩等文化产业活动中去，在方式的选择上则更体现出多样化、主动性和自由度。1992 年上海市人均 GDP 是 8652 元人民币，当时的消费性支出为2509.44元，其中的娱乐文化支出仅为208.08元。到2000年，上海人均GDP达到34547元时，上海市民的消费性支出和娱乐文化支出已分别达到了8868.19和1227.70元。上海举办世博会后的2012年，上海人均GDP为85373元，居民家庭人均可支配收入已达40188元，年人均消费支出26253元，其中文化娱乐服务支出2482元，占当年家庭人均消费性支出的9.4%。2015年，上海人均GDP为10.31万元，即15290美元，居民人均可支配收入49867元，比2014年增长8.5%，扣除价格因素，实际增长6.0%。[1]

另一方面，世博会后，城市居民对文化产业和休闲生活的需求日益增加。据部分学者研究，外出旅游、体育健身及户外运动、观看电影，已成为城市居民文化生活的前三位，占比很高，并常态化、规模化。而在上述2005年的调查中，主要的生活方式则是观看电视、家中烹饪、用餐时间、照顾孩子、读书看报等，这些中国传统的日常生活所占的时间大幅减少，而收听广播、午睡时间等则比例更低。

在世博会后，城市居民对新式的文化生活投入了极高的热情。2015年，上海电影银幕总数已达1090块，影院座位总数171509个，放映电影190.15万场，观众人次6809.77万，年度票房收入29.4亿元。124家博物馆与30余家美术馆举办展览700多个，观众近2500万人次。124个剧场（影剧院）举办营业性演出1.3万余场，观众达850万人次。全市各类经营性文化设施4300多个，其中卡拉OK、电子游戏游艺、游乐场等娱乐场所接待消费人次约1500万。[2] 先进的公共文化设施和空间快速发展，逐渐形成了自觉的文化生活的意识和心态，文化产业所产生的巨大消费需求需要释放，文化产品供需两旺。这也给上海文化产业的空间再造创造广阔的发展机遇。

从具有地标性和代表性的再造新空间看，2010年前，以东方明珠、南京路、外滩、豫园地区等传统海派文化地标地域为主轴线，新建和再造的典型案例地有：F1上海赛车场、上海展览中心、上海博物馆、欢乐谷、衡山路休闲街等；2010年后，以黄浦江滨江岸线、苏州河苏河湾地区、环同济大学地区、黄浦区到徐汇区的老法租界地区为主轴线，得以更新、升级、再造的典型案例地有：新天地、田子坊、大悦城、环球港、北外滩、世博园、同乐坊、吴江路休闲街、上海迪士尼乐园等。文化产业在空间发展和再造上，出现了布局、结构、形态、样式、业态、内涵、外延、范畴、属性、模

---

① 陈立旭. 当代中国文化产业发展历程审视 [J]. 中共宁波市委党校学报, 2003, 25 (3).

② 洪伟成. 上海文化消费跃上新台阶 [N]. 中国文化报, 2016 - 05 - 05.

式、特征等机理性和规律性的新趋向、新态势，呈现了进一步发展、融合、创新、变革的新面貌、新路向。

3.2　上海文化产业发展的空间格局

3.2.1　上海文化产业发展的整体空间体系

按消费结构来看，上海各类文化产业呈金字塔状分布，具有从大众化到专门化、从多数人到少数人的分布规律（见图 3-1），以此区分不同的文化产业空间，形成基本的地域空间分布格局。

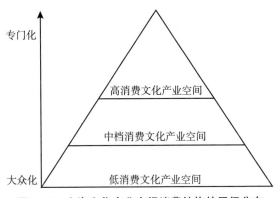

图 3-1　上海文化产业空间消费结构的层级分布

按空间区位和分布布局看，以由历史上最早的"租界 - 华界"二元空间，到"浦西 - 浦东"二区思维、简单基于城市骨架的"一轴两带"轴带式空间、"一纵向多横向多组团"复合式空间结构，再到如今"点 - 线 - 面 - 带 - 团 - 区 - 群"的多面向、多维度、多路向的环链空间，逐渐趋向局部上的全市各区"普遍撒网、多点开花、你中有我、层层渗透"的泛化空间和整体上的全市分区"物质载体、产业功能、精神想象的文化产业的城区空间边界明显 - 郊区空间边界模糊"并存的"具象 - 抽象""局部 - 整体"的辩证矛盾的空间分布特征，城市 - 郊区二元空间分立而不对立。目前上海文化产业的这种区位特征和分布态势，正是上海文化产业转型发展中，需要经历从盘整到洗牌、从不成熟到成熟过程的必然性和迟滞效应在空间上的外化表现。

以城市的整体空间和圈层结构来看（见图 3-2），主要有室内文化产业空间、社区（街区）文化产业空间、城区文化产业空间、城市周边文化产业空间，由近及远形成一个四级圈层系统。社区（街区）文化产业空间是在居住区内进行文化产业活动的物质载体，如特色街道等；城区文化产业空间可以在商业区、文化创意产业园区、城市商业综合体、历史街区、主题公园、娱乐场所、体育文化场所等地方展开。而城市周边文化产业空间是以市民为主，并拉动相当数量外来者参与的文化产业活动，具有观光游览、生活休闲、康体娱乐和教育等功能。

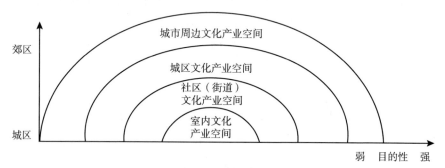

图 3-2 上海文化产业空间整体分布体系圈层示意图

3.2.2　上海文化产业发展的空间分布圈层结构

上海文化产业发展的空间分布结构，较大程度地体现出世界其他国际化大都市的布局特点，其"城－郊"二元空间可以分为三个部分，即城市内部文化产业岛、环城文化产业带、城市边缘小城镇和乡村的特色文化产业点，后两者属于郊区文化产业发展空间，具体包括近郊、远郊。

对上海而言，环城文化产业发展带的形态呈非闭合的圈层状结构，城市内部文化产业岛和边缘小城镇休闲点则受上海的城市文脉、人文因素、经济环境、地域特色、传统产业、政策布局、市场机制、消费方式等多重要素影响，呈点状、面状、大小不等的组团聚集分布特征。

1. 上海中心城区文化产业空间：城市内部文化产业岛

以居住地为中心的上海市居民日常文化产业活动地，可定义为上海城市内部的文化产业岛，上海居民或本区域常住居民可以进行自发性或社会性的各类文化产业活动，使上海的城市空间富有生机和活力。上海城市内部文化产业岛主要空间为商业区、文化创意产业园区、城市商业综合体、历史街区、特色街道、主题公园、娱乐场所、体育文化场所、观光旅游地区等，文化产业发展的空间载体形式多样。

上海的主题公园，有迪士尼、欢乐谷、锦江乐园、环球嘉年华、"热带风暴"水上乐园、长风公园"海洋水族馆"、上海豫园、上海动物园、龙华烈士陵园、宋庆龄陵园、"唐韵中秋"桂林公园游园会、吉祥龙华、共青森林公园等。

上海的城市商业区共有十二大商业特色街区，分别是豫园、陆家嘴、徐家汇、新虹桥、静安寺、不夜城、五角场、新天地、打浦桥、提篮桥、曹家渡、十六铺。另有十大购物休闲游憩商业名街，分别是南京东路、南京西路、淮海路、中山东一路、人民大道、四川北路、福州路、延安路、金陵东路、长寿路。其中有很多著名的商场，如港汇广场、新世界商城、恒隆广场、中信泰富广场、梅龙镇广场、百联西郊购物中心、百脑汇、美罗城、上海一百、久光百货、东方商厦、南方商城；也有著名的大卖场，如乐购、欧尚、家乐福、易初莲花、麦德龙、世纪华联、好又多、农工商等。

上海中心城区内的城市观光地带，有外滩、老城厢、新天地、金茂大厦88层观光厅、浦江大桥、陆家嘴金融区、徐家汇、南京路步行街、淮海路、上海火车南站、石库门等。

上海的城市传统风貌区共有十二处，由新一轮上海市总体规划确定，分别是外滩历史文化风貌区、人民广场历史文化风貌区、衡山路－复兴路历史文化风貌区、老城厢历史文化风貌区、虹桥路历史文化风貌区、山阴路历史文化风貌区、江湾历史文化风貌区、龙华历史文化风貌区、提篮桥历史文化风貌区、南京西路历史文化风貌区、新华路历史文化风貌区、愚园路历史文化风貌区。

以上海老码头为代表的文化遗产改造，以同乐坊为代表的老工业厂房的更新，以绍兴路、吴江路为代表的上海地方性文化特色街道的升级转型，以M50、创智天地为代表的现代媒体与数码艺术主题文化创意产业园区，以大悦城、环球港为代表的城市商业综合体的硬物质实体再造，以田子坊、新天地为代表的"社区赋能"海派旧时民居里弄的软物质场域空间的再造等，各种不同类型、形态、业态组织形式的文化产业空间，更具城市文化产业发展的风向标，产生了新趋向和新特征，这些将在下文相关章节中阐述。

2. 上海郊区文化产业空间：由近郊到远郊，从带状到散点

（1）城市近郊依托休闲旅游业的上海环城文化产业带。上海城市发展到一定程度后，随着城市区域扩展、私人汽车普及、闲暇时间增多，文化活动需求旺盛，出现了一定程度上的城市空心化，尤其在假期，借助于休闲旅游产业，在文化产业的各业态领域里，在城乡接合部和郊区形成了环城市的文化产业发展带。

以城市为中心的辐射区使上海居民外出休闲旅游，特别是团体、亲朋、家庭、情侣等出游机会日益增多，休闲游憩和康体娱乐活动数量多而全、产品形式多种多样、规格质量和知名度高。借助和依托丰富多样的休闲旅游业，空间面积和体积上的扩展性和延伸度较大，融入和贯穿文化活动和文化产业链的各环节中的文化产业得以在郊区良性发展，并体现出有别于中心城区的产业发展特点。

上海环城市文化产业带的体育赛事有：嘉定 F1 上海国际赛车场、松江大学城体育场、上海浦东射击俱乐部、闵行银七星室内滑雪场、金山滨海沙滩排球场、淀山湖水上运动场、崇明公路自行车邀请赛等；休闲街区类有：朱家角北大街、嘉定州桥历史风貌区、青浦奥特莱斯品牌折扣区、青浦欧洲街、七宝老街等；主题公园类有：青浦的上海大观园、松江车墩的上海影视乐园、青浦东方绿舟、崇明东平国家森林公园、闵行体育公园、闵行"热带风暴"水上乐园等；旅游观光类有：嘉定孔庙、秋霞圃、松江方塔、醉白池、枫泾古镇、朱家角古镇、七宝古镇等；度假区类有：上海佘山旅游度假区、上海太阳岛旅游度假区、奉贤海湾旅游区、孙桥现代农业园区、申隆生态园等；动植物与园艺类有：上海野生动物园、上海植物园、崇明东平林场、崇明东滩湿地、九段沙自然保护区、浦东凌空农艺大观园、上海鲜花港、嘉定区上海新泽源、宝山区东方假日田园、长兴岛橘园等。

地处上海非中心城区的市郊，已由原先临时性的周末出游空间转变为永久或半永久的人们文化生活和文化产业相生相伴发展的社会空间，环城文化产业带的空间结构定位和特色，显得较为合理而明显。

（2）远郊的上海城市边缘小城镇和乡村特色文化产业点。从城市空间形态来看，大城市周边的小城镇文化产业点可以看作环城游憩带在空间外围的延伸，主要具备产业休闲功能。由于自身区位、要素条件、产业发展、人口集聚等原因，上海城市周边的小城镇发展文化产业在空间上无法形成闭合的圈层状结构，多呈零星的点状、局部面状、小范围组团聚集分布。

目前，在上海主城区的边缘，一些拥有一定资源条件和自身特色、区位条件和开发管理较为成熟的小城镇和乡村已经谋势而动，充分地利用自身地缘、人文优势，开发休闲游憩和康体度假产品，发展特色文化产业，改善和提高了当地区域经济状况和社会知名度，取得了很好的社会效益、经济效益和环境效益。

上海城市边缘小城镇的乡村特色文化产业发展，形式也较为丰富，归纳起来有：郊区商圈、特色节庆、农家乐、特色农业观光、乡村民俗等，乡村以其固有空间展开文化产业经营活动，体现了大城市郊区的郊野地域特色和中心城区文化产业的外向转移。

3.2.3　上海"城－郊"二元文化产业空间总体态势分析

在进行第四章关于上海文化产业空间再造的具体问题的讨论前，首先要做的是，在城市结构的宏观视角下准确分析和看待上海文化产业空间分布的总体态势特征，即"城－郊"二元文化产业分布格局。

从现有情况看，上海的二元文创发展态势特征虽然随都市郊区化影响、地铁等交通基础设施的通达性而整体日渐改善，但"作为整体的局部"[①] 的上海郊区城镇和"作为局部的整体"[②] 的上海市区，仍呈现诸多不均衡的各自空间发展规律。

上海郊区的新型城镇化和产业的合理布局，在上海城市发展及产业转型升级中至关重要。事实上，上海郊区很多新市镇和新城，正在放弃单纯以工业化为发展核心的老路，着手发展各具特色的文化产业，突出地方性，发挥资源优势，体现产业价值。近几年，上海郊区各地斥巨资打造出的各类文化产业新地标的例子，更是层出不穷。

地处上海西南的近郊闵行区的上海交通大学紫竹文化创新产业园区、体量巨大的城市综合商业体——怡丰城、独具创意的紫贝教育文化产业港、千年江南商业文化古镇——七宝等，都是特色鲜明的地域文化产业单体或复合式空间载体。地处上海西北的远郊嘉定区嘉定镇的现代文化产业集聚地——宝龙广场、嘉定新城的巨资打造的大型连体多媒体剧院——保利大剧院、安亭镇的 F1 上赛道汽车文化体验馆、南翔镇的创智天地文化创意产业园等，也都是极有资源价值和地方性特征的文化产业空间场域。地处上海东部远郊外浦东川沙地区的迪士尼乐园、地处上海西南远郊松江区的欢乐谷，更是游人如织，在文化产业影响力、知名度、产业规模、业态创新、产业融合度、文化体验等各方面闻名遐迩。然而，从现实情况看，除迪士尼乐园的品牌、产业力较为出色外，上述其他文化产业形态载体，瞬时聚散、冷热不均、淡旺季明显、受众指向性强而局限、产业密度和人流量不稳定，或多或少地表现出瞬时性、敏感性、地区性、小范围集聚、组团密度低等特征，各产业点辐射半径有限，很难串联和互动，很难产生较大的产业规模和产业竞争力，很难闭合为明显的"近郊－远郊"两个圈层的产业带，表现为文化产业空间"辐射－微辐射－非辐射"功能的中间阈值区段。

---

①②　此观点由王铭铭在《局部作为整体——从一个案例看社区研究的视野扩展》中提到的，原文发表于《社会学研究》2016 年第 4 期。

基本上，郊区文化产业空间载体和场域的更新和再造，与其他功能性空间、场域，如社区、商城、公园、街道、文化体育设施等，既有独立性的一面，又有交融性的一面，空间"你中有我"，地域文化的根植性和认可度还不够明显，文化产业的独特性还不够明朗，文化产业空间的功能性还不够清晰，发展边界也有些模糊。

在"空间再造"的预设语境下，在基于地理区位、空间分布、格局特征等诸多方面的分析和研判中，进而可以得出这样的推论性解释：总体上，上海全市大量新的文化产业空间实体的更新与再造，分布的总体态势已逐渐趋向局部上的全市各区"普遍撒网、多点开花、你中有我、层层渗透"的泛化空间和整体上的全市分区"物质载体、产业功能、精神想象的文化产业的城区空间边界明显——郊区空间边界模糊——城-郊二元空间分立"并存的"具象-抽象"与"局部-整体"的辩证矛盾的空间分布特征。

所以，上海郊区文化产业的发展不能孤立无援，而应进行文化产业的空间多向合作和空间错位再造，以避免"马太效应"或同质化发展。在实践层面也应积极探索和尝试郊区与城区文化产业空间上的遥相呼应和有机动态发展的长效机制。这一点，在本书最后一部分内容中，结合上海新型城镇化和上海郊区文化产业转型的发展策略，针对上海"特色小镇"的产业空间谋划，还会做相应的展望和建议。

3.3 上海文化产业发展的地域性特征

上海是中国最大的城市之一，也是世界知名的国际化大都市。从近代开始，上海就融合了西方文明，形成了上海特有的兼容并包、海纳百川的城市特点，具有巨大的吸引力。独特的城市形象和城市文脉，使得上海的文化产业发展体现出都市型发展的优势和海派文化的特色。同时，文化的地域特征和资源的地方性、社区性特点影响着上海文化产业发展的持续性和创造力，塑造着这座城市独特的气质，也让发展中形成特有的上海经验或上海模式成为可能。

3.3.1 文化产业发展所需的独特都市风貌

上海具有的独特都市风貌，具体表现为以下特征。

（1）建筑形式丰富，以近现代建筑为主。传统的中国式建筑有朱家角北大街的民居、上海老街、豫园、沉香阁等，而更多的是由过去租界发展而来的风格多样的西方古典和近代建筑，有银行、办公楼、花园住宅和官邸建筑等，以外滩、衡山路建筑为代表，还有上海特有的石库门建筑，中西合璧，独具魅力。

（2）新建筑大量涌现。有高架桥、越江隧道、跨江大桥、轨道交通等新建筑的建设，火车南站、东海大桥、洋山深水港等标志性工程，还有更多的高楼大厦林林总总地分布在黄浦江、苏州河两岸。以浦东新区为例，2020年，高层建筑达 203 幢，其中的标志性建筑——东方明珠广播电视塔、金茂大厦、环球金融中心、上海中心，更是引人瞩目。

（3）恢宏优美的城市轮廓线。以中国银行、沙逊大厦等为主体的外滩优秀近代建筑群组成的都市滨江轮廓线，是上海独特的标志，向西延伸，构成人民广场空间轮廓线；以锦江饭店为中心的茂名路优秀近代建筑群轮廓线，经衡山路到徐家汇天主教堂，形成了多道轮廓线。它们新旧对话，高低起伏，丰富多彩，千姿百态，是上海文化产业发展空间和个性的重要体现。

（4）城市绿地和生态休闲场所丰富。上海有古典园林 5 个、近代公园 11 个、现代公园 128 个，还有大量的主题公园。近年来，由于市区两级加上街道社区的共同努力，现已建成太平桥绿地、黄兴绿地、浦东世纪公园广场、大宁绿地、延安中路绿地、徐家汇公园等 666 块绿地，其中 4 万平方米以上的有 104 块。上海还将建成大规模的绿色生态走廊，开辟以黄浦江、苏州河、川杨河、淀浦河等河道为主的滨江绿地。2020 年，人均公共绿地达 22.5 平方米，绿化覆盖率达 38%，森林覆盖率达 13%。九段沙湿地、东滩鸟类保护区已成为国家自然保护区。

3.3.2　文化产业聚集所需的都市商业资源

作为全国最大最繁华的商业城市，上海有着十分丰富多彩的商业休闲资源。著名的十二大商业街区分别是豫园、陆家嘴、徐家汇、新虹桥、静安寺、不夜城、五角场、新天地、打浦桥、提篮桥、曹家渡、十六铺。十大商业名街分别是南京东路、南京西路、淮海路、中山东一路、人民大道、四川北路、福州路、延安路、金陵东路、长寿路。还有大型购物商城、专业特色街、百年老店等。许多商业场所集购物、休闲、娱乐、体育、文化、餐饮于一体，"文""商""旅"结合已成为文化、休闲的亮点。

城市商业综合体作为一种新的消费载体，更多地渗透和贯穿于城市居民的日常生活中。上海城市商业综合体的体量一般较大，即使是社区型综合体，也愈来愈展现出消费升级和产业转型的特点。综合体内的产业业态，在上海也愈来愈展现出文化产业的特性。不断涌现的各类商业综合体，成为上海文化产业空间再造的主要推动力和常态，并逐渐成为各级地理范畴内的文化新地标，影响着城市文化产业的发展，其中著名的有正大广场、虹口大悦城、环球港、美罗城、怡丰城等。

3.3.3　海派文化与城市人文的独特魅力

上海经历了古老与时尚、传统与现代、物质与精神等碰撞与融合，形成了具有兼容并包、海纳百川、开拓创新的海派文化。海派文化向商业、艺术、建筑、饮食、娱乐、服饰、民俗、语言等各个领域延伸，形成了上海所独有的休闲文化、消费观念和生活方式。

20 世纪 90 年代，上海开始了大规模的城市公共休闲设施建设，上海大剧院、上海图书馆、上海东方艺术中心、上海大舞台、上海世博园等组成了错落有致的多层次文化演艺场所群落。上海相继成功举办了世界特殊奥林匹克运动会、女足世界杯、F1 一级方程式赛车、上海网球大师杯等体育赛事，再加上每年固定的传统和现代节庆活动，吸引了众多上海市民和国内外游客的积极参与，极大地丰富了上海居民的休闲游憩生活方式。

上海的衡山路、新天地等地的酒吧街，徐家汇、田子坊等地的咖啡馆，迪士尼、大悦城等新城市地标，豫园、老城厢等消费升级后的新产业，绍兴路、复兴路、新闸路等海派底蕴浓厚和地方性特征明显的路段街区，上海因其独特的城市文化内涵成为享誉海内外的休闲胜地。文化与休闲，为上海这座城市增添了人性的内涵，形成了上海本地独特的人文精神特质，使城市更富有个性和魅力。

3.3.4　文化产业空间再造所需的地方性城市社会文化要素

在城市更新、产业转型、消费升级、科技创新等诸多背景和语境下，上海文化产业发展的空间再造，具备了可持续作为文化城市产业发展的其他重要因素：历史悠久的民居里弄社区、发达的城市商业体和商业街区、近代以来的工业厂房的遗存遗址遗产地、国际化背景下形成的外国人集聚社区等，并由此构成的上海特有的人文和区位要素。亦可将这些要素理解为上海城市特有的社会文化要素——从社会学、文化人类学的视角看，上述人文区位要素都可以看成是特殊的社会文化社区。

上海的这些社会文化社区的特殊性和地方性表现得尤为明显，并可能已形成一种合力，共同指向一种带有共性的上海式的发展动向、实践、经验或模式，即文化产业空间再造的上海经验或称上海模式。

　　都市风貌良好的先天条件，成熟而发达的商业街区，独特的城市里弄、街道、工业遗存和文化遗产等文化要素和社会文化资源，如潺潺流水，给上海文化产业发展所需的空间实践提供着无限的产业助推力和文化想象力。

第❹章

上海文化产业空间再造的
趋向与模式研究

4.1　趋向与模式研究的基础、过程和逻辑推演

进一步考察上海文化产业的空间再造，势必要聚焦其新趋向和发展模式问题。本书对上海文化产业发展的空间再造过程中呈现出的诸多新趋向的考察，是以空间分布、形态组合、业态特征三个变量为重点展开的。从中，基本可以研判上海文化产业空间再造的新趋向中所蕴含的发展态势、演变路径、空间规律等问题，并对下文关于经验、模式、特征等讨论起着立论前提和研究支撑的作用。

对新趋向及发展模式等问题的研究，是以城市更新和地方性为宏观视域和理论背景的，是基于文化人类学的以地方性的社会文化要素为考量依据和立论视角的，基于系统论的对宏观、中微观维度的空间分布、组织形态、经验模式、特征属性等方面发展情况的分析、阐释、归纳，是"边界问题""空间环链""社区赋能""空间想象力""超级存在"等概念、内容、理论的提出、阐释、推演和赋新的过程，是对文化产业"空间再造、空间重构、空间转向"等学术热点问题的现有研究内容和成果的进一步的丰富、扩展和延伸，是基于对上海多地的深度实地走访、调研工作而进行的。

对研究对象的实地走访和调研，是本书研究方法中的重要组成部分。基于田野案例的观察，并进而总结、归纳、分析和研判，构成了本书逻辑推演思路中的重要依据。研究上海文化产业空间再造中的新趋向及随后的诸多核心问题，均应以此为先导和基础。从实地走访的情况看，按时间划分，可分为三个阶段，第一阶段为 2016 年 7 月 1 日至 8 月 20 日，第二阶段为 2016 年 12 月 1 日至 2017 年 2 月 20 日，第三阶段为 2017 年 8 月 1 日至 15 日。多次重复走访，可以观察前后发展变化的情况，对上海近几年来文化产业发展催生出来的已经形成规模、产生影响、形成口碑、构成地标、具有典型样本的文化产业空间再造的案例所呈现出的新面貌、新态势、新趋向进行总结和归纳。

对以下 69 处上海代表性案例地和文化产业项目进行观察、记录、探访、询问、勘查、互动、摄录、整理、思考等过程中，笔者逐渐形成了特定的视角和思维逻辑。这种特定的视角和思维逻辑，是感性与理性相结合的自然产物。笔者在多次走访中，有意识地考察不同调查对象中所暗含的逻辑要素、关键点、性质特征的不同，以文化人类学的研究范式，以地方性的社会文化要素为重要考量依据和逻辑标准，对影响空间再造的社会文化要素中带有共

性规律或发展特性的因素，进行分类、总结、推演、归纳。推导出带有共性的社会文化方面的影响因素，去繁化简，经过推敲、归纳，使这些带有共性的影响因素不断明朗，由此形成了本书研究逻辑和立论预设的前提，从而层层递进，直至归纳出后续的研究立论。

根据对典型案例地和项目在空间发展中暗含的带有共性的关键特点进行推导和归纳，选取空间再造中发展"新趋向"的三个变量进行具体分析和研究：空间分布、形态组合、业态特征。

以产业性质与地方人文之间的互动关系为基础，基于上海特有的人文、区位等要素，即基于"上海地方性特征的社会文化要素"的研究立论视角和推演逻辑依据，来归纳上海文化产业空间再造中的关于"经验或模式"的四个发展范式：社区赋能式的里弄民居、街坊老宅及附属地方的空间改造，工业遗存、文博遗产的地方性再生，"文""商""旅"业态融合的空间再造：包括"文""商""旅"街区的空间串联、"文""商""旅"综合体的空间搭建、"文""旅""商"片区的空间融合这三种路径，以及国际化影响下的文化产业的空间自觉。

通过对手抄记录、勘查日记、摄录影像等资料的整理，对三个阶段的考察进行细化。

第一阶段（2016 年 7 月 1 日至 2017 年 8 月 20 日）的实地走访和调研的情况和研究如表 4 - 1 所示。

第二阶段（2016 年 12 月 1 日至 2017 年 2 月 20 日），针对被调研项目的空间特性，依次进行分析和归纳，具体内容和逻辑推演的过程见表 4 - 2。

上述第二阶段的走访和调研，时间长、案例多、形式各异、地域跨度大，有些是在第一阶段基础上的再次考察，比较具体、深入，是本书研究的重要基础和依据。

第三阶段（2017 年 8 月 1 日至 2017 年 8 月 15 日），考察的项目和典型案例有新七星滑雪场、佘山深坑酒店、国家展览馆、迪士尼乐园、虹桥天地、言几又剧院及附属广场、万象城、大悦城、光启城、杨浦国际时尚中心等。

以上三个阶段对上海代表性案例地和实体项目进行的走访和调研，聚焦于上海新近重修、再造的文化产业空间及文化实体现象，以此为基础，逐渐推演出了本书研究的逻辑路线和分析思路，形成了对空间再造的新趋向、发展路径、经验、模式等方面的分析和研判。即空间研究方面的三个维度：空

表4－1　第一阶段　上海案例地调研的逻辑推演过程

考察对象、视角	调研案例、单元	逻辑要素、关键点、性质特征	推导、阐释、备注	立论维度、研究思路
代表性案例地	武康路－安福路、虹口大悦城、滨江绿地（徐汇段及北段）、苏河南岸文创产业北园、莫干山路M50、迪斯尼乐园、海防路同乐坊、1933 老场坊及"四园一心一合"、虹泉路韩国街、虹许路创意园区"老外街"、西郊鑫桥创意园区、自然博物馆、奔驰文化中心（T-house）、上海电影博物馆、上海当代艺术中心、西岸美术馆、环球港、滴水湖、刘海粟美术馆、上海展览览中心	空间分布与布局、区位、产业类型、人文特征、地方性特征、互动形态、样式、业态、外观形态、地区影响及辐射、分类	空间分布与业态的区别；形态与产业人文的关系；产业与地方的社区类型；不同的社区依据；分类的依据；模式的依据或标准	（1）空间再造"新趋向"的三个维度：空间分布、形态组合、业态特征。（2）思路：以产业－地方人文互动关系为基础，基于对上海特殊的一种或几种社会文化要素的考量，形成反映人文－产业共性特征的若干种发展路径和范式
产业调研空间	交大紫竹科创文化产业园、同济文创产业空间带、南翔智地产业园、嘉定工业区文化产业园、听微传媒、地铁沿线的新式书店、著名购物中心的新式书店	空间的地域分布不同、城市－郊区、环大学城、中心城区－城市边缘、空间业态、产业类型、空间的体量、大小、存在形式、依存性、与地方文化的依存需求、空间发展的关系、与文化的关系	空间分布；形态和样式；地方人文特性带来的空间分布；空间业态的分布依存性；不同性质的社区的视角；二元的边界、文化的融合	
创业者和项目案例	原创喵：专业的设计师KOL孵化平台（朱红光等人）；益鸟文化：赵闯杨杨的科学艺术展（李劳动等人）O.V.E乐队：摇滚音乐追梦人（万智雄等人）	项目性质、空间依存需求、业活动开展的空间场域、地段、空间大小、空间分布特点、稳定性、固定性、空间生成形式、空间发展模式、拓展空间	空间分布、形态、业态的不同；空间再造中的产业创新与融合；再造生成的原因；空间依附地域文化的模式	

表 4 – 2　　第二阶段　上海文化产业再造中的调研项目的空间特性

访问和考察对象	性质	活动空间	位置、特点、其他说明	暗含的逻辑要素、关键点
"原创猫"	设计时尚文化领域创意空间、专业设计师孵化平台	上海创意秀场（T-house）	位于虹口区； 租用性质； 非固定场域	
益鸟科学艺术空间展	亲子类恐龙主题展览、科技体验、模拟仿真、动漫表演	"虹桥天街"等大型城市商业综合体内	位于虹桥商务区； 邻虹桥机场、高铁站等，交通配套齐全； 成熟商圈，依托单体贯通式商业综合体； 签约布展期为一年的展位式空间，位于综合体二楼	
江宁文化创业孵化园	小微型文化产业孵化园区、创业创意共享空间	上海市首批创意产业园区"同乐坊"内的2号楼2层	位于普陀区老工业遗址富集的海防路围合的三角地带； 共享式的众创空间； 文化产业小微型企业集聚区； 长宁区政府打造的示范性文化产业创业园区	
上海浦东世界公园公益藏族锅庄采编开发中心	民族舞蹈演艺、民族文创产品开发、藏族服饰创意开发	浦东世纪公园1号门内，镜天湖附近	位于浦东世纪公园附近的花木路街道，交通便捷； 世纪公园地铁站内，民族服饰店铺集聚，有良好的文化产业的商业氛围； 附近的花木路街道是上海欧美人集聚的著名外国人社区之一； 有固定的活动时间和空间； 活动和文创空间在室外，具有开放性和灵活性	（1）空间分布、形态组合、业态属性。 （2）发展模式、特征特性
上海O.V.E摇滚乐队	重金属地下乐队、摇滚音乐演艺与表演产业	草莓音乐季活动指定区域：滴水湖公园、浦东世博园或城市秀场等	对空间场地的要求较多，具有临时性和非稳定性； 产业空间受时间、天气、季节、安全等因素影响； 在特定空间里有一定受众人群和交流渠道； 空间功能要求高，要求舞台区、准备区、观众区、安全区等形成开放性的活动空间； 产生较大的产业效益，如门票收入、餐饮收入、乐器经营收入、演出经纪收入、专辑签售收入、自驾露营等休闲产业收入、交通住宿等关联产业收入	
上海彩虹歌唱团	文化演出、音乐艺术表演、文娱互动	剧场、舞台、文化中心、文化馆等室内场所	活动空间多集聚于市区的区级以上的剧场、剧院以及时尚中心、文化中心内，已形成产业空间上的规模效应； 一票难求，备受80后、90后的热捧； 新生的上海都市文化现象，由此提出了对上海文化产业空间，如剧场、文化中心的空间要求； 产生了特定的上海都市音乐演艺空间的内容的赋新与重构； 特殊空间里的文化产业的再造	

访问和考察对象	性质	活动空间	位置、特点、其他说明	暗含的逻辑要素、关键点
"猫角"文化产业活动空间	以都市摇摆舞为主题的西式舞蹈文化产业集聚地	城市中心的公共或私人的宅院、弄堂、咖啡厅、音乐厅、艺术厅，以室内为主	位于中心城区交通便捷地区； 规模大到竞赛类的音乐厅、艺术厅，小到交流性质的宅院、弄堂； 以舞蹈表演为中心，衍生出关联性的文化产业，如讲座、沙龙、演艺、表演、竞赛、服装设计、国际交流等； 形成了固定而特色鲜明的文化产业形态； 依托文化产业空间的重构和再造，在建筑空间内部实现了产业集聚	（1）空间分布、形态组合、业态属性。 （2）发展模式、特征特性

间分布、形态组合、业态特征；空间发展模式研究方面的四个路径：社区赋能式的里弄民居、街坊老宅及附属地方的空间改造，工业遗存、文博遗产的地方性再生，"文""商""旅"业态融合的空间再造，国际化影响下的文化产业的空间自觉。

4.2　上海文化产业空间再造的新趋向

上海文化产业发达的地区，原多集中于中心城区的商业地带，产业发展的空间载体也多依托所在街区、城区、地区的社会文化风貌和特点，形成了特有的文化产业发展特色，具有一定的开放性和包容度。原有的文化产业空间多以区级以上的文化地标性建筑、街道、场域或风貌区呈现，如东方明珠－陆家嘴－正大广场地区、南京路步行街－豫园－外滩地区、淮海路沿线商街－吴江路文化休闲街、衡山路－复兴路风貌区－徐家汇地区、多伦路文化名人街－虹口公园－五角场地区等，业态也多以酒吧娱乐、文化用品、老洋房、休闲旅游、餐饮、商业购物、文化名人故居等为主，形成了上海文化特有的城脉、文脉、地脉，构成了原有的上海城市发展主体轮廓线和文化产业发展的基本空间格局。

近几年，上海文化产业迎来了大发展，国际化特色和创新融合的趋势日益明显，表现在其空间的新建、重构、复原、赋新、再造，一批批文化产业空间载体不断涌现，速度快、规模大、功能集聚、分布异化、形态多样、业态多元、内涵丰富，文化地标性强，具有文化－产业的双重价值，带有鲜明的街区、社区、场域特性，体现了与地方特有的社会文化要素的较强的互为依托、互为表里的关系，呈现出多元、互动、超级、再生、赋能、迭代、升级、创新等新的精神面貌和生态格局。新的文化产业空间载体也迅速成为地区、城市量级的新文化地标，逐渐成为极具代表性的上海文化产业标识性明显的场域，如新天地、田子坊、迪士尼、大悦城、环球港、虹桥天地、中华艺术宫－梅赛德斯奔驰文化中心等，成为新的城市地标，体现着强烈的区位性、国际性、人文性、创新性等特征。

这些"文化产业的特性"里，空间维度上，暗含着上海文化产业空间发展的新特点和新趋向，其带来的城市更新和产业转型，带来的空间载体的衍生和拓展，阐释了新层面和新意义上关于"上海文化产业发展中的空间再造问题"的研究意义。近年来，上海文化产业的空间再造，实际上也潜移默化地重构和连接着城市的产业发展，它们成为新的城市地标，逐渐形成环链互动的态势，影响着上海旧有的海派文化的内容和空间格局，丰富和充实着上海原有的城脉、文脉、地脉的内涵和外延，为上海文化产业的空间发展进一步赋量、赋能、赋新。

基于本章第一节中对趋向和模式研究的分析基础、调研过程、逻辑推演，形成和归纳了对上海文化产业空间再造的新趋向、发展模式等两大方面的分析和研判的思路。一方面，是空间发展的新特点、新趋向的研究视角和分析思路；另一方面，是空间发展模式、路径的研究视角和分析思路。其中，前者可归纳为表4－3，后者见下一节内容。

表4－3　　　文化产业空间再造的多维逻辑结构（"物"的形式的讨论）

变量	编号	趋向	暗含的特征
空间分布	A，B，C，D，E	聚集－梯度发展	分异、不均衡 分布和结构的问题
形态组合	（一）、（二）、（三）、（四）、（五）	多元－多样化发展	载体、场域 样式和形态的问题
业态特征	Ⅰ，Ⅱ，Ⅲ，Ⅳ，Ⅴ	基于地方性特征的社会文化要素的融合与创新发展	社区赋"新"能、文化记忆再生、地方性与非地方性等常态和非常态、稳定和变化 特征和属性的问题

注：编号用以区别、辨识和标记它们在"形式"这一维度上各自隐含着的不同属性的存在形式和面貌特征。

需要说明的是，因为在空间分布、形态组合、业态特征三个变量中，各自隐含着不同属性的存在形式和面貌特征，为便于区别、辨识和标记，笔者在分析和研究"形式"这一维度时，将其分别冠以"A，B，C，D，E；（一）、（二）、（三）、（四）、（五）；Ⅰ，Ⅱ，Ⅲ，Ⅳ，Ⅴ"符号。通过此方式，以体现多维逻辑结构内部呈现的各自路向。具体的各自存在形式和面貌特征，都将在下文中一一阐释。而基于"物"的形式的讨论，主要隐指研究对象"文化产业空间再造"的总体形态特性，应既有"物态"，还有"非物态"。这方面，也将在下文中有具体论述。

4.2.1　空间分布上的聚集和梯度发展

对上述三个阶段走访和调研的69处典型案例地和项目空间，进行"空间分布"属性的统计、描述、解释，进而归类、总结，分析它们在空间分布上的新趋向，结合其他资料，作出研判，具体见表4-4。对三个阶段中重复考察的样本，在此不做重复统计。

表4-4　　　　对走访和调研案例的"空间分布"属性的考察

阶段	案例地或项目	空间分布	说明
第一阶段（2016年7月1日至8月20日，共25例）	武康路-安福路	徐汇区	原法租界老洋房区
	上海大悦城	虹口区核心地带，苏州河北岸	紧挨四川北路商圈、七浦路服装市场
	滨江绿地（徐汇段及北段）	徐汇区，北段为虹口区、杨浦区	已实现部分区域的贯通，与黄浦区的外滩段相连
	田子坊	黄浦区，原南市区	上海老城厢附近
	新天地	黄浦区，原法租界	中共一大会址附近
	苏州河南岸文创产业园	普陀区、静安区、长宁区，核心地带的苏河湾，位于新闸路-石门一路、二路地段	位于新闸路苏河湾地区
	绍兴路	黄浦区	毗邻田子坊-日月光-泰康路，紧邻嘉善路-上海文化广场
	多伦路	虹口区，虹口公园地区	—
	莫干山路M50	静安区，原闸北区	—
	上海迪士尼乐园	浦东新区，川沙地区	—
	海防路同乐坊	静安区	海防路与西康路的三角地带
	新闸路-东西斯文里	黄浦区，苏河湾核心地带	地铁1号线新闸路站出口

续表

阶段	案例地或项目	空间分布	说明
第一阶段（2016 年 7 月 1 日至 8 月 20 日，共 25 例）	上海国际舞蹈中心	长宁区虹桥路 1650 号，向西为虹桥枢纽地区	毗邻娄山关路南线、东线、西线文化产业空间"团、轴、带"，由延安西路 – 古北路 – 天山路 – 娄山关路 – 仙霞路一线串联，形成环链
	1933 老场坊及周边"四园一心一谷"	虹口区，海宁路东向尽头，周家嘴路口	半岛湾时尚文化创意产业园、老洋行 1913 创业园、1930 鑫鑫创意园、国家音乐产业基地上海虹口园、1933 会展中心、上海音乐谷
	虹泉路"韩国街"	闵行区	—
	虹许路"老外街" – 西郊鑫桥创意产业园区	闵行区，虹梅路、虹许路	"老外街"为东西走向，西向为虹梅路，东向为虹许路；西郊鑫桥创意产业园区与"老外街"毗邻
	梅赛德斯 – 奔驰文化中心	浦东新区，原世博园区浦东展馆区，滨江地带	与中华艺术宫、世博中心为邻，构成新地标建筑群
	自然博物馆	静安区，北京西路 510 号	北邻苏河湾核心地区，旁依静安雕塑公园、地铁 12 号线自然博物馆站出口
	西岸艺术中心	徐汇区，徐汇滨江板块	—
	上海电影博物馆	徐汇区，漕溪北路	地铁 1 号线漕溪北路站出口
	上海创意秀场（T-house）	闵行区，虹桥镇虹许路 731 号 4 号楼 1 楼	位于西郊鑫桥创意产业园内
	环球港	普陀区，金沙江路东段，连接宁夏路、凯旋北路、曹杨路地段	内环高架下，毗邻曹杨新村、华东师大，西临长风公园地区、东临沪西工人文化宫新馆，地铁 3 号线、4 号线、13 号线曹杨路站、金沙江路站出口
	上海展览中心	静安区，延安中路 1000 号	毗邻虹桥枢纽、虹桥天街、虹桥天地
	刘海粟美术馆	长宁区，延安西路 1609 号	海粟绿地内，临近凯旋路、地铁 3 号线延安西路站出口
	滴水湖	浦东新区，原南汇区、滨海地区	北临浦东国际机场，南林临港新城

阶段	案例地或项目	空间分布	说明
第二阶段（2016年12月1日至2017年2月20日，共39例）	吴江路 – 太古汇 – 张园	静安区，南京西路、吴江路板块	地铁2号线、12号线、13号线南京西路站出口，三线合围
	八佰秀（800show）创意园及剧场	静安区，胶州路板块	地铁7号线昌平路站出口，胶州路、昌平路、康定路合围
	虹口区的多伦路文化名人街 – 东宝兴路旧宅 – 鲁迅故居 – 甜爱路 – 虹口公园一线	虹口区，虹口公园地区	与第一阶段比，考察增加多伦路外的虹口区周边一线
	山阴路文化风貌区	虹口区，虹口公园地区，毗邻鲁迅故居	虹口公园亦名"鲁迅公园"
	南京东路步行街	黄浦区	—
	南京西路 – 吴江路休闲街 – 地铁12号线、2号线、13号线的南京西路站周边地区一线	静安区，南京西路、吴江路板块	沿地铁站出口，自12号线 – 2号线 – 13号线的顺序，沿西北东南四个方向的平面矩形线路进行调研
	虹桥商务区的天山路商圈 – 虹桥艺术中心 – 娄山关路 – 金虹桥国际中心 – 上海油画雕塑院美术馆 – 上海国际展览中心 – 中运量71路凯旋路站一线（南线）	长宁区，虹桥地区，使馆区	临近地铁2号线娄山关路站，以娄山关路为轴，南北向延展
	娄山关路 – 古北路 – 延安西路 – 上海国际舞蹈中心 – 洛城广场 – 中运量71路虹许路站 – "老外街" – 西郊鑫桥创意产业园一线（西线）	长宁区，虹桥地区，使馆区	临近地铁2号线娄山关路站、地铁10号线水城路站，以古北路、延安西路为轴，向南、向西延展
	娄山关路 – 仙霞路 – 虹桥公园及郑多燕中国1号店（含健身中心、主题体验馆、咖啡厅等）– 万都中心 – 尚嘉中心 – 虹桥万丰城 – 嘉顿广场一线（东线）	长宁区，虹桥地区，使馆区	临近地铁2号线娄山关路站、地铁10号线伊犁路站，以仙霞路为轴，向南、向东延展
	古北路南北沿线周边地区	长宁区、闵行区	北段属长宁区，南段属闵行区
	"龙湖虹桥天街"综合体及NASA太空展区 – 虹桥天地 – 虹桥汇	闵行区申长路，虹桥枢纽地区	西虹桥地区，毗邻虹桥机场、虹桥火车站、国家展览中心

续表

阶段	案例地或项目	空间分布	说明
第二阶段（2016年12月1日至2017年2月20日，共39例）	国家会展中心	青浦区崧泽大道333号，闵行区与青浦区交界处	毗邻虹桥机场、虹桥火车站、"虹桥天街"城市综合体
	闵行区紫贝文化创意港－怡丰城－地铁12号线七莘路站周边地区	闵行区，七莘路与顾戴路口，连接莘庄与七宝的地带	地铁12号线终点站七莘路站出口
	北外滩文化创意产业带	杨浦区	杨浦滨江地带
	言几又文化创意书店、言几又剧场	闵行区申长路，虹桥枢纽地区	虹桥天地内，地铁2号线、10号线虹桥火车站站出口
	田子坊－日月光中心－泰康路	黄浦区	与第一阶段比，增加了日月光中心、泰康路，与绍兴路、嘉善路、上海文化广场等，形成环链。与新天地地区在空间上呼应
	新天地－太平湖－新天地时尚－马当路	黄浦区	与第一阶段比，增加了太平湖、新天地时尚、马当路，与淮海路形成环链，与田子坊地区在空间上呼应
	嘉善路－尚街LOFT时尚园区－上海文化广场	黄浦区，原南市区	毗邻绍兴路、新天地等原法租界地区
	乌鲁木齐路沿线	静安、徐汇区	北段属静安区，中段、南段属徐汇区
	新闸路－南苏州河路－苏河湾－九子公园－石门一路街道－东西斯文里一线	黄浦区，苏州河沿线地区	与第一阶段比，考察范围更广，考察线路成环形折返
	外滩－外滩源－豫园	黄浦区	黄浦外滩沿线
	凌空SOHO地区	长宁区	临近虹桥机场、虹桥火车站
	乐虹坊－万象城－地铁博物馆	闵行区吴中路，地铁10号线紫藤路站出口	毗邻虹泉路韩国街
	浦东花木街道及地铁站内地下商街	浦东新区	世纪公园地区
	衡山路－复兴路文化风貌区	徐汇区、黄浦区	原法租界地区
	宝龙广场	闵行区七宝、嘉定区	坐落于郊区环城地带的连锁型商业地标
	红土天阶（魔术主题文化创意综合体）	嘉定区	老城区的南门地区

续表

阶段	案例地或项目	空间分布	说明
第二阶段（2016 年 12 月 1 日 至 2017 年 2 月 20 日，共 39 例）	北虹桥 F.E.U1985 时尚创意园	嘉定区江桥，地理上属于北虹桥地区	—
	上海 5D 文化创意园区	长宁区	—
	DI 国际创意空间	徐汇区，天钥桥路 909 ~ 915 号	位于居民区内
	长风公园周边地区及长风景畔广场	普陀区，长风公园地区	与华东师大、曹杨新村毗邻，东临环球港，长风景畔广场已升级改造为"长风大悦城"
	上海老码头	黄浦区，中山南路 505 号	黄浦滨江地区，3A 级景区
	长宁红坊 166	长宁区，淮海西路 570 号	
	line-friends 主题馆	黄浦区，淮海中路 666 号	淮海路与思南路路口，地铁 13 号线淮海路站出口
	闵行九星村、九星市场	闵行区，连接古美街道与七宝地区	临近七宝地区，为外环路、漕宝路、平南路合围地带
	浦东五馆（上海博物馆东馆、上海图书馆东馆、浦东美术馆、世博文化公园、上海天文馆）	浦东新区，陆家嘴地区	空间分布相近，打造浦东文化新地标
	中华艺术宫	浦东新区，原世博园区浦东展馆区，滨江地带	与梅赛德斯 – 奔驰文化中心、世博中心为邻，构成新地标建筑群
	上海历史博物馆新馆	黄浦区，南京西路东段	—
	沪西工人文化宫新馆	普陀区，曹杨路东段	凯旋北路与曹杨路、武宁路两大主干道合围地带，地铁 3 号线、4 号线曹杨路站出口
第三阶段（2017 年 8 月 1 日 至 15 日，共 5 例）	新七星滑雪场	闵行区，七莘路与顾戴路路口	—
	佘山深坑酒店	松江区，佘山地区	—
	虹桥天地、言几又剧院及附属广场	闵行区申长路，虹桥枢纽地区	着重考察虹桥天地场外的空间
	万象城	闵行区吴中路，地铁 10 号线紫藤路站出口	毗邻虹泉路韩国街、地铁博物馆、乐虹坊
	光启城	徐汇区，宜山路 455 号	内环高架宜山路段，紧邻地铁 4 号线、9 号线的宜山路站出口

资料来源：作者整理，具体地址以高德地图信息为依据。

通过表4-4的统计、归纳，可以看出，上海文化产业再造载体的空间分布的形式有多种，呈现出在原有分布特点基础之上的新趋向，并暗含一些新的空间分布特征（见表4-5）。

表4-5　　　　　　　　　　调查对象的空间分布特征

编号	趋向	暗含的特征
A，B，C，D，E	聚集-梯度发展	分异、不均衡分布和结构的问题

空间分布是文化产业空间发展领域里学术界多年来持续关注和热议的问题之一。在空间分布上，近年来，短时段里，上海出现了很明显的阶段性的发展趋向，但学术界对这一领域的关注和讨论，基本围绕"分布格局"展开，聚焦于"空间集聚"，如沿黄浦江、苏州河分布，"一轴、两河、沿海、多组团"，多元网状的三种结构等。这些是新的空间分布趋向。

花建在《城市空间再造与文化产业集聚》（2007）中指出，由于历史原因，近代上海形成了"以港兴市、沿江布局"的城市空间格局，租界和工业厂房大多沿黄浦江、苏州河分布，并与居民区、商业区犬牙交错。这些老工业建筑中，有中国最早的发电厂、纺织厂、机械厂、自来水厂、造船厂、钢铁厂、军工厂、飞机制造厂等。被联合国教科文组织的有关专家称为"当今世界上最大的滨江老工业建筑群"，[①] 由此提出，应借助这些工业遗产，大力发展沿黄浦江、苏州河的文化创意产业园区，用创意精神刺激工业空间，形成文化产业集聚区。根据王晶（2010）等人的研究，[②] 以文化创意产业园区为例，经过多年发展，基于沿江、沿河的工业厂房的空间改造和利用，形成了若干产业集聚区和一定的集聚效应。除了沿黄浦江、沿苏州河分布的特征外，在空间分布上，从散点分布到产业集聚，从到浦西地区的沿江、沿河分布，再到向地域中心、交通便利、文化和商业富集地区扩展，反映出近些年来上海文化产业的发展路径。

上海15家重点创意产业园沿黄浦江、沿苏州河分布的特点虽依然存在，但已不明显，出现了向"东北-西南"的空间倾向。上海东北地区，即虹口、杨浦，是文化资源富集区和人口众多的传统居民区所在地；上海西南地

① 花建. 城市空间的再造与文化产业的集聚 [J]. 圆桌会议，2007：26-28.
② 王晶，常俊杰. 城市产业空间定位研究——以上海创意产业区发展为例 [J]. 中国名城，2010（10）：27-32.

区，即徐汇、闵行，依托原法租界的文化资源富集区和国际化程度较高的虹桥商务地区，传统里弄街巷也为数众多。从简单的浦西/浦东、沿江、沿河分布，到以黄浦江、苏州河为横轴、纵轴向东北/西南倾斜，总体上的空间集聚、带状分布、纵深扩展特征更加明显。

在《城市空间的再造与文化产业的集聚》（2007）中，花建指出，每一座有生命的城市，都是在历史的传承与前瞻的创新中，不断地重构新的文化空间……也是城市中主要文化资源和文化生产力的集中地。进而他着重分析和归纳了三种空间集聚的类型：文化遗产的集聚区、文化活动的集聚区、文化产业的集聚区，尤其是文化产业的集聚区的形成，如柏林经过对原有的工业改造、搬迁和技术革新，重新设计了新的城市空间。在柏林的多个社区中，集中了 11 万多位雇员从事时尚、艺术、媒体、产品及家具设计、建筑、摄影以及视觉艺术等，大约 6700 家设计公司创造了 15 亿欧元的年产值，并为制造业、运输业、酒店业、餐饮业、旅游业等提供大量的附加值……出于全球化分工协作和市场交换的考虑，从伦敦、柏林、新加坡到上海、香港、北京，许多中心城市都在快速地发展一些新的文化集聚区、创意产业集聚区。① 另外，花建在《面向 2020 年的上海文化产业空间布局》（2012）一文中提到的"一轴、两河、沿海、多组团"，以及胡惠林在《时间与空间文化经济学论纲》（2013）一文中提到的"多元网状的三种结构"，基本都是对空间集聚问题的探讨。

花建在《面向 2020 年的上海文化产业空间布局》（2012）中，提出了上海未来的文化产业"一轴、两河、沿海、多组团"的空间分布设想。一轴，是指城市南北中轴线；两河，是指南北向的黄浦江、东西向的苏州河；沿海，是指浦东新区、崇明三岛、原南汇区、临港新城等地的沿海片区；多组团，是指以文化产业园区、创意产业集聚区为主要形态的产业组团。他提出层次性，提出打造杨浦、徐汇滨江，形成浦江西岸文化走廊，提出以大张江和大虹桥为两大引擎，打造上海东、西两个新的文化产业空间增长极……结合全市中轴线、黄浦江、中环线 3 条现代服务业集聚带的布局，结合商业副中心和郊区新城的建设，形成一种"花心 + 花环（一心两环）"和"主线 + 组团"的格局，并且在近郊和远郊地区，谋篇布局……与长江三角洲的城市深化合作，加强联系。② 2012 年花建所提的这些观点和建议，具有一定的前瞻性和先进性。

---

① 花建. 城市空间的再造与文化产业的集聚 [J]. 圆桌会议，2007：26－28.
② 花建. 面向 2020 年的上海文化产业空间布局 [J]. 上海城市规划，2012（3）：7－10.

通过表 4 - 4 统计的 69 个案例，可以看出，最近 5 年来，上海文化产业新的空间载体和样式量大面广，快速发展。总体来看，空间分布形式上，已有大片区集聚、小范围集聚、组团式分布、散点分布、环城带、环城休闲岛、沿黄浦江分布、沿苏州河分布、环成熟文化商业街区里弄分布、环大学周边分布、环地铁站分布等。发展趋向上，分布形式不再单一化、简单化，而趋于多元化、复合化。由早期"城区 – 郊区、集聚 – 散布、城区集聚 – 郊区散布"的空间二元结构，发展到现在分布上的多样式搭配、多路向复合、多面貌呈现的空间发展格局的趋势。无论在宏观的城 – 郊二元空间的新分布趋向上，还是在局部的带状基础上的区块链状分布趋向上，或是在纵深的扩展、空间的边界上，都体现出梯度化特征。另外，在"空间集聚"基础上，出现了新的样式和特点，即开放式的"环链"场域，反映了上海文化产业新的空间分布特性。

依据表 4 - 4 中对上述 69 个案例地关于"空间分布"属性的信息的描述和总结，包括各自所在行政区、街道路牌、地理位置、区位特点、周边地域风貌情况等，可以看出，宏观、中微观层面上的空间分布具有多样式、多路向、多面貌的特点。

（1）二元空间分布特点依然存在，宏观上的格局基本呈现"城 – 郊"二元空间分立的特点，即城市内部文化产业岛、环城文化产业带、城市边缘小城镇和乡村的特色文化产业点，后两者属于郊区文化产业发展空间。但空间分立而不对立，二元特征因规模、组合、业态等原因而不断弱化。在原有的"城区 – 郊区、集聚 – 散布、城区集聚 – 郊区散布"的空间二元结构基础上，以大型城市综合体、文创综合体、创意园区项目为代表，"城 – 郊"通过形式多样的文化产业新的空间载体的再造，出现了空间上的产城融合、区域融通现象。宝龙广场、魔术主题文化创意综合体"红土天阶"、北虹桥F. E. U1985 时尚创意园等项目，都选址位于郊区的嘉定区，体现了对旧有"二元空间结构"的扩展和解构，体现了在"体"和"势"上的改变和趋向。就整体的"体""势"而言，多样式、多路向、多面貌的特点，表现明显。从早期发展至今，全市出现了"点 – 面 – 线，团 – 轴 – 带，岛 – 区 –链"分布现象，多层级、多样化分布，互为补充、有机衔接。

（2）局部的"带状分布"单一结构已被改变，黄浦江整体滨江休闲游憩带为代表的产业空间"廊道式"带状分布、延安路中运量公交 91 路开通带动的闵行 – 虹桥 – 黄浦 – 外滩的东西产业空间"贯通式"带状分布，苏州河中段的苏河湾地区沿河地区与周边生活区相连的"区块式"带状分布，成为复合式、多层级的带状基础上的"新区块链状分布"结构，另外还呈现出扇状、环状、轴状、放射状等结构布局。

（3）空间的辐射度还有待提高，一些处在非中心城区的产业园区"关起门过日子"，有一定的内向性。但向度和力度得到明显加强，与生活区、社区的嵌入度和渗透性增强，体现出较强的地域文化要素的影响和区位性。这种以产业–地方人文之间的互动关系为基础，基于上海特殊的一种或几种社会文化要素形成的空间规律，也成为下文阐述上海文化产业空间再造发展模式时的重要逻辑依据。这一部分，也将在下文有关上海发展模式的特征中的"区位的人文–产业特性"里，进行进一步的阐释。

（4）空间存在边界性，有些区域的空间边界性强，有些区域的空间边界性模糊，强弱度从中心城区向郊区递减，呈现阶梯状特点。这主要是由自身产业空间定位、文化产业的业态特色性和功能性的强弱、空间的内向化或开放性的属性、周边场域的区位特征和地貌特征等因素影响和决定的。比如，位于中心城区的田子坊，与周边的日月光中心、泰康路等地，形成一个环环相扣的开放式的文化产业富集区域，这块场域嵌入周边的街区、社区、居民区，但又有不同于生活、居住、商业、交通等的功能属性，文化产业空间的业态特征显著，边界性明显。而位于较远一些的虹口区的 1933 老场坊及附近的"四园一心一谷"地区，包括半岛湾时尚文化创意产业园、老样行 1913 创业园、1930 鑫鑫创意园、国家音乐产业基地上海虹口园、1933 会展中心、上海音乐谷，则因为规模不大、各自独立、业态重叠、散落于居民区旧宅中而辨识度不高等原因，与周边居民区、库房、楼宇、停车场、餐厅、酒店混居，空间边界性较为模糊。位于上海远郊嘉定区的州桥老街，依托古镇开发文化产业空间，但古镇古街上的文化产业空间分布无序，本身作为 4A 级景区，周边为大型超市、小商品市场、文化广场，很难辨识空间功能属性，在文化产业空间再造的过程中无空间边界而言。从分布上看，基本呈现"城区空间边界明显、郊区空间边界模糊"的格局趋向，其中含有"整体–局部""具体–抽象"的关系。

（5）分布的"空间集聚"依然存在，以创意产业园区为代表，但已出现分异趋向，有些地区已不再一味强调"集聚"，更注重空间的延展、辐射。经过多年发展，"空间集聚"出现了纷纷效仿和简单复制的现象，造成了"空间强集聚–产业弱辐射"的弊端。空间分布上强调"集聚"是早期城市转型过程中释放生产力、凝聚创造力的尝试和需要，会导致一些粗犷的初级再造阶段的易复制的空间组织，宏观规划和空间导向上应鼓励"可集聚–可不集聚"和"部分集聚–部分不集聚"，或者"环链"。本书中，笔者归纳、推演出"空间环链"的概念：上述"点–面–线、团–轴–带、

岛 - 区 - 链"中的各种空间分布态势环环相扣、互相影响、层级分异、多样互补，即是宏观上的"大环链"；空间分布、组合形式、业态特征等因素促成了某些场域，还构成了中观、微观上的错落有致且互相影响的"小环链"。空间分布上，笔者主张以"空间环链"概念替代或者至少成为"空间集聚"概念的重要补充或内涵延伸。一定程度上，"环链"将优于简单化的"集聚"。因为"空间环链"的内涵，是环链带来的嵌入性，是产业的开放式的空间集聚和辐射，是城市空间各种机理的有机串联，是地域空间上的呼应和共享，是空间形态业态等因子在分布结构上的微妙融合，是一种空间资源有效配置的贯通性创新，是由小局部的"熵增"到大局部的"熵减"的空间化尝试。近年来，上海文化产业空间再造过程中，表现出的空间"小环链"，更能体现这些内涵。

4.2.2 形态组合上的多元载体和多样化发展

本节将三个阶段走访和调研的 69 处典型案例地和项目空间，进行"形态组合"属性的统计、描述、解释，进而归类、总结，分析它们形态、样式、组合上的新趋向。结合其他资料，作出研判。其中，对三个阶段中重复考察的样本，不做重复统计，具体见表 4 - 6。

表 4 - 6　　　　　　　对走访和调研案例形态组合属性的考察

阶段	案例地或项目	样式、形态组合	说明
第一阶段（2016 年 7 月 1 日至 2016 年 8 月 20 日，共 25 例）	武康路 - 安福路	街道、街区	旧式老洋房特色，相连、贯通
	上海大悦城	大型城市综合体，单体建筑，"建筑 + 摩天轮"的外观形态	内部立体贯通，面积、体量、规模巨大
	滨江绿地（徐汇段及北段）	城市滨江岸线、带状	已实现部分区域的贯通，由黄浦区的外滩段相连，依托城市大型公共空间廊道和黄浦江风景岸线
	田子坊	里弄、民居、石库门建筑	开放式的空间场域
	新天地	同上	同上
	苏河南岸文创产业园	城市沿河岸线，片区、带状，局部为块状	沿苏州河南岸核心地带——苏河湾

续表

阶段	案例地或项目	样式、形态组合	说明
第一阶段 (2016 年 7 月 1 日 至 2016 年 8 月 20 日， 共 25 例)	绍兴路	街道	毗邻田子坊－日月光－泰康路，紧邻嘉善路－上海文化广场，形成环链
	多伦路	街道	—
	莫干山路 M50	片区，由工业老厂房区改建，厂房式中小型建筑群落，街道较宽，场域面积较大	园区
	上海迪士尼乐园	片区，大型组团式建筑群、人工湖、街道、游憩空间、建筑单品等	—
	海防路同乐坊	片区，由工业老厂房区和生活坊区改建，为厂房式小型建筑群落，街道较窄，场域空间紧凑	园区
	新闸路－东西斯文里	街道，里弄	与苏河湾地区的产业园毗邻，形成多种形态的复合式平面组合
	上海国际舞蹈中心	大型组团式建筑群	毗邻娄山关路南线、东线、西线文化产业空间，形成"团、轴、带"组合的样式特点，由延安西路－古北路－天山路－娄山关路－仙霞路一线串联，形成环链
	1933 老场坊及周边"四园一心一谷"	片区，组团，由老厂房改建，中小型建筑，各自相对独立，形成产业空间的"区－面－团"组合样式	开放式，单个独立，但又相对集聚，组团式
	虹泉路韩国街	街道、街区	与万象城毗邻，形成"点－线－面"的组合
	虹许路"老外街"－西郊鑫桥创意产业园区	街道＋园区，点＋线	—
	梅赛德斯－奔驰文化中心	大型单体建筑，组团式建筑群之一	与中华艺术宫、世博中心为邻，构成新地标建筑群

续表

阶段	案例地或项目	样式、形态组合	说明
第一阶段（2016年7月1日至2016年8月20日，共25例）	自然博物馆	大型单体建筑，与周边空间形成多形态的"点－线－面－带－轴"组合样式	北邻苏河湾核心地区，旁依静安雕塑公园、地铁12号线、东西斯文里，构成点－线－面－带－轴的平面；地铁的空间功能
	西岸艺术中心	中型单体建筑，与黄浦江沿江绿地形成"点－线－面"的组合	周边还有其他众多文化产业空间载体，形成片区
	上海电影博物馆	中型单体建筑	—
	上海创意秀场（T-house）	小型空间，依托产业园，属于园区内部的依附式空间场域	位于西郊鑫桥创意产业园内
	环球港	大型城市综合体，单体贯通式建筑，"建筑＋宫廷式设计"的外观形态，与周边空间形成多形态的"点－线－面－带－轴"组合样式	内部立体贯通，面积、体量、规模巨大；毗邻曹杨新村、华东师大，西临长风公园地区，东临沪西工人文化宫新馆，多条地铁穿过
	上海展览中心	大型单体建筑	毗邻虹桥枢纽、虹桥天街、虹桥天地
	刘海粟美术馆	地铁＋中型单体建筑，与海粟绿地组合为一个空间场域	海粟绿地内，临近凯旋路，地铁3号线延安西路站出口
	滴水湖	场域	开放式空间
第二阶段（2016年12月1日至2017年2月20日，共39例）	吴江路－太古汇－张园	街道、街区、里弄、商圈、版块式场域空间，由"点－线－面"构成一个组合	地铁2号线、12号线、13号线南京西路站出口，三线合围；地铁的空间功能
	八佰秀（800show）创意园及剧场	地铁＋中小型建筑群	地铁7号线昌平路站出口，胶州路、昌平路、康定路合围；地铁的空间功能
	虹口区的多伦路文化名人街－东宝兴路旧宅－鲁迅故居－甜爱路－虹口公园一线	街道、街区、里弄、旧宅改造，形成多形态的"点－线－面－片－带－轴"组合	—

续表

阶段	案例地或项目	样式、形态组合	说明
第二阶段 (2016 年 12 月 1 日 至 2017 年 2 月 20 日， 共 39 例)	山阴路文化风貌区	街道、街区、风貌区	—
	南京东路步行街	街道	步行街的样式，开放式场域
	南京西路－吴江路休闲街－地铁 12 号线、2 号线、13 号线的南京西路站周边地区一线	街道、街区，形成平面化明显的矩形板块	沿地铁站出口，自 12 号－2 号－13 号线的顺序，由西－北－东－南四个方向，形成平面矩形格局
	虹桥商务区的天山路商圈－虹桥艺术中心－娄山关路－金虹桥国际中心－上海油画雕塑院美术馆－上海国际展览中心－中运量 71 路凯旋路站一线（南线）	街道、街区、商圈、单体建筑、建筑群、城市交通廊道，形成多形态的"点－线－面－带－轴"组合式平面环链	临近地铁 2 号线娄山关路站，以娄山关路为轴，南北向延展
	娄山关路－古北路－延安西路－上海国际舞蹈中心－洛城广场－中运量 71 路虹许路站－"老外街"－西郊鑫桥创意产业园一线（西线）	同上	临近地铁 2 号线娄山关路站、地铁 10 号线水城路站，以古北路、延安西路为轴，向南、向西延展
	娄山关路－仙霞路－虹桥公园及郑多燕中国 1 号店（含健身中心、主题体验馆、咖啡厅等）－万都中心－尚嘉中心－虹桥万丰城－嘉顿广场一线（东线）	同上	临近地铁 2 号线娄山关路站、地铁 10 号线伊犁路站，以仙霞路为轴，向南、向东延展
	古北路南北沿线周边地区	街道	—
	"龙湖虹桥天街"综合体及 NASA 太空展区－虹桥天地－虹桥汇	大型城市综合体，商圈，组团式建筑群	立体式贯通、由地铁串联；地铁的空间功能
	国家会展中心	大型功能性、主题性单体建筑	毗邻虹桥机场、虹桥火车站、"虹桥天街"城市综合体

续表

阶段	案例地或项目	样式、形态组合	说明
第二阶段（2016年12月1日至2017年2月20日，共39例）	闵行区紫贝文化创意港－怡丰城－地铁12号线的七莘路站周边地区	大型城市综合体、中型单体建筑、园区、地铁，形成"地铁＋综合体＋其他建筑"多形态组合样式	地铁的空间功能
	北外滩文化创意产业带	片区，沿黄浦江，与南部滨江带串联	由滨江带串联、由黄浦江城市轴连通
	言几又文化创意书店－言几又剧场	室内闭合式空间	位于"虹桥天地"内，依托商业综合体
	田子坊－日月光中心－泰康路	里弄、街巷、城市综合体、大型单体建筑、街道，形成多形态的"点－线－面"组合样式	与周边绍兴路、嘉善路、上海文化广场空间场域等形成环链。与新天地地区在空间上呼应
	新天地－太平湖－新天地时尚－马当路	里弄、街巷、石库门建筑、绿地、商圈、中型单体建筑、街道，形成多形态的"点－线－面"组合样式	与淮海路形成环链，与田子坊地区，空间呼应
	嘉善路－尚街LOFT时尚园区－上海文化广场	里弄、街坊、片区、园区及内部混搭式或独立式门店、道路、中型单体建筑，形成多形态的"点－线－面"组合样式	毗邻绍兴路、新天地地区，组合样式体现了地区性、中等规模
	乌鲁木齐路沿线	街道、街区	依托法租界风貌区的沿街式文化创意走廊
	新闸路－南苏州路－苏河湾－九子公园－石门一路街道－东西斯文里一线	街道、沿河岸线、片区、园区、里弄，形成多形态的"点－线－面－带－轴"组合样式	群组、组团式
	外滩－外滩源－豫园	滨江岸线、带状、片区、西式建筑群、民俗节庆风貌区	散布的小型园区；其中的"外滩源"为英国领事馆旧区遗存，附近以街道、码头、公共绿地等形式将创意门店、小型园区、西式建筑等串联在一个场域空间里
	凌空SOHO地区	大型组合式建筑群、广场	立体式，空间串联

续表

阶段	案例地或项目	样式、形态组合	说明
第二阶段 (2016 年 12 月 1 日 至 2017 年 2 月 20 日， 共 39 例)	乐虹坊 – 万象城 – 地铁博物馆	大中型城市综合体、单体建筑、地下空间场域，形成"地铁 + 综合体 + 其他建筑"多形态组合样式	地铁的空间功能
	浦东花木街道及地铁站内地下商街	街区、开放式公共空间、商务楼群、文博展馆、地下空间场域	—
	衡山路 – 复兴路文化风貌区	街区、风貌区	原法租界地区，以花园洋房、法国梧桐等为特色
	宝龙广场	中型城市综合体，单体式建筑	—
	魔术主题文化创意综合体：红土天阶	中型复古式建筑群、红墙外观设计、魔术主题和时尚元素的雕塑与墙绘，开放式广场	由多部手扶式电梯、多条建筑间的回廊将不同建筑空间贯通
	北虹桥 F. E. U1985 时尚创意园	由原老工业厂房改建而成，多以二层、三层建筑为主，小型片区、园区	内部街道、回廊、建筑外观、内部装修、贯通通道已完成
	上海 5D 文化创意园区	由里弄、街巷改建而成，以内部的沿街铺面为主，小型片区、园区	—
	DI 国际创意空间	由居民区内的旧宅、民居改建而成，为两幢相邻的多层建筑体	通过改建，两幢建筑体已合围成一个贯通相连的空间
	长风公园周边地区及长风景畔广场	公共空间、城市综合体、休闲广场，"绿地 + 综合体"的开放式场域	与华东师大、曹杨新村毗邻，东临环球港。长风景畔广场已升级改造为"长风大悦城"
	上海老码头	片区、园区、中小型建筑群、小广场，原十六铺、王家码头的沿黄浦江一带，由码头旧址改建而成	黄浦滨江地区，3A 级景区
	长宁红坊 166	民居和工业遗址改建而成，多层建筑体	—
	line-friends 主题馆	由旧宅、老洋房改建而成，三层的连体式建筑	—
	闵行九星村 – 九星市场	城中村、开放式场域	—

阶段	案例地或项目	样式、形态组合	说明
第二阶段（2016年12月1日至2017年2月20日，共39例）	浦东五馆（上海博物馆东馆、上海图书馆东馆、浦东美术馆、世博文化公园、上海天文馆）	大型单体建筑及附属设施、开放式综合性场域，均位于浦东陆家嘴地区，遥相呼应，形成更大维度意义上的建筑群组	空间分布相近，打造浦东文化新地标
	中华艺术宫	大型单体建筑，组团式建筑群之一	与梅赛德斯-奔驰文化中心、世博中心为邻，构成新地标建筑群
	上海历史博物馆新馆	中型建筑及附属建筑	——
	沪西工人文化宫新馆	大型综合性单体建筑，坐落于较大的开放式场域空间内	与周边湖泊、城市公园、商街、商圈、单体建筑、地铁站、高架路等，形成外观形态上的互补
第三阶段（2017年8月1日至2017年8月15日，共5例）	新七星滑雪场	中型建筑体	——
	佘山深坑酒店	下沉式建筑	——
	虹桥天地-言几又剧院及附属广场	大型城市综合体，建筑群、室内空间、开放式广场	通过地铁、街道、天桥等实现立体式串联
	万象城	大中型城市综合体，单体建筑	与周边的虹泉路韩国街、地铁博物馆、乐虹坊形成"点-线"组合样式
	光启城	地铁+大中型城市综合体	地铁的空间功能

通过表4-6的统计、归纳，可以看出，上海文化产业再造载体的形态、组合样式的形式有多种，呈现出在原有分布特点基础之上的新趋向，并暗含一些空间分布特征，见表4-7。

表4-7　　　　　　　　　　调查对象的形态、组合特征

编号	趋向	暗含的特征
（一）、（二）、（三）、（四）、（五）	多元-多样化发展	载体-场域样式和形态的问题

上述统计表中涉及共计三次69个典型案例地，通过案例统计，可以看出，上海文化产业空间再造的形态、组合、样式，总体上呈现更加多元和多样化的发展趋向。

依据表4-6中69个案例地关于"形态组合"属性的信息的描述和总结，包括各自的外部形态、外观造型、组合样式、空间纵深、规模、体量、面积、距离、与地铁的关系、与周边空间场域的关系等，可以看出宏观、中微观层面上的形态组合方面的几个新态势。

（1）形态上，有单体式建筑、复合式建筑、建筑群式、街道式、街区式、历史文化风貌区式、里弄街坊式、度假区式片区、创意园区式、科技园区式、厂房式、沿大学周边式、沿黄浦江式、沿苏州河式、文化公园式、城中村改造式、创客空间式、网红店式等。

（2）组合上，有商业街道-街区组合式、度假区-组团式、城市综合体-购物中心式、多形态混合式、依附地铁站的商业体建筑上盖式、依附地铁站的建筑群平面贯通式、依附地铁站的地下通道商街式、依附天桥或电梯等人工廊道的立体贯通式、依托于商业综合体的内附商店群式、依附于大型交通枢纽（虹桥）的商务楼宇式、沿黄浦江串联贯通式、沿苏州河串联贯通式、社区-单体建筑结合式、社区-大型综合体结合式、社区-街道结合式、社区-湾区结合式、文化产业集聚区、支持性文化产业导入区式（如张江动漫谷）等。

（3）样式上，有单体独立、复合独立、一站式、闭合性园区、开放式园区群、沿街、地铁串联、街道串联、天桥或电梯等人工立体廊道串联、滨江、滨河、黄浦江南北贯通式、苏河湾区、平面、立体、下沉、轴线、群组-组团、集聚、环链、物质载体、空间场域等。总体上呈现出"点-面-线""团-轴-带""岛-区-链"的多元、多样化的面貌。

（4）在形态、组合、样式的新趋向的发展中，空间之间的相互联系更加密切，形态、外观、体量、面积、组合、样式等各空间要素的关联度更高，因而，在原有"组团""集聚"等空间现象的基础上，出现了新的现象："一四四现象"，"一"指一条轴线，"四"指四大群组、四大环链。这条轴线是新的轴线。而"群组""环链"的空间现象是本书独有的提法，它们在原有"组团""集聚"的基础上发展和升级而来，是上海文化产业空间再造中的新生趋向和发展范式。其中，"空间环链"既有上文提到的全市视域下的宏观维度上的"点-面-线""团-轴-带""岛-区-链"环环相扣的大环链，又有区域视角下的中、微观维度上的通过不同组合样式展现的小环链。

（5）从原有的形态组合发展到新的形态组合，其范式的发展、演进、趋向、特点等，请参见以下内容（见表4-8）。

表4-8　　　　上海文化产业空间再造的形态组合的发展趋向

原有的形态组合的范式				新的形态组合的趋向			
主要形式	基于理论	含义	特点、性质	主要形式	基于理论	含义	特点、性质
组团	空间地理	载体的组合成团	强调空间上的就近	群组	系统论	一定范围内的群落式的团组系统	强调空间上的相互关联的开放式场域
集聚	空间地理	集中、聚集	低效的空间内部自身的内向化的集聚	环链	系统论	环绕式的串联和链接，形成空间上的闭环	高效的空间之间联系的外向化的"辐射-聚合"互动的开放式场域，资源互补、空间呼应

（6）从原有的形态组合发展到新的形态组合，"一四四"现象中，其具体形态、内容、变化、态势、特点等，参见表4-9。

表4-9　　　　"一轴、四群组、四环链"空间发展新趋向的属性特征

"一四四"空间发展	原有或规划的形态	现有或发展的形态	内容、态势	特点
一条轴线	城市中轴线（以南北高架线为轴）	黄浦江滨江岸线（即以黄浦江岸线为轴）	黄浦江自北向南的浦东浦西的滨江地区岸线的全线贯通，并加入世博园区的滨江东西两侧园区，以此为发展轴	由黄浦区的黄浦江外滩段，向北到虹口、杨浦，向南到徐汇、闵行，及浦东，进行纵深贯通和串联，形成黄浦江滨江岸线，将沿江工业遗址、文化遗产、世博遗产、文博场馆、艺术中心、西方建筑群、现代建筑群、创意园区、城市旅游观光、休闲游憩空间等各种形态、场域、业态、门类的要素进行大整合，形成城市地标区域
四大群组	组团（以文化产业园区、创意产业集聚区为主要形态的产业组团，主线+组团，设立新的文化产业组团）	四大群组	新闻路-苏河湾-自然博物馆	大型城市综合体、中型建筑体、文化艺术中心、创意园区、文博场馆、名人故居、新式里弄、文化街区、商街、商圈、地铁站、高架路、湖泊、河流、城市公园等空间要素组合，外观形态上互补、呼应，在一定范围内形成群落式的空间群组系统
			环球港-长风-新西宫文化中心	
			多伦路-山阴路-鲁迅公园	
			虹桥枢纽-天街建筑群-国家会展中心	

续表

"一四四"空间发展	原有或规划的形态	现有或发展的形态	内容、态势	特点
四大环链	集聚（以大虹桥和大张江为两大引擎，结合全市中轴线、黄浦江、中环线3条现代服务业集聚带的布局，结合商业副中心和郊区新城的建设，花心＋花环，设立特色集聚区）	四大环链	"新天地 – 淮海中路" 环链	"新天地 – 太平湖 – 新天地时尚 – 马当路" 片区，与淮海中路形成环链，与田子坊地区呼应
			"田子坊 – 复兴中路" 环链	"田子坊 – 日月光 – 泰康路" 片区，紧邻嘉善路 – 上海文化广场，并与绍兴路文化街形成环链，与田子坊地区呼应
			"虹桥 – 古北" 环链	以娄山关路为主轴，分为南线、东线、西线的文化产业空间，形成"团、轴、带"组合的样式特点，由延安西路 – 古北路 – 天山路 – 娄山关路 – 仙霞路一线串联，将各板块空间有机融合衔接，形成环链
			"南京西路 – 吴江路 – 太古汇" 环链	南京西路商业街区、吴江路文化休闲街区、太古汇时尚艺术大型综合体、张园的石库门建筑文化及产业空间，不同场域有着不同的空间定位，形成环链。环链中的区块、产业业态各有特色，空间上资源互补、有机融合

注：花建在《面向 2020 年的上海文化产业空间布局》中，即对"一轴、两河、沿海、多组团"有所表述，但基本属宏观层面的空间规划和战略设想。在 2012 年发展至今，除宏观层面外，在中观、微观维度的发展上，出现了诸多新态势、新趋向。

无论"群组"还是"环链"，都是基于系统论的对空间资源的有效配置方式，都是以另一种视角看待空间串联态势的阐释。在上海，一定区域内文化产业空间的定位不同、形态不同、样式不同，板块间各有特色、互相串联、协同发展，空间上资源互补、有机融合，形成关联系统。这种"群组"和"环链"的形成和发展，是一种对原有载体在空间地理上空间配置的主客观尝试，也是一种高效的相互关联的一系列空间体组合再造、发展进步的表现。

通过对形态、组合、样式方面的分析和考察，可以看出，在上海，伴随"群组"和"环链"的形成和发展，其特点和属性，已具有更明显的指向性：文化产业再造的空间，更多的是相互关联的开放式的场域。在空间形态和组合上，不同的文化产业场域有着不同的空间定位，场域间资源互补、有机融合、空间呼应，它们带来了文化产业空间再造的新趋向和新变化。花建在《面向 2020 年的上海文化产业空间布局》中提到，根据法国著名学者皮埃尔·布迪厄的观点，一个富有创新精神的城市空间，犹如一个创新的"场"……"场"不是一个没有生命的"物质小世界"，而有属于自己的"导向系统"——惯习。上海努力发展的文化创意产业园区，正是这样一种富有创新精神和感染力的"场"。① 皮埃尔·布迪厄所提到的"场"是作为整个城市空间的宏观和主观的"场"，花建所提到的"场"是作为文化创意产业园区的空间物质载体意义上的"场"。然而，不同于原有对"场"的理解，"场域"则是基于物质载体的更大意义和范畴上的开放式的关联空间的概念。

　　近几年，在上海，由注重物质载体的空间发展，进化为更加多元有效的开放式的场域的空间发展，并构成了一组开放式的场域空间体系——这种新的变化和趋势也恰恰说明，文化产业再造的空间，既有传统意义上的固定的物质载体的形式，还包含具有文化产业性质和属性的较强辨识度的非物质载体的形式，即开放式的场域化空间——"空间场域"。还包括由这些载体、空间、场域、地域、地理、区位等要素形成的开放式的"空间系统"，是一种综合反映和呈现各种物态空间形式之间集合和关系的形态，本书主要指"群组""环链"的形态，甚至还包括由人的精神层面和心理层面的解释和想象力带来的非物态的文化产业空间的形式。② 这些是对原有传统的"文化产业空间"定义在概念上的解构、内涵上的丰富和外延上的扩展，③ 见表 4 - 10，由一个个孤立而相互关联的概念组成的概念群共同形构成了一种自成内容体系的集合化、内涵化、层级化的对原有概念的新解。作为一个固有概念，"文化产业空间"同样应具有狭义上和广义上的理解：狭义上，是仅就其字面意思的本意的理解，即文化产业发展所依托的有形的物质载体，是物理的、物态的概念范畴；广义上，是具有更大范畴的内涵多样、外延扩展的延伸意义的理解，即文化产业发展所依托的有形和无形的、物质和非物质的、

---

　　① 花建. 面向 2020 年的上海文化产业空间布局 [J]. 上海城市规划，2012（3）：7 - 10.

　　② 在下文"上海文化产业空间再造模式的特点"一节中的"文化产业的空间想象力"部分将进一步具体阐释。

　　③ 胡惠林在《时间与空间文化经济学论纲》中论述文化产业空间形态和发展模式时提到"多元网状结构"，并对"文化产业空间"进行了阐释和表述。基于文化产业空间的社会化过程，他认为，有一种"内外多元同构"的存在模式，由外部空间和内部空间共同建构了文化产业空间的基本图形关系。外部空间表现为物理形态，内部空间表现为社会形态。这种对原有文化产业空间概念在内容和范畴上的分类和解释，是对原有空间概念的一种丰富和扩展，具有一定的开创性，也给本书以不同的视角和维度，对"文化产业空间"进行概念上的丰富、扩展，带来了启发。

固体物态和精神意识形态的，基于空间、地理、系统、心理等因素和形式的，具有多样性、开放式的各种载体、空间、场域、地域、系统、文化心理空间、精神意识空间等的多维空间形态的集合，是综合的概念范畴。对"文化产业空间"的理解，应是一种更具广义范畴的集合化、内涵化、层级化理解。

表 4 - 10　　　　　　　　　"文化产业空间"概念赋新

传统的"文化产业空间"	赋新的"文化产业空间"		
物质载体	"物态"的形式	物质载体的形式：物质载体	有形的、物理的
		非物质载体的形式：空间场域	有形的、物理的或非物理的
		反映各种物态要素之间集合和关系的形式：空间系统（如群组、环链）	有形的、物理的或非物理的
	"非物态"的形式	精神、心理层面上理解和扩展的"空间"	文化心理的空间理解	无形的、非物理的
			精神意识的空间想象	

　　比如，"南京西路 - 吴江路 - 太古汇"环链，是由地铁 2 号线、12 号线、13 号线南京西路站的三个不同路向的出口为起讫点，该区域商业发达、业态多元、文化产业空间众多、人流往来频繁，东西南北四个方向已形成四个功能片区和产业空间，分别为：地铁 12 号线出口的大型现代时尚文化体"兴业太古汇"、13 号线出口的石库门建筑文创遗产区"张园"、连接地铁 2 号线、12 号线、13 号线的文化休闲街"吴江路"、地铁 2 号线出口的南京西路商业街区。四个片区和空间，彼此间相互联系，"空间环链"特征明显（见图 4 - 5、表 4 - 11），其生成机理是：东西由西面的张园向东面的太古汇，中间由北区的南京西路和南区的吴江路沟通，四面合围，以地铁站为点、以片区为环、以街道为链，将一定范围内的空间场域贯通、串联，区块链之间互动协作，空间、业态与区位之间的各种要素充分调动和融合，形成相互关联的开放式"空间环链"，它既是文化产业区域性聚合的富集区，又环环相扣、资源互补、错位发展、空间呼应的外向化的文化产业场域。

图 4 – 1　吴江路环链地区的周边区位情况

资料来源：笔者拍摄。

表 4 –11　　　　　　　　上海"南京西路 – 吴江路 – 太古汇"
　　　　　　　　　　　　文化产业"空间环链"具体位置

（西片区） "张园" 地铁 13 号线出口的石库门 建筑文创遗产区	（北片区） 南京西路（东西走向） 地铁 2 号线出口的南京西路商业街区	（东片区） "兴业太古汇" 地铁 12 号线出口的大型现代时尚文化体
	（中、南片区） 吴江路（东西走向） 连接地铁 2 号线、12 号线、13 号线的 文化休闲街	

　　这个具有典型代表性的文化产业空间再造的富集区，在文化产业的空间
形态和组合上，既包括狭义上的文化产业发展所依托的有形物质载体，更包
括广义上文化产业发展所依托的有形的无形的、物质的非物质的各种形态和
组合的空间、场域、系统，还包括在这个文化产业"空间环链"里活动的
各个主体、人群、人与人之间的对这一特定空间、场域、系统的文化心理的
空间理解、精神意识的空间想象，具有广义范畴。"南京西路 – 吴江路 – 太
古汇"文化产业"空间环链"，在上海文化产业空间再造的发展过程中，在
空间形态、组合、样式的发展趋向方面，具有典型性。它反映和呈现出了一
种多维空间的形态集合和关联关系，反映和呈现出了一个多样性、开放式的
综合场域和空间系统的面貌和特点，是一个更具广义概念范畴的集合化、内
涵化、层级化的新式文化产业空间形态组合。

4.2.3　业态特征上的要素融合和地方性创新发展

以下对三个阶段走访和调研的 69 处典型案例地和项目空间进行"业态特征"属性的统计、描述、解释，进而归类、总结，分析它们业态特征、属性上的新趋势，结合其他资料，作出研判。其中，对三个阶段中重复考察的样本不做重复统计，具体见表 4 - 12。

表 4 - 12　　　　对走访和调研案例的"业态特征"属性的考察

阶段	案例地或项目	业态特征	说明
第一阶段（2016 年 7 月 1 日至 2016 年 8 月 20 日，共 25 例）	武康路 - 安福路	美食、咖啡厅、时尚门店	城市内的休闲、观光、游憩等
	上海大悦城	休闲、娱乐、美食、电影、展览、购物、亲子、创意、时尚、艺术、卡通动漫等综合性业态，功能齐全，一站式，配有摩天轮	几乎涵盖文化产业的各门类、各业态，因自带的摩天轮而成为上海新的爱情地标之一
	滨江绿地（徐汇段及北段）	博物馆、咖啡厅、时尚中心、老码头、老厂房改建的产业园区、创意廊道、世博馆	城市内部的休闲、观光、游憩等
	田子坊	美食、店铺、商业文化、咖啡厅、创意坊、小型艺术展、画廊	文化产业富集区、创意街区
	新天地	美食、西餐、酒吧、创意活动、商业区、电影院	文化产业富集区、创意街区
	苏河南岸文创产业园	创意产业、创意园区、青年旅社	创意园区、文化产业公司的富集区
	绍兴路	新式书店 + 咖啡厅	—
	多伦路	字画、文物鉴赏、文化名人故居、建筑类文化遗产、茶馆、咖啡厅	—
	莫干山路 M50	创意产业、创意园区	以文创公司为主；创意园区、文化产业公司的富集区
	上海迪士尼乐园	环城地区的旅游、休闲、游憩	—

阶段	案例地或项目	业态特征	说明
第一阶段 (2016 年 7 月 1 日至 2016 年 8 月 20 日， 共 25 例)	海防路同乐坊	创意产业、创意园区、创业示范区、创客空间、美食、文艺展览	文创公司＋文化产业园区
	新闸路－东西斯文里	沿街、沿苏州河的创意门店、旧式里弄改建中（东西斯文里）	东斯文里，居民已完成搬迁，里弄建筑整体保留，产业业态正在规划；西斯文里不再保留，已完成拆迁
	上海国际舞蹈中心	舞蹈艺术、文化表演、国际交流	兼有培训、会议的功能
	1933 老场坊及周边"四园一心一谷"	创意园区、会展、音乐	具体指：半岛湾时尚文化创意产业园、老洋行 1913 创业园、1930 鑫鑫创意园、国家音乐产业基地上海虹口园、1933 会展中心、上海音乐谷； 创意园区、文化产业公司富集区
	虹泉路"韩国街"	美食、购物、休闲、咖啡厅、文化商品等	韩国特色一条街
	虹许路"老外街"－西郊鑫桥创意产业园区	酒吧、美食、西餐、涂鸦、创意园区	—
	梅赛德斯－奔驰文化中心	文艺表演，艺术展演	—
	自然博物馆	动植物展览、科普、科技体验、亲子互动	—
	西岸艺术中心	艺术展览、文化活动	—
	上海电影博物馆	电影产业展览、文化遗产展览、体验、互动、电影衍生品	多媒体、声光电、高科技元素
	上海创意秀场（T-house)	小型创意园区、服装设计、舞台走秀、表演	—
	环球港	休闲、娱乐、美食、电影、展览、购物、亲子、创意、时尚、艺术、卡通动漫等综合性业态，功能齐全，一站式	几乎涵盖文化产业的各门类、各业态，因体量超大的宫廷式空间容纳度和齐全的业态，成为上海新的文化产业地标之一
	上海展览中心	各类展览、会议	—
	刘海粟美术馆	美术、艺术展览、文化交流	—
	滴水湖	郊区城市的休闲、游憩、音乐节庆活动	—

阶段	案例地或项目	业态特征	说明
第二阶段（2016 年 12 月 1 日 至 2017 年 2 月 20 日，共 39 例）	吴江路 - 太古汇 - 张园	商业文化产业、购物、休闲、娱乐、各国美食、咖啡厅、石库门建筑开发	构成了小环链，小环链中的各区块，产业业态各有特色，空间上资源互补、有机融合
	800show 八佰秀创意园及剧场	创意园区、剧场、健身房、演艺中心、文化传播公司、设计公司、新式书屋、戏剧工作室	中小规模，门类多样
	虹口区的多伦路文化名人街 - 东宝兴路旧宅 - 鲁迅故居 - 甜爱路 - 虹口公园一线	字画、文物鉴赏、文化名人故居、建筑类文化遗产、茶馆、咖啡厅、美食、涂鸦、墙绘、文艺小店、创意门店、品牌加盟店	以文化遗产类为主，以创意门店的街道将各区块串联，构成了小环链。小环链中的各区块，产业业态各有特色，空间上资源互补、有机融合
	山阴路文化风貌区	文化名人故居保护与开发、建筑遗产和非物质文化遗产	—
	南京东路步行街	传统商业 + 新的文化产业业态及活动	如民族舞蹈、群众表演、多媒体广告、艺术展演等
	南京西路 - 吴江路休闲街 - 地铁 12 号线、2 号线、13 号线的南京西路站周边地区	商业文化产业、购物、休闲、娱乐、各国美食、咖啡厅、石库门建筑开发	在小环链中的各区块，产业业态各有特色，空间上资源互补、有机融合
	虹桥商务区的天山路商圈 - 虹桥艺术中心 - 娄山关路 - 金虹桥国际中心 - 上海油画雕塑院美术馆 - 上海国际展览中心 - 中运量 71 路凯旋路站一线（南线）	商业商圈、文化产业、休闲、购物、亲子、电影、话剧、培训教育、艺术展演、展览、会议、经济开发活动、宾馆接待与服务业	各区块，产业业态各有特色，空间上资源互补、有机融合
	娄山关路 - 古北路 - 延安西路 - 上海国际舞蹈中心 - 洛城广场 - 中运量 71 路虹许路站 - "老外街" - 西郊鑫桥创意产业园一线（西线）	同上	同上
	娄山关路 - 仙霞路 - 虹桥公园及郑多燕中国 1 号店（含健身中心、主题体验馆、咖啡厅等） - 万都中心 - 尚嘉中心 - 虹桥万丰城 - 嘉顿广场一线（东线）	同上	同上

阶段	案例地或项目	业态特征	说明
	古北路南北沿线周边地区	美食、服装、美容、咖啡厅、料理店、创意门店	以日本、中国台湾特色为主
	"龙湖虹桥天街"综合体及 NASA 太空展区－虹桥天地－虹桥汇	商业购物、美食、亲子、展览、电影、文艺表演、新式书店、品牌加盟、国际交流等，大型综合体，门类齐全，现代化、国际性、功能性特征明显	几乎涵盖文化产业的各门类、各业态，因贯通一体的空间结构、便利交通区位条件、国际化特征明显的多业态格局，成为上海浦西虹桥地区的新的地标之一
	国家会展中心	大型主题性会议、展览、国际交流，现代化、国际性、功能性特征明显	得益于交通、区位、功能定位、配套设施等条件
	闵行区紫贝文化创意港－怡丰城－地铁12号线的七莘路站周边地区	门类和业态齐全的大型城市综合体附属园区里的文化教育、培训、生活用品	教育培训＋综合体的特征、属性
第二阶段（2016年12月1日至2017年2月20日，共39例）	北外滩文化创意产业带	产业园区、文创公司、创客空间、美食、咖啡厅、游轮、文化产业项目	创意文化产业的富集地区
	言几又文化创意书店、言几又剧场	新式书店、剧场、文艺表演	—
	田子坊－日月光中心－泰康路	田子坊各业态＋日月光中心（购物、娱乐、休闲、美食、亲子、电影）＋泰康路（艺术、画廊、展览、创意门店）	环链特征、属性：各区块，产业业态各有特色，空间上资源互补、有机融合；文化产业富集区，创意街区
	新天地－太平湖－新天地时尚－马当路	新天地各业态＋天平湖（购物、休闲、服装）＋新天地时尚（购物、娱乐、品牌加盟、文化交流）＋马当路（美食、韩国特色、创意门店）	环链特征、属性：各区块，产业业态各有特色，空间上资源互补、有机融合；文化产业富集区，创意街区
	嘉善路－尚街 LOFT 时尚园区－上海文化广场	美容护肤、创意、互联网、动漫、广告、设计、艺术表演等，业态单体独立式门店，业态混搭式美业（美发＋美容＋护肤＋微整形＋咖啡＋培训＋沙龙）	地区性、中等规模的文化产业富集区之一

续表

阶段	案例地或项目	业态特征	说明
第二阶段 （2016 年 12 月 1 日 至 2017 年 2 月 20 日， 共 39 例）	乌鲁木齐路沿线	美食、餐饮、服装、广告、创意小店	依托法租界风貌区的沿街式文化创意走廊
	新闸路－南苏州路－苏河湾－九子公园－石门一路街道－东西斯文里	创意园区、艺术门店、文化展览、工业设计、青年旅社、户外旅游网	依托工业遗存、文博遗址
	外滩－外滩源－豫园	城市内部休闲游憩、观光、建筑遗产、文化体验、节庆民俗、西餐厅、酒店、品牌展示	其中的"外滩源"为英国领事馆旧区遗存，附近以创意门店、小型园区、西式建筑为特色
	凌空 SOHO 地区	科创公司、物联网、旅游、商务文化产业	携程的总部位于此区域
	乐虹坊－万象城－地铁博物馆	城市休闲、购物、文化娱乐、亲子互动、餐饮、电影院、文博展览、生活服务产业等，城市综合体＋生活服务＋主题博物馆	业态各有特色，在空间上互为补充
	浦东花木街道及地铁站内地下商街	国际商务、文化休闲、服装设计、互联网、国际进出口文化商品、少数民族饰品、文创产品开发、文博展览、西餐与各国餐饮	花木街道为上海著名的欧美社区之一，国际化特征明显
	衡山路－复兴路文化风貌区	美食、餐厅、酒吧、服饰、艺术展览、广告设计创意门店	原法租界地区，以花园洋房、法国梧桐等为特色
	宝龙广场	中等规模城市综合体，休闲、娱乐、美食、购物、亲子、时尚等业态	—
	魔术主题文化创意综合体：红土天阶	魔术主题、艺术展演、亲子活动、时尚购物、健身会馆、文化广场（7 万平方米综合体，4000 平方米巨幕电影院）	与中国著名魔术师傅腾龙、傅琰东父子合作，打造魔术主题的文化产业空间，开展节庆、表演、竞赛、走秀、亲子等活动，致力于成为上海嘉定南门地区时尚文化产业新地标
	北虹桥 F. E. U1985 时尚创意园	园区，以文创公司、文化创意、设计、艺术、展览为主	—

续表

阶段	案例地或项目	业态特征	说明
第二阶段（2016 年 12 月 1 日至 2017 年 2 月 20 日，共 39 例）	上海 5D 文化创意园区	园区，以文创公司、广告、工业设计为主	—
	DI 国际创意空间	文创公司、创客空间、互联网、艺术设计、广告，新媒体	以广告、新媒体等互联网文创公司为特色
	长风公园周边地区及长风景畔广场	城市综合体内所有业态 + 城市休闲游憩 + 文化广场	长风景畔广场已升级改造为"长风大悦城"
	上海老码头	园区，城市休闲游憩、观光、创意文化产业、餐饮、咖啡厅、文创公司	创意园区、3A 级景区
	长宁红坊 166	设计、广告、艺术、展览、沙龙、文化交流、文创产品发布	以艺术、展览、文创为主
	line-friends 主题馆	国际品牌 LINE 的系列文创产品及衍生品的展览、销售、服务等	中国第一家 LINE 主题馆
	闵行九星村 – 九星市场	建材家居类的全面升级改造	原为大型建材批发市场，现正在升级改造，定位为国际化家居生活、建材装饰、文创设计的大型园区
	浦东五馆（上海博物馆东馆、上海图书馆东馆、浦东美术馆、世博文化公园、上海天文馆）	文化艺术、文博展览、文艺表演、图书、科普、文化休闲游憩	业态和功能的共享、互补
	中华艺术宫	文博、展览、艺术、文创	与梅赛德斯 – 奔驰文化中心、世博中心为邻，业态定位和功能上各有特有，空间上实现共享、互补
	上海历史博物馆新馆	文博、展览、讲座、读书文化沙龙	—
	沪西工人文化宫新馆	文化活动、文娱表演、艺术教育培训、文创公司、创意门店	—

续表

阶段	案例地或项目	业态特征	说明
第三阶段 (2017 年 8 月 1 日至 8 月 15 日, 共 5 例)	新七星滑雪场	体育文化产业、冰雪运动体验、竞赛、少儿培训	—
	佘山深坑酒店	酒店服务业、观光产业	—
	虹桥天地 – 言几又剧院及附属广场	购物、休闲、娱乐、亲子、餐饮、剧院、电影院、教育培训、新式书店、恐龙主题展、NASA 太空展、文化广场等,大型城市综合体内的各种业态,一站式特点	通过地铁、街道、天桥等实现立体式串联,业态和功能齐全
	万象城	购物、休闲、娱乐、亲子、餐饮、电影院、教育培训等,大中型城市综合体内的各种业态,一站式特点	一定地域上,产业业态与功能的空间集聚
	光启城	购物、休闲、娱乐、亲子、餐饮、电影院、教育培训等,大中型城市综合体内的各种业态,一站式特点	一定地域上,产业业态与功能的空间集聚

通过表 4 – 12 的统计、归纳,可以看出,上海文化产业再造载体的业态特征的形式有多种、呈现出在原有分布特点基础之上的新趋向、并暗含一些空间分布特征(见表 4 – 13)。

表 4 – 13　　　　　　　　　调查对象的业态特征

	编号	趋向	暗含的特征
业态特征	I 、II 、III 、IV 、V	基于地方性特征的社会文化要素的融合与创新发展	社区赋"新"能、文化记忆的产业再生、地方性与非地方性等; 常态和非常态、稳定和变化

通过统计可以看出,上海文化产业空间再造的业态特征和属性总体上呈现出基于地方性特征的社会文化要素的融合与创新发展的态势,社区赋新、要素融合、创新共享等趋向明显。

依据上述对 69 个案例地关于"业态特征"属性的信息的描述和总结,包括各自的业态构成、功能、性质、特点、区位条件、改造过程、改造的主题与背景、与周边场域的关系等,可以看出,宏观、中微观层面上的业态特征及其与空间布局关系等方面的几个新态势。

（1）在业态上，从单一发展为多元，形式多样，涉及购物、休闲、娱乐、亲子、教育、培训、竞赛、餐饮、设计、艺术、展览、文博、科普、沙龙、文创、体育、动漫、魔术、旅游、酒店、会展、剧院、电影院、健身房、双年展、互联网、新式书店、主题展览、文艺表演、文化交流、文化产业进出口等，业态齐全，应有尽有。

（2）在业态的特征上，日益体现出多样化、要素融合、相互关联、多维度发展的趋向。上海文化产业新空间的业态特征，呈现出多对相互影响的关联维度：单一－多元、室内－室外、主题－非主题、独立型－混搭型、业态还原－业态重构、政府主导－非政府主导、中小规模－大型综合体、一站式体验－专题性体验、地方特色－国际化特色、面向小众型－面向大众型、以商业为主型－以娱乐休闲文化为主型、传统文化产业业态－技术创新文化产业业态、依托地铁等交通设施－依托自身区位条件、面向特定人群或社群型－面向非特定人群或社群型、基于社区或居民区的地域性业态空间－基于全市或全国或全球的更大地域范畴的业态空间。当然，这些业态的关联关系有时不是对立的，而是体现出互相渗透、连接的特征，你中有我，我中有你，业态与空间之间的要素充分融合，综合、多向度地同时发展。比如在"田子坊－日月光中心－泰康路"环链地区，可以体验旅游、购物、创意、餐饮、文化休闲、创客空间等；在环球港、怡丰城等大型城市综合体，可以体验购物、娱乐、影视、亲子、主题展、创意体验等；在上海电影博物馆，可以体验艺术、电影、展览、咖啡、数字媒体等。

（3）在上海，业态的形式和属性影响着空间分布和组合形态的地域性。文化产业再造空间的业态属性基本可以分为三类：文化休闲旅游度假类，具有休闲属性；文化娱乐消费链类，具有娱乐属性；其他类，包括展览、艺术、创意、动漫、科普、互联网、教育培训、文艺表演、体育竞技、科技体验、创业创新、遗产保护、文创开发、民族民俗等，具有非休闲、娱乐的中间属性。休闲属性、娱乐属性、中间属性，已影响着上海文化产业再造的空间分布和形态组合。一般来说，娱乐属性较强的业态空间，如商业购物中心、城市综合体等，多集中分布于中心城区、零星分布于新城或郊区环城带的中心市镇；休闲属性较强的业态空间，如文化产业富集的城市公园、旅游度假区等则相反，多集中分布于新城或郊区环城带的中心市镇，零星分布于中心城区的公众文化空间；美食、展览、电影、亲子、文化演出等非娱乐休闲属性的其他业态空间，则在各地区均有分布，但有一定的不均衡性，在活动时间、参加人数、文化产业空间的体量规模、集聚度、知名度上体现出一定的"城 – 郊"空间分化的特点。这些业态既体现了空间分布上的宏观的地域性特征，也体现了空间结构上的中观、微观的城市各地区的由区位定位特性带来的区位分异特征。

（4）另一个影响空间分布和形态组合的因素是地铁交通。地铁贯通带来的是交通的便捷，提升了区位条件。在上海，文化产业新空间受人文区位条件影响的特征愈加明显，因而，作为重要人口集聚和交通纽带的地铁的空间功能和带动作用日益放大。地铁交通成为文化产业空间分布、形态组合方面的影响因子，也就不足为奇。具体说，有两种影响路径：地铁 + 1、地铁 + N。地铁 + 1，是指地铁交通对站域范围内一处文化产业新造空间的区位影响和带动作用；地铁 + N，是指地铁交通对站域范围内多处文化产业新造空间的区位影响和带动作用。具体见表 4 – 14。

（5）除产业园区、创意园区外，大量的文创公司、互联网公司、设计公司纷纷入驻大型城市综合体、成熟商圈的商厦。其中，创客空间是重要的文化产业业态空间形式。位于虹桥地区附近的大型贯通式商业体"凌空 SO-HO"的空间吸引力极大，携程等文化产业类公司的入驻，使其原有的商业功能得以逐步扩展为文创功能，形成了集研发、设计、发布、产品、展销等产业链齐全的一站式的文创综合体。

（6）大型城市综合体成为文化产业业态的首选空间，大量业态入驻，城市综合体的面积、体量、空间感得到释放。城市综合体的"文化产业属性"明显，一站式、就近、便捷，是吸引人的重要因素。上海的新建大中型城市综合体多半已发展为功能、业态齐全的城市文化产业综合体。

（7）除常态化的业态形式外，突出个性特色、主题性特征，体现出了创新发展的趋向。城市综合体内搭配恐龙主题展、搭配新式书店、搭配亲子互动游戏空间、搭配宽屏幕数码电影院，新式书店搭配咖啡、搭配亲子阅读，都已成为业态标配。比如，大型城市综合体"大悦城"楼顶搭配"摩天轮"已成为上海爱情和文化产业空间的新地标；整合文化资源后的绍兴路众多书店内搭配咖啡厅和西式甜点，已成为上海新式文化街区的标志。此外，将 NASA 太空主题展引进到"虹桥天街"大型综合体内、在上海老宅基础上改造的 LINE-FRIEND 主题中国第一馆在淮海路上开业、世博中国馆改建为中华艺术宫、以动植物标本为特色的自然博物馆的落成、将绍兴路升级整合成新式文化街等，都体现了空间业态的创新发展。位于嘉定区的魔术主题文化创意综合体"红土天阶"，以魔术和时尚设计为主题，配以艺术展演、亲子活动、时尚购物、健身会馆、文化广场、4000 平方米巨幕电影院

表4－14 **上海地铁对文化产业再造空间分布、组合上的影响**

影响方式	地铁＋1			地铁＋N		
涵义	对站域范围内一处文化产业新造空间的区位影响和带动作用			对站域范围内多处文化产业新造空间的区位影响和带动作用		
范例	地铁线路	地铁站点	影响和带动的空间场域	地铁线路	地铁站点	影响和带动的空间场域
	7号线	昌平路站	八佰秀（800 show）创意园及周边剧场、戏剧谷、创客空间	13号线	七莘路站	1. 大型城市综合体"怡丰城" 2. 紫贝文化创意港 3. 新七星冰雪世界 4. 韩国生活馆
				10号线	紫藤路站	1. 大型城市综合体"万象城" 2. 地铁博物馆 3. 乐虹坊 4. 虹泉路"韩国一条街"
	3号线	延安西路站	刘海粟美术馆及附属绿地	2号线、12号线、13号线	南京西路站	1. 2号线出口的南京西路商业街区 2. 12号线出口的大型现代时尚文化体"兴业太古汇" 3. 13号线出口的石库门建筑文创遗产区"张园" 4. 连接地铁2号线、12号线、13号线的文化休闲街——吴江路 5. 由西面的张园向东面的太古汇，由北区的南京西路和南区的吴江路，以街道合围的方式，将空间场域合围、贯通、串联，形成相互关联的"空间环链"
				3号线、4号线、13号线	金沙江路站	大型城市综合体"环球港" 长风公园及周边地区 沪西工人文化宫新馆 曹杨路商圈
	4号线、9号线	宜山路站	大中型城市综合体——光启城	9号线	打浦桥站	1. 田子坊 2. 日月光中心 3. 泰康路文化创意街
				10号线、13号线	新天地站	1. 新天地 2. 天平湖地区 3. 中共一大会址 4. 韩国临时政府 5. 马当路商街 6. 新天地时尚中心
				2号线	虹桥火车站	1. 大型城市综合体"虹桥天街" 2. 中型城市综合体"虹桥天地" 3. 生活时尚区"虹桥汇" 4. "言又几"剧场及附属文化广场 5. 国家会展中心

等业态,形成了7万平方米的综合体,与中国著名魔术师傅腾龙、傅琰东父子合作打造的主题文化产业开放式场域空间,中型复古式建筑群、红墙的外观设计、魔术主题和时尚元素的雕塑和墙绘,并由多部手扶式电梯、多条建筑间回廊将不同空间体串联。落成和开业不久,已成为上海嘉定南门地区时尚文化产业新地标,远近有名,成为主题特色、创新发展、地方融合的典范。

4.2.4　上海文化产业空间再造新趋向述评

在上海,大型的文化产业空间完成了新建、重塑、再造的过程,在空间分布上,结构更加合理、有序,形成了"中心城区 – 城市副中心 – 街道、社区""近郊环城区 – 城市新城 – 远郊环城区""城区 – 地区 – 街区 – 社区""点 – 线 – 面""团 – 轴 – 带""岛 – 区 – 链"的格局和形式,环环相扣,形态各异,多元化、多路向、梯度化、分层分异等特征显著。

在诸多新建、再造的文化产业空间中,由于所处地理区位、业态定位、体量规模、集聚度、知名度等的差异,形成了多元、多路向、梯度、分异的现象——交通便利、停车方便、人口集聚、区位条件好、体量规模大、空间容载度大、空间内外部环境舒适、产权方或投资方的品牌形象和知名度高、口碑好、文化产业业态齐全或业态主题性强、定位中高端,这样的空间载体,集聚效应明显,尤其是热点时间段内的短时间空间集聚;相反,区位不佳、空间不大、功能单一、知名度不高、产业性不强、开放性不够的空间,则人气不足、门庭冷落。前者的代表有大型城市综合体环球港、万象城,以旧式里弄升级改造而成的田子坊 – 日月光中心,以主题文化产业的超级载体的迪士尼乐园和自然博物馆;后者则以虹梅路休闲街改造而成的"老外街"、以老工业遗址改造而成的上海老码头、以旧式民居街巷再造而成的上海5D文化创意园区、以文化遗产为基础整合开发的多伦路文化名人街为代表。

近年来,人们较大程度地改变了原有的文化产业消费习惯,重构了原有的对文化产业空间的分布认识。上海居民不再一味地选择市中心或原文化地标地区,而出现了分类、分异现象,身边就有可以满足文化产业各种需求的空间活动的场域,就近、便利,成为大多数人对空间的首选原则。

上海文化产业空间再造的发展中所体现的多元、多路向、梯度、分异现象,往往还受一些人文社会因素的影响,如交通、区位、地域文化等。位于普陀区金沙江路、曹杨路地区的新建的超大型城市综合体——环球港,就是很好的例证。

经过城市规划、拆迁，基于曹杨路地区特有的交通、区位、商贸、居住等特点和需求，在这一块大面积的开阔三角带上进行了体量巨大的城市更新活动，在旧城原址上新建、再造了环球港这个超大型的连体建筑群，这个多业态、多功能的文化产业实体空间。环球港功能齐全，产业效益和辐射性强，短时间内便形成了良好的声誉和口碑，成为普陀区乃至上海浦西地区的文化产业新地标，交通、区位、历史、人文特色，尽显其中。

其他，如基于国际化的交通、区位、物流、文化环境的位于虹桥机场、虹桥高铁地区的虹桥天地－虹桥天街－虹桥汇，为立体贯通式建筑群组合的文化产业新空间，基于海派风貌的老上海民居、里弄、石库门建筑、原法租界街道等的保护与开发的位于上海老城厢周边地区的田子坊－日月光中心－泰康路，为文、旅、商属性兼备的平面连通式里弄－商圈－街区组合的文化产业新空间等，都全方位、更明显地呈现出这种空间相互影响的区位特征和人文属性。

另外，就上海文化产业空间再造而言，在空间分布、格局、配置、体量方面，也体现出上海的一些独特面貌和发展特征。

上海正在建设"有温度的"国际化大都市，在文化产业发展中，也一定伴随着"有温度的"空间再造。这是一个城市发展的合理逻辑，也是作为文化属性较强的城市发展文化产业的必然选择。"有温度的"文化产业空间再造，应该更多地理解为有序、有效、均衡，优化产业布局结构，合理配置空间分布。这种优化和配置，方式方法多样，动力机制多元——有政府的推动，也有资本的力量，有产业的导入，也有民间自发的偶成聚集；有市场的要素，也有非市场的要素，有商业的成分，也有非商业的成分；有文化性的一面，也有产业性的一面。

"有温度的"的空间布局，是一种帕累托最优①的状态，一种不能使之变得更好、也不再会使之变得更坏的最优的状态。这种最优状态没有固定的模式、最好的范本，是一种符合各种地域特色的城市地脉、文脉、史脉的体式和格局，也是一种与城市文化契合度高的自然均衡的选择。

如果把文化产业空间再造视为一种生产性行为，视为一种依赖空间载体重建的产业的再生产过程，引入"生产者均衡"的概念，那么这种空间再造的最优自然均衡状态的实现条件，便是当"空间再造"这种再生产行为

---

① 帕累托最优（Pareto Optimality），又称帕累托效率（Pareto Efficiency），指资源分配的一种理想状态，是公平和效率的"理想王国"，是博弈论中的重要概念，广泛运用于经济学、工程学和社会科学中。

的边际成本等于边际收益。[①] 这里的"边际成本"是指每进行一次较大规模的文化产业空间重建和再造所损耗的各项成本费用，可以是物质损耗，也可以是改造带来的精神文化层面的取舍与妥协；这里的"边际收益"是指每进行一次较大规模的文化产业空间重建和再造所带来的效益，可以量化为货币化收益，也可以衡量其带来的中长期的社会化影响。当边际损益相当时，从经济和市场的层面上看，投入与产出成正比，并且收益最优，文化产业的空间布局和配置将能实现其带来的经济效益、社会效益、环境效益的最大化。

有温度的空间再造、有序有效的状态、与城市三脉——"地脉、文脉、史脉"的契合度、生产者均衡实现的条件，这些讨论，都是围绕着文化产业空间上合理的"体式、格局"展开的。文化产业的空间再造，无论在宏观上还是在微观上，其空间布局和分布，都应成为一种合理的"器局"[②]，即一种复杂情况下的多面性和本质性并存的合理优化的体式和格局，而不是空间竞争状态下各自为政式的"局困"。合理的"器局"基于系统论的考量和思维，它带来的是产业的有序竞争，也势必会带来有效的产业博弈，进而影响和造就了市场化的空间再造上的优胜劣汰，实现空间层面上的最优分布和配置。

在空间分布及结构、形态样式及组合上，基于系统论的思维范式，出现了发展和演进。从空间上的简单的二元到复合的二元、从地域上的表层次的多样，到注重多维度多路向的深层级的多元，渐已形成了较为成熟、完备的系统。具体来说，就是从原先的"界、区、城、人"的表层次简单二元结构，发展到"体、象、势、态"的更有深度的复合二元体系（见表4-15）。

表4-15　　基于系统论的上海文化产业空间再造的宏观二元演进

原有的空间二元结构		新的空间二元体系	
界的二元	租界、华界	体的二元	整体、局部
区的二元	浦西、浦东	象的二元	具象、抽象

---

① 根据经济学中的"生产者均衡理论"，效益的最大化是当边际成本等于边际效益时得以实现。
② 葛晓音. 器局：学者内心的修养［J］. 文艺研究, 2016（1）. 中国社会科学院文学研究所刘宁采访北大中文系教授葛晓音时提及"心无旁骛地面对研究对象的复杂性"。器局，本意为器量、度量，也可以引申，用来形容一种复杂情况下的带有多面性和本质性的体式和格局。

续表

原有的空间二元结构		新的空间二元体系	
城的二元	城区、郊区	势的二元	大趋势、小局势
人的二元	本地人、外地人	态的二元	常态、非常态

在空间地域上，这种新的宏观二元格局，体现一种融合、立体、互补、协作的面貌，是一种基于系统论的思维和范式。这种系统论的宏观维度上的二元格局是更科学有效的空间格局，进而影响着中观、微观维度上的空间格局，即影响着同样基于系统论的中、微观尺度上的"群组""环链"的出现和发展趋向。这些有利于对性质和属性上有较大差异的文化产业空间进行分类指导、准确定位、地区协调。上海城市的地域面积广大，内部空间存在地区差，上海采用了市场和非市场的手段，运用了政府和民间的动源，对文化产业新空间分布结构进行了合理化布局，定位了文化产业空间的主要功能和属性，使不同形态样式、组合形式的场域得以串联、贯通、协同、呼应，形成相互关联的区块之间的空间环链趋向和环链互动效应。

上海目前宏观与微观、整体与局部，环链互动、要素互补的体系和格局渐趋成型，在总体态势上与城市发展良性共进。就上海文化产业空间再造的命题而言，这些有竞争力的态势、有温度的面貌、有特色而充满创新融合的模式，既是客观需要，也是必然的发展趋势。

4.3 上海文化产业空间再造的模式

4.3.1 基于上海社会文化要素考量的空间发展模式

已有对文化产业再造空间的发展模式的研究，大多已过去多年，研究立场和立论视角，也多基于多年前的现象和案例，并基本多以发展路径、空间集聚、结构形态等为出发点，进行宏观规划、设计、阐释。

花建在《文化创意产业与相关产业融合发展的四大路径》（2014）中，从国家宏观发展战略视角，提出了文化创意产业发展的四大路径和方式，即"在文化创意与工业的融合发展中，要推动设计服务与工业的纵向产业链延伸与横向服务链拓展，激发产业升级的动力；在文化创意与旅游业的融合发展中，要打造旅游魅力的智核，营造丰富的内容、多元的主体和动态发展的框架；在文化创意与城市规划和建筑设计业的融合发展中，要坚持以人为本，实现经济价值、生态价值和文化价值的统一；在文化创意与农业的融合发展中，要结合中国农业发展的阶段性要求，以休闲农业项目为突破口，建立具有生态文化价值和现代服务业意义的农业形态。"① 花建在《城市空间再造和文化产业集聚》（2007）中，从空间集聚的视角和立场出发，归纳了包括美国百老汇、柏林老工业区、柬埔寨吴哥窟在内的全世界文化产业发展的三种主要发展路向和模式，即文化遗产集聚区、文化活动集聚区、文化产业集聚区，并提出了上海文化产业空间再造的发展思路是"通过建立一系列的文化创意产业集聚区，与区域内的人文环境相结合，传承上海工业的文脉和记忆，用创意精神激活工业空间，用新型内容植入产业园区。"② 他把这种将上海老工业遗产空间加以改造、重构为文化产业园区、集聚区的发展模式称为"上海的创新思路"。现在看来，上海已快速发展出"以激活老工业空间为发展模式"的众多文化产业园区，成为上海文化产业空间再造的特有模式。现在，这种再造空间的发展模式依然焕发生机和活力，但已出现空间发展模式的具体化、分异化趋势，出现了较多不同于以往的发展模式上的新面貌、新趋势、新变化、新问题，也正在经历着自我改革、迭代更新、二次活化的过程。

花建在《面向 2020 年的上海文化产业空间布局》（2012）中，同样以宏观视角，对空间资源进行谋篇布局式的规划，依然强调"空间集聚"，他在原有观点上提出了上海两个新的发展路向和模式，即发展沿黄浦江滨江地区、发展崇明岛生态区，指出"应该以文化为引领，形成浦江西岸文化走廊，汇聚文化产业基地、演艺中心和文化休闲场所，把积累的科研、创意和民俗资源开发成为丰富的文化生产力，让'东方梦工厂'项目在徐汇滨江落地……未来的崇明文化建设，应该以生态文明的开发为依托，突出 3 个方面的文化内涵：高品质的文化享受、高雅化的休闲时空、绿色化的职业生活。并且突出 3 个方面的重点项目：以蓝色文化和绿色文化为基调的大型郊野公园和休闲旅游集聚区、以田园生活 + 创意研发为内容的民俗文化集聚区、以绿色制造和创意研发为基调的文化产品研发制造业集聚区。"③ 严格意义上说，这些观点和建议，也只能看作面向未

---

①　花建．文化创意产业与相关产业融合发展的四大路径［J］．上海财经大学学报，2014（16）：4.

②　花建．城市空间的再造与文化产业的集聚［J］．圆桌会议，2007：26－28.

③　花建．面向 2020 年的上海文化产业空间布局［J］．上海城市规划，2012（3）：7－10.

来的发展路径或思路，还不能归纳为带有普遍规律、属性和范式的"上海模式"。

另一位专家胡惠林在《时间与空间文化经济学论纲》（2014）中，从经济学视角，以"结构形态"为出发点，试图寻求时间和空间之间关系中的文化经济学的一般规律，他基于空间（地理）的社会化过程，归纳出文化产业空间再造的三种存在和发展形态，即时空交叉共存式，如废弃的仓库、厂房、码头；实体虚拟互补式，如钢琴等所有乐器生产以及由此而形成的行业系统；内外多元同构式，把文化产业空间分为内部、外部空间，"外部空间文化经济表现为文化经济的物理形态，反映的是不同文化经济形态之间的比例关系；内部空间文化经济表现为文化经济的社会形态，反映的是同一文化经济形态中不同经济成分构成之间的比例关系"，[①] 他将文化产业空间分为两个维度，即外部空间（物理形态）和内部空间（社会形态），将传统的"文化产业空间"加以区分，是一种更具广义范畴的内涵化理解，具有一定的开拓性；[②] 但其研究对象和视角更多偏重于经济学层面，认为"空间文化经济学就是一门研究在空间（地理）的社会化过程中，文化经济价值载体形态运动变化规律的科学，[③]"他对"多元网状的结构"的三种发展模式的归纳，基本是以"经济学"和"空间形态"相结合的方式进行的，实则是对文化产业的时空关系及其发展模式进行的一般性经济规律的解释和阐述。

近年来，对上海文化产业空间再造的发展模式的研究，较有代表性的是方田红、曾刚的研究，他们选取了在 2005 年 4 月至 2006 年 11 月由上海市设立的前四批共 75 家挂牌的文化创意产业园区，通过对 75 家园区的"空间聚聚"的区位选择因素的研究和分析，认为其空间演化路径以创新旧产业空间发展模式、依托城市景观资源开发发展模式、依托智力源发展模式以及塑造新城创意文化空间发展模式四种基本模式为主。[④] 同时也指出，它们的发展，往往是多种基本路径相结合的复合模式，75 个园区中，有 56 个属于复合型发展模式，只有 19 个属于单一型发展模式。方田红、

---

①③　胡惠林. 时间与空间文化经济学论纲 [J]. 探索与争鸣，2013（5）.

②　在本书文献综述部分，有对胡惠林《时间与空间文化经济学论纲》中的评述，尤其是其在文中论述文化产业空间形态和发展模式时提到"多元网状结构"时提及的有关表述。他认为，有一种"内外多元同构"的存在模式，由外部空间和内部空间共同建构了文化产业空间的基本图形关系。外部空间表现为物理形态，内部空间表现为社会形态。这种对原有空间概念的分类和解释，也给本书对"文化产业空间"定义的概念解构、内涵丰富、外延扩展带来了启发。

④　方田红，曾刚. 上海创意产业园区空间分布特征及空间影响 [J]. 社会科学家，2011（8）：59－63.

曾刚的研究，基本是按空间发展路径和模式的思路进行的，归纳了四个发展模式，但依然从"空间集聚区"的视角出发，且仅以集聚区的区位因素为研究依据，略显老套和单一；2011年的研究距今已有多年，在发展经验、路径、模式及特点方面，早已有了新的变化、发展；严格意义上说，创意产业仅是文化产业的发展业态之一，园区仅是文化产业的空间形态之一，对"创意产业园区"的研究，对上海文化产业空间再造发展中具有普适性的带有共性特征的规律和范式的发展模式研究而言，显然是不够的。

本书有关上海文化产业空间再造的发展经验或模式方面的探讨和研究，其立论的逻辑思路和依据是：以"产业－地方人文"之间的互动关系为基础，基于对上海特殊的一种或几种社会文化要素的考量，形成的带有人文－产业共性特征的若干种发展路径和范式。这些发展路径和范式考虑了城市更新的宏观视域以及上海独特的地方性文化属性和特点，并基于文化人类学的视角，被某些具有上海鲜明地域特色的要素所影响，并依学理性的逻辑思路推导出来的，在上海，它们是带有共性特征的规律性的发展经验、范式，可以称为"上海模式"，其特点的归纳见表4－16。

第三步，对阐释和归纳的字句进行再次推敲、进行属性合并。如属于街道、街区、风貌区的空间改造的，可以合并为"城市文脉、街道、街区、风貌区的资源整合和升级"一类；新式大型文化场馆的新建，原世博园区内世博遗产的重构，以自然博物馆等为代表的文化科普场馆的新建和再造等，都可以合并为"文化场馆、文博遗产的新建、重构、再造"一类。同时，区分出类别的边界和特点，对不同类别的，不可合并。基于发展特点、特性的不同路向，分别归为其他类。如同样受国际化影响的文化产业空间再造的案例地，有些属于国际化社区的场域空间，有些则属于机场、高铁、领事馆等国际化程度较高的文化产业空间，应分别归类为：国际化社区的空间影响和空间再造；航空、铁路枢纽、领事馆等国际化程度较高地区的文化产业空间发展、再造。将这些已经做好了阐释、归纳、分类的空间发展的路径、类别，进行比对、归类，以A1～A12的顺序进行编号，并列表呈现（见表4－17）。

表4-16　基于社会文化要素考量的上海文化产业空间再造典型性案例特点

考察阶段	案例地或项目	空间分布	形态组合	业态特征	再造空间的发展特点、特性
第一阶段（2016年7月1日至8月20日，共25例）	武康路-安福路	徐汇区，原法租界老洋房区	街道、街区；旧式老洋房特色的相连、贯通	美食、咖啡厅、时尚门店等城市内的休闲、观光、游憩等	城市文脉、特色街道、街区、风貌区的资源整合和升级
	上海大悦城	虹口区核心地带，苏州河北岸，紧挨四川北路商圈，七浦路批发服装市场	大型城市综合体、单体建筑，"建筑+摩天轮"的外观形态；内部立体贯通，面积、体量、规模巨大	休闲、娱乐、电影、展览、购物、亲子、创意、时尚、艺术、卡通动漫等综合性业态，功能齐全；几乎涵盖文化产业的各门类、各业态，成为上海新的爱情地标之一	大中型城市综合体的空间再造
	滨江绿地（徐汇段及北段）	徐汇区、杨浦区，北段为虹口区；已实现部分区域的贯通，由黄浦区的外滩段相连	城市滨江岸线、带状；依托城市大型公共空间廊道和黄浦江风景岸线	博物馆、咖啡厅、时尚中心、老码头、老厂房改建的产业园区、创意廊道；世博馆再造；城市内部的休闲、观光、游憩等	里弄民居、街坊老宅与部分工业遗存区、历史文化风貌区并存的集中连片区的空间改造与利用
	田子坊	黄浦区，原南市区上海老城厢附近	里弄、民居、石库门建筑；开放式的空间场域	美食、店铺、商业文化、意坊、小型艺术展、画廊；文化产业富集区	旧式里弄民居的空间场域的改造
	新天地	黄浦区，原法租界，中共一大会址附近	同上	美食、西餐、酒吧、电影院；文化产业富集区、创意街区	旧式里弄民居的空间场域的改造
	苏河南岸文创产业园	普陀区、静安区、长宁区，核心地带的苏河湾，位于新闸路-石门一路、二路一线，位于新闸路苏河湾地区	城市沿河岸线、片区、带状、局部块状；苏州河南岸核心地带苏河湾一线	创意产业、创意园区、青年旅社；创意园区、文化产业公司的富集区	集中连片工业区，工业遗存整体改造为文化产业园区、创意园区

续表

考察阶段	案例地或项目	空间分布	形态组合	业态特征	再造空间的发展特点、特性
第一阶段（2016年7月1日至8月20日，共25例）	绍兴路	黄浦区，毗邻田子坊-日月光-泰康路，紧邻嘉善路-上海文化广场	街道毗邻田子坊-日月光-泰康路，紧邻嘉善路-上海文化广场，形成环链	新式书店+咖啡厅	城市文脉、特色街道、街区、风貌区的资源整合和升级
	多伦路	虹口区，虹口公园地区	街道	字画，文物鉴赏，文化名人故居，建筑类文化遗产，茶馆，咖啡厅	城市文脉、特色街道、街区、风貌区的资源整合和升级
	莫干山路M50	静安区，原闸北区	片区；由工业老厂房区改建，旧式中小型建筑群落，街道较宽，场域面积较大；园区	创意产业、创意园区，以文创公司为主；创意园区，文化产业公司的富集区	工业厂房及部分街坊老宅的空间改造
	上海迪斯尼乐园	浦东新区，川沙地区	片区；大型组团式建筑群，人工湖、街道、游憩空间，建筑单品等	环城地区的旅游、休闲、游憩	文商旅空间混搭融合："旅游度假-文化休闲-创意产业"的场域建构
	海防路同乐坊	静安区，海防路与西康路的三角地带	片区；由工业老厂房区和生活坊区改建，厂房式小型建筑群落，街道较窄，场域空间紧凑；园区	创意产业、创意园区、创业示范区，创客空间，美食，文艺展览；文创公司+文化产业园区	工业老厂房改造为文化产业园区，创意园区
	新闸路-东西斯文里	黄浦区，苏河湾核心地带，地铁1号线新闸路站出口	街道，里弄；与苏河湾地区的产业园毗邻，形成多种形态的复合式平面组合	沿街，沿苏州河的创意门店，旧式里弄改造中（东西斯文里），东斯文里居民已完成搬迁，里弄建筑整体保留，产业业态正在规划中，西斯文里不再保留，已完成全部拆迁	街坊老宅的空间改造

续表

考察阶段	案例地或项目	空间分布	形态组合	业态特征	再造空间的发展特点、特性
	上海国际舞蹈中心	长宁区虹桥路1650号，西为虹桥枢纽地区；毗邻娄山关路南线，东线，西线文化产业空间，"团、轴、带"特点，由延安西路－古北路－天山路－娄山关路－仙霞路一线形成环链	大型组团式建筑群；毗邻娄山关路南线，东线，西线文化产业空间，"团、轴、带"组合的样式特点，由延安西路－古北路－天山路－娄山关路－仙霞路一线形成环链	舞蹈艺术、文化表演、国际交流，兼有培训、会议的功能	大型新式文化场馆的新建、再造
第一阶段（2016年7月1日至8月20日，共25例）	1933老场坊及周边"四园一心一谷"	虹口区、海宁路东向尽头、周家嘴路口；具体指：半岛湾时尚文化创意产业园，老洋行1913创意园，1930鑫鑫创意园，国家音乐产业基地上海虹口园，1933会展中心，上海音乐谷	片区，组团；由老厂房改建，中小型建筑，各自相对独立，形成产业空间的"区－面－团"组合样式；开放式，单个独立，组团式对集聚，组团式	创意园区、会展、音乐会；具体指半岛湾文化创意产业园，老洋行1913创意园，1930鑫鑫创意园，国家音乐产业基地上海虹口园，1933会展中心，上海音乐谷；创意园区、文化产业公司的富集区	里弄民居，街坊老宅与部分工业遗存区，历史文化风貌区并存的集中连片区的空间改造与利用
	虹泉路韩国街	闵行区	街道、街区；与万象城毗邻，形成"点－线－面"的组合	美食、购物、休闲、咖啡厅、文化商品等；韩国特色一条街	国际化社区的空间影响和空间再造
	虹许路"老外街"－西郊鑫鑫桥创意产业园区	闵行区、虹梅路、虹许路；"老外街"为东、西向，西向为虹梅路，东向为虹许路；与西郊鑫鑫桥创意产业园区毗邻	街道＋园区；点＋线	酒吧、美食、西餐、涂鸦、创意园区	文化产业业态综合发展空间，富集区；国际化影响下的空间再造

续表

考察阶段	案例地或项目	空间分布	形态组合	业态特征	再造空间的发展特点、特性
第一阶段（2016年7月1日至8月20日，共25例）	梅赛德斯－奔驰文化中心	浦东新区，原世博园区浦东展馆区，滨江地带；与中华艺术宫、世博中心为邻，构成新地标建筑群	大型单体建筑，组团式建筑群之一；与中华艺术宫、世博中心为邻，构成新地标建筑群	文艺表演、艺术展演	原世博园区内文博遗产的新建、重构、再造
	自然博物馆	静安区，北京西路510号；北邻苏河湾核心地区，地铁12号线自然博物馆站出口	大型单体建筑，与周边空间形成多形态的"点—带—轴"组合样式；依静安雕塑公园，地铁12号线、东西斯文里，构成点—线—面—带—轴的平面；地铁—带—轴空间功能	动植物展览、科普、科技体验、亲子互动	文化场馆的新建、再造
	西岸艺术中心	徐汇区，徐汇滨江板块	中型单体建筑，与黄浦江沿江绿地形成"点—线—面"的组合；周边还有其他众多文化产业空间载体，形成片区	艺术展览、文化活动	文商旅空间混搭融合："旅游度假－文化休闲－创意产业"的场域建构
	上海电影博物馆	徐汇区，漕溪北路；地铁1号线漕溪北路站出口	中型单体建筑	电影产业展览、文化遗产展览、体验、互动，电影衍生品，多媒体、声光电、高科技元素	文化场馆的新建、重构
	上海创意秀场（T-house）	闵行区，虹桥镇虹许路731号4号楼1楼，西郊鑫桥创意产业园内	小型空间，依托产业园，属于园区内部的依附式空间场域；位于西郊鑫桥创意产业园内	小型创意园区、服装设计、舞台走秀、表演	工业老厂房改造为文化产业园区、创意园区

续表

考察阶段	案例地或项目	空间分布	形态组合	业态特征	再造空间的发展特点、特性
	环球港	普陀区，金沙江路东段，连接宁夏路、凯旋北路、曹杨路地段；内环高架下，毗邻曹杨新村，华东师大，西临沪西工人文化宫新馆，东临长风公园地区，地铁3号线、4号线，13号线曹杨路站、金沙江路站出口	大型城市综合体，单体贯通式建筑，"建筑+宫廷式设计"的外观形态，与周边空间形成多形态的"点-线-面-带-轴"组合样式；内部立体贯通，体量巨大，规模巨大，面积，多条地铁穿过	休闲、娱乐、美食、电影、展览、购物、亲子、创意、时尚、艺术、卡通动漫等综合性业态，功能齐全，几乎涵盖文化产业的各门类，各业态，因体量超大的宫廷式空间容纳度和齐全的业态，成为上海新的文化产业地标之一	大中型城市综合体的空间再造
第一阶段（2016年7月1日至8月20日，共25例）	上海展览中心	静安区，延安中路1000号，毗邻虹桥板块组，虹桥天街、虹桥天地	大型单体建筑；毗邻虹桥板块组，虹桥天街	各类展览、会议	文化场馆的赋新、重构、再造
	刘海粟美术馆	长宁区，延安西路1609号，海粟绿地内，临近凯旋路，地铁3号线延安西路站出口	地铁+中型单体建筑，与海粟绿地组合为一个空间场域	美术、艺术展览、文化交流	文化场馆的赋新、重构、再造
	滴水湖	浦东新区，原南汇区滨海地区，北临浦东国际机场，南林临港新城	场域；开放式空间	郊区城市的休闲、游憩、音乐节庆活动	文商旅空间混搭："旅游度假-文化休闲-创意产业"的融合

续表

考察阶段	案例地或项目	空间分布	形态组合	业态特征	再造空间的发展特点、特性
第二阶段（2016年12月1日至2017年2月20日，共39例）	吴江路-太古汇-张园	静安区，南京西路，吴江路板块；地铁2号线，12号线，13号线南京西路站出口，三线合围	街道、街区、里弄、商圈，由"点-线-面"构成一个组合；地铁2号线，12号线，13号线南京西路站出口，三线合围；地铁的空间功能	商业文化产业，购物，休闲，娱乐，各国美食，咖啡馆，石库门建筑开发，构成了小环链，小环链中的各区块中，产业业态各有特色，空间上资源互补，有机融合	城市文脉，特色街道，街区、风貌区的资源整合和升级
	八佰秀（800show）创意园及剧场	静安区，胶州板块；地铁7号线昌平路站出口，胶州路，昌平路，康定路合围	地铁+中小型建筑群，地铁7号线昌平路站出口，胶州路，昌平路，康定路合围；地铁将成的空间功能	创意园区，剧场，健身房，演艺中心，文化传播公司，设计公司，新式书屋，戏剧工作室；中小规模，门类多样	工业老厂房改造为文化产业园区、创意园区
	虹口区的多伦路文化名人街-东-鲁迅故居旧宅-宝兴路居-甜爱路-虹口公园一线	虹口区，虹口公园地区；与第一阶段比，考察多伦-一线路外的虹口区周边的多伦路	街道、街区、里弄，旧宅改造，形成多形态的"点-线-面-片-轴"组合	字画，文物鉴赏，文化名人故居，建筑类文化遗产，涂鸦，墙绘，创意门店，茶馆，咖啡厅，文艺小店，美食，品牌加盟店；以文化遗产类为主，以创意门店的街道将各区块串联，构成了小环链	城市文脉，特色街道，街区、风貌区的资源整合和升级
	山阴路文化风貌区	虹口区，虹口公园毗邻鲁迅故居；虹口公园亦名"鲁迅公园"	街道、街区、风貌区	文化名人故居保护与开发，建筑遗产和非物质文化遗产	城市文脉，特色街道，街区、风貌区的资源整合和升级

续表

考察阶段	案例地或项目	空间分布	形态组合	业态特征	再造空间的发展特点、特性
	南京东路步行街	黄浦区	街道；步行街的样式，开放式场域	传统商业＋新的文化产业业态及活动，如民族舞蹈、群众表演、艺术展演等	城市文脉、特色街道、街区、风貌区的资源整合和升级
	南京西路－吴江路休闲街－地铁12号线、2号线、13号线的南京西路站周边地区一线	静安区，南京西路、吴江路休闲板块，沿地铁站出口，自12号线－2号线、13号线的顺序，由南京西路站周边地区的平面矩形形成路线进行调研	街道、街区，形成平面化明显的矩形板块；沿地铁站出口，形成平面矩形格局	商业文化产业、购物、休闲、娱乐、各国美食、咖啡厅、石库门建筑开发，构成了小环链，小环链中的各区块，产业业态各有特色，空间上资源互补有机融合	城市文脉、特色街道、街区、风貌区的资源整合和升级
第二阶段（2016年12月1日至2017年2月20日，共39例）	虹桥商务区的天山路商圈－虹桥艺术中心－娄山关路－金虹桥国际中心－上海油画雕院美术馆－上海国际展览中心－中运量71路凯旋路站一线（南线）	长宁区、虹桥地区；临近地铁2号线娄山关路站，以娄山关路为轴，向南北延展	街道、街区、商圈，使馆区，建筑群，单体建筑，城市交通廊道，形成多形态的"点－线－面－带－轴"组合式平面环链；临近地铁2号线娄山关路站，以娄山关路为轴，向南北延展	商业商圈、文化产业、休闲、购物、亲子、电影、话剧、艺术展演、展览、会议、经济开发活动、培训教育、宾馆接待与服务业，各区块，产业业态各有特色，空间上资源互补，有机融合	领事馆等国际化程度较高区域的文化产业空间发展、再造
	娄山关路－古北路－延安西路－上海国际舞蹈中心－洛城广场－中运量71路虹许路站－老外街－西郊鑫桥创意产业园一线（西线）	长宁区、虹桥地区；临近地铁2号线娄山关路站，地铁10号线水城路站，以古北路、延安西路为轴，向南、向西延展	临近地铁2号线娄山关路站，地铁10号线水城路站，以古北路、延安西路为轴，向南、向西延展	同上	领事馆等国际化程度较高地区的文化产业空间发展、再造

续表

考察阶段	案例地或项目	空间分布	形态组合	业态特征	再造空间的发展特点、特性
	娄山关路-仙霞路-虹桥公园及郑多燕中国1号店（含健身中心、咖啡厅等）-万都主题体验馆、咖啡厅等）-尚嘉中心-虹桥万都中心-尚嘉中心-嘉顿广场-嘉顿万场（东线）	长宁区、虹桥地区、使馆区；临近地铁2号线娄山关路站、地铁10号线伊犁路站。以仙霞路为轴，向南、向东延展	同上；	同上	领事馆等国际化程度较高地区的文化产业空间发展、再造
第二阶段（2016年12月1日至2017年2月20日，共39例）	古北路南北沿线地区周边地区	长宁区、闵行区；北段属长宁区、南段属闵行区	街道	美食、服装、美容、咖啡厅、料理店、创意门店，以日本、台湾特色为主	国际化社区的空间影响和空间再造
	"龙湖虹桥天街"综合体及NASA太空展区-虹桥天地-虹桥汇	闵行区申长路，虹桥枢纽地区，西虹桥地区，毗邻虹桥机场、虹桥火车站、国家展览中心	大型城市综合体、商圈，组团式建筑群，立体式贯通，由地铁串联，地铁式的空间功能	商业购物、美食、亲子、展览、电影，文艺表演、新式书店、国际交流中心，现代化，大型综合体，国际性，功能性特征明显；几乎涵盖文化产业的各门类，各业态，便利交通的空间结构，因贯通一体明显虹桥地区的多业态格局，国际化特征明显虹桥西上海虹桥西的新的地位条件，成为上海虹桥西的新地标之一	大中型城市综合体的空间再造；航空、铁路枢纽等国际化程度较高地区的文化产业空间再造
	国家会展中心	青浦区崧泽大道333号，闵行区与青浦区交界处；毗邻虹桥机场、虹桥火车站，"虹桥天街"城市综合体	大型功能性、主题性单体建筑；毗邻虹桥机场、虹桥火车站、"虹桥天街"城市综合体	大型主题性会议、展览、国际交流、现代化、国际性、功能性特征明显；得益于交通、区位、功能定位、配套设施等条件	文化场馆的新建、再造；航空、铁路枢纽等国际化程度较高地区的文化产业空间再造

续表

考察阶段	案例地或项目	空间分布	形态组合	业态特征	再造空间的发展特点、特性
第二阶段（2016年12月1日至2017年2月20日，共39例）	闵行区紫贝文化创意港-恰丰城-地铁12号线的七莘路站周边地区	闵行区，七莘路与顾戴路口，连接莘庄与七宝的地带；地铁12号线终点站站七莘路站出口	大型城市综合体、中型单体建筑、园区、地铁、形成"地铁＋综合体＋其他建筑"多形态组合样式；地铁组合的空间功能	门类和业态齐全的大型城市综合体；附属园区里的文化教育、培训、生活用品；教育培训＋综合体的特征，属性	大中型城市综合体及附属空间的空间再造
	北外滩文化创意产业带	杨浦区，杨浦滨江地带	—	产业园区、文创公司、创客空间、美食、咖啡厅、游轮等；创意文化产业的富集地区	里弄、街坊老宅与部分工业遗存区、历史文化风貌区并存的集中连片区的空间改造利用
	"言几又"文化创意书店-"言几又"剧场	闵行区申长路、虹桥枢纽地区；虹桥天地内，地铁2号线、10号线虹桥火车站出口	在坐内闭合式空间"虹桥天地"内，依托商业综合体	新式书店、剧场、文艺表演	新式文化场馆的新建、重构、再造
	田子坊-日月光中心-泰康路	黄浦区；与第一阶段比，增加了日月光中心、泰康路、与绍兴路、嘉善路，上海文化广场等形成环形空间；广场等地区在空间上呼应	里弄、街巷、城市建筑、街道、形成多形态的"点-线-面"组合样式；与周边绍兴路、嘉善路、上海文化广场空间域等形成环链。与新天地地区在空间上呼应	田子坊各业态＋日月光中心（购物、电影）＋泰康路，休闲、美食、亲子、娱乐（艺术、画廊、展览、创意门店；环链特征，属性；各区块，空间上资源互补，有机融合；文化产业富集区，创意街区	里弄、街坊老宅与部分工业遗存区、历史文化风貌区并存的集中连片区的空间改造利用

续表

考察阶段	案例地或项目	空间分布	形态组合	业态特征	再造空间的发展特点、特性
第二阶段（2016 年 12 月 1 日至 2017 年 2 月 20 日，共 39 例）	新天地－太平湖－新天地时尚－马当路－马当路尚马当路	黄浦区；与第一阶段比，增加了太平湖、新天地时尚、马当路，与淮海路形成环链。	里弄、街巷、石库门建筑、绿地、商圈、中型单体建筑、街道，形成多形态的"点－线－面"组合。与田子坊形成环链。与淮海路地区呼应	环链特征，属性：各区块、产业业态各有特色，空间上资源互补、有机融合：文化产业富集区、创意街区	里弄、街坊老宅与部分工业遗存区、历史文化风貌区并存的集中连片区的空间改造与利用
	嘉善路－尚街 LOFT 时尚园区－上海文化广场	黄浦区，原南市区毗邻绍兴路、新天地地区原法租界地区	里弄、街坊、片区、园区及内部混搭式中型单体建筑、道路，形成多形态的"点－线－面"组合；毗邻绍兴路、新天地地区组合样式体现了地区性	美容护肤、创意、互联网、动漫、广告、设计、艺术表演等、业态单体独立式门店、业态混搭式美容（美发+培训+美容+护肤+咖啡+沙龙）；地区性、中等规模的文化产业富集区之一	里弄、街坊老宅与部分工业遗存区、历史文化风貌区并存的集中连片区的空间改造与利用
	乌鲁木齐路沿线	静安区、徐汇区；北段属静安区、中段、南段属徐汇区	街道、街区；依托法租界风貌区的沿街式文化创意走廊	美食、餐饮、服装、广告、创意小店；依托法租界风貌区的沿街式文化创意走廊	城市文脉、特色街道、街区、风貌区的资源调整、整合和升级
	新闸路－南苏州河路－苏河湾－石门一路公园－九子公园－石门一路街道－东西斯文里一线	黄浦区；与第一阶段比，考察范围更广，考察线路成环形折返	街道、沿河岸线、片区、园区、里弄、形成多形态的"点－线－面－带－轴"组合；群组、组团式	创意园区、艺术门店、文化展览、工业设计、青年旅游、户外旅游网；依托工业遗存、文博遗址	文化产业业态综合发展空间体、富集区

续表

考察阶段	案例地或项目	空间分布	形态组合	业态特征	再造空间的发展特点、特性
	外滩 - 外滩源 - 豫园	黄浦区；黄浦外滩沿线	滨江岸线、带状、片区、西式建筑群、民俗节庆园区、散布以小型园区；其中的"外滩源"为英国领事馆旧区遗存，附近以街道、码头、公共绿地等形式，将创意门店、小型园区、西式建筑等串联在一个场域空间里	城市内部休闲游憩、观光、建筑遗产、文化体验、节庆民俗、西餐厅、酒店、品牌展示；其中的"外滩源"为英国领事馆旧园区遗存，附近以创意门店、小型园区、西式建筑为特色	城市文脉、特色街道、街区、风貌区的资源整合和升级
第二阶段（2016年12月1日至2017年2月20日，共39例）	凌空SOHO地区	长宁区；邻近虹桥机场、虹桥火车站	大型组合式建筑群、广场、立体式、空间串联	科创公司、物联网、旅游、商务文化产业；携程总部所在地	航空、铁路枢纽等国际化程度较高地区的文化产业空间发展、再造
	乐虹坊-万象城-地下博物馆	闵行区吴中路、地铁10号线紫藤路站出口；毗邻虹泉路"韩国街"	大中型城市综合体、单体建筑、地下空间场地，形成"地铁+综合体+其他建筑"多形态组合；地铁的空间功能	城市休闲、购物、文化娱乐、餐饮、电影院、亲子互动、文博展览、生活服务产业等，城市博物馆+主题性博物馆，在空间上互为补充；业态各有特色	大中型城市综合体的空间再造及附属空间的空间再造
	浦东花木街道及地铁站内地下商街	浦东新区；世纪公园地区	街区、开放式公共空间、商务楼群、文博展馆、地下空间场域	国际商务、文化休闲、服装设计、互联网、国际进出口文化商品、饰品、文创产品开发、少数民族展览、文博展览、西餐与各国餐饮；花木街道为上海著名的欧美社区之一，国际化特征明显	国际化社区的空间影响和空间再造

续表

考察阶段	案例地或项目	空间分布	形态组合	业态特征	再造空间的发展特点、特性
	衡山路－复兴路文化风貌区	徐汇、黄浦区的原法租界区域	街区、风貌区；原法租界地区，以花园洋房、法国梧桐等为特色	美食、餐厅、酒吧、服饰、艺术展览、广告设计创意门店，以花园洋房、法国梧桐等为特色	城市文脉，特色街道，街区风貌区的资源整合和升级
	宝龙广场	闵行区七宝、嘉定区；坐落于郊区环城地带的连锁型商业地标	中型城市综合体，单体式建筑	中等规模城市综合体，休闲、美食、购物、亲子、时尚等业态	大中型城市综合体空间再造
第二阶段（2016 年 12 月 1 日至 2017 年 2 月 20 日，共 39 例）	魔术主题文化创意综合体：红土天阶	嘉定区；老城区的南门地区	中型复古式建筑群，红墙外观设计，魔术主题和时尚元素的雕塑与墙绘广场；由多部手扶式电梯，多条建筑不同建筑空间的回廊将不同建筑空间贯通	魔术主题、艺术展馆、健身会馆、文化综合体，4000 平方米巨幕电影院）；与中国著名魔术师傅腾龙、傅琰东父子合作，打造魔术主题的文化产业空间，走秀、开展节庆、表演、竞赛、亲子等活动，致力于上海嘉定南门地区时尚文化产业新地标	文化产业业态综合发展空间、富集区
	北虹桥 F.E.U 1985 时尚创意园	嘉定区江桥，地理上属于北虹桥地区	由中原老工业厂房改建而成，以大型片区建筑为主，三层建筑；内部街道、回廊、建筑外观、内部装修、贯通通道已完成	园区，以文创公司、文化创意、设计、艺术、展览为主	工业老厂房改造为文化产业园区、创意园区
	上海 5D 文化创意园区	长宁区	由里弄、街巷改建而成，以内部的沿街铺面为主，小型片区、园区	园区，以文创公司、广告、工业设计为主	里弄、街坊、老空间改造

续表

考察阶段	案例地或项目	空间分布	形态组合	业态特征	再造空间的发展特点、特性
第二阶段（2016年12月1日至2017年2月20日，共39例）	DI国际创意空间	徐汇区，天钥桥路909～915号居民区内	由居民区内的旧宅改建而成，为两幢相邻的建筑体；通过改建，两幢建筑体已合围成一个贯通相连的空间	文创公司、创客空间、互联网、艺术设计、广告、新媒体；以广告、新媒体等互联网文创公司为特色	街坊老宅的空间改造
	长风公园周边地区及长风景畔广场	普陀区，长风公园地区与华东师大、曹杨新村毗邻，东临环球港，长风景畔广场已升级改造为"长风大悦城"	公共空间、城市综合体、休闲广场，为绿地的开放式场域；与华东师大、曹杨新村毗邻，东临环球港	城市综合体内所有业态＋城市休闲游憩＋文化广场；长风景畔广场已升级改造为"长风大悦城"	文化产业业态综合发展空间体、富集区
	上海老码头	黄浦区，中山南路505号；黄浦滨江地区，3A级景区	片区、园区、中小型建筑群，小广场，原十六铺，家码头的沿黄浦江一带，由码头旧址改建而成	园区，城市休闲游憩，观光、创意，文化产业、餐饮、咖啡厅，创意园区，3A级景区	集中连片工业区，工业遗存整体改造为文化产业园区、创意园区
	长宁红坊166	长宁区，淮海西路570号	民居和工业遗址改建而成，多层建筑体	设计、广告、艺术、展览、沙龙、文化交流、文创产品发布以艺术、文创为主	街坊老宅的空间改造
	lime-friends主题馆	黄浦区，淮海路与思南路路口，淮海中路666号；地铁13号线淮海路站出口	旧宅、老洋房改建而成，为三层连体式建筑	国际品牌LINE的系列文创产品及衍生品的展览、销售、服务等；中国第一家LINE主题馆	街坊老宅的空间改造

续表

考察阶段	案例地或项目	空间分布	形态组合	业态特征	再造空间的发展特点、特性
第二阶段（2016年12月1日至2017年2月20日，共39例）	闵行九星村－九星市场	闵行区，连接古美街道与七宝地区；临近七宝地区，为外环路、漕宝路、平南路合围地带	城中村，开放式场域	建材家居类的全面升级改造；原为大型建材批发市场，现正在升级改造，定位为国际化家居生活、建材装饰，文创设计的大型园区	城市里弄、街巷的片区化改造与空间升级
	浦东五馆（上海博物馆东馆、上海图书馆东馆、浦东美术馆、世博文化公园、上海天文馆）	浦东新区，陆家嘴地区；空间分布上相近；打造浦东文化新地标	大型单体建筑及附属设施，开放式综合性场域；均位于浦东陆家嘴地区，遥相呼应，形成更大维度意义上的建筑群组；空间分布相近；打造浦东文化新地标	文化艺术、文博展览、文艺表演、图书、科普、文化休闲游憩；空间上的业态和功能的共享、互补	大型文化场馆的新建、再造
	中华艺术宫	浦东新区，原世博园区浦东展馆区域，滨江地带；与梅赛德斯－奔驰文化中心、世博中心为邻，构成新地标建筑群	大型单体建筑，组团式建筑群之一；与梅赛德斯－奔驰文化中心、世博中心为邻，构成新地标建筑群	文博、展览、艺术、文创；与梅赛德斯－奔驰文化中心、世博中心在业态定位和功能上各有特点，在空间上实现共享、互补	文博遗产的重构、再造
	上海历史博物馆新馆	黄浦区，南京西路东段	中型建筑及附属建筑	文博、展览、讲座、读书文化沙龙	文化场馆的重构、再造
	沪西工人文化宫新馆	普陀区，曹杨路东段；凯旋北路与曹杨路、武宁路两路大主干道合围地带，地铁3号线、4号线曹杨路站站出口	大型综合性单体建筑，坐落于较大的开放式场域空间内；与周边泊、城市公园、商圈、商街、单体建筑、地铁站、高架路等在外观形态上形成互补	文化活动、文娱表演、艺术教育培训、文创公司、创意门店	文化场馆的重构、再造

考察阶段	案例地或项目	空间分布	形态组合	业态特征	再造空间的发展特点、特性
第三阶段（2017年8月1日～15日，共5例）	新七星滑雪场	闵行区，七莘路与顾戴路路口	中型建筑体	体育文化产业、冰雪运动体验、竞赛、少儿培训	体育、休闲、培训、娱乐等多业态的专题性文化产业空间
	佘山深坑酒店	松江区，佘山地区	下沉式建筑	酒店服务业、观光产业	休闲、旅游、酒店、服务等业态融合的空间创新
	虹桥天地－言几又剧院及附属广场	闵行区申长路，虹桥枢纽地区；着重考察虹桥天地场外的空间	大型城市综合体、建筑群、开放式广场，室内空间，通过地铁、街道、天桥等实现立体式串联	购物、休闲、娱乐、亲子、餐饮、剧院、电影院、教育培训、新式书店、恐龙主题展、NASA太空展、文化广场等，大型城市综合体内的各种业态，一站式特点；通过地铁、街道、天桥等实现立体式串联，业态和功能齐全	大中型城市综合体及附属空间的空间再造
	万象城	闵行区吴中路，地铁10号线紫藤路站出口；毗邻虹泉路"韩国街"，地铁博物馆，乐虹坊	大中型城市综合体建筑；与周边的虹泉路"韩国街"，地铁博物馆，乐虹坊形成"点-线"组合样式	购物、休闲、娱乐、亲子、餐饮、电影院、教育培训等，一站式大中型城市综合体内的各种业态，一定地域上，产业业态与功能的空间集聚	大中型城市综合体空间再造
	光启城	徐汇区，宜山路455号；内环高架宜山路路段，紧邻地铁4号线、9号线宜山路站出口	地铁+大中型城市综合体的空间功能	同上	同上

表 4 – 17　　　　　　　基于社会文化要素考量的上海文化产业
再造空间的发展路径、类型

编码	再造空间的发展路径、类型	立论思路、逻辑依据
A1	旧式里弄民居的空间场域的改造	
A2	街坊老宅的空间改造	
A3	里弄民居、街坊老宅与部分工业遗存区、历史文化风貌区并存的集中连片区的空间改造与利用	
A4	工业老厂房改造为文化产业园区、创意园区	
A5	集中连片工业区、工业遗存整体改造为文化产业园区、创意园区	
A6	文化场馆、文博遗产的新建、重构、再造	本书有关上海经验或模式方面的探讨和研究，其立论的逻辑思路和依据：以产业 – 地方人文的互动关系为基础，基于对上海特殊的一种或几种社会文化要素的考量，形成的带有反映人文 – 产业共性特征的若干种发展路径和范式
A7	城市文脉、特色街道、街区、风貌区的资源整合和升级	
A8	大中型城市综合体的空间再造	
A9	文化产业业态综合发展空间体、富集区	
A10	文商旅空间混搭融合："旅游度假 – 文化休闲 – 创意产业"的场域建构	
A11	国际化社区的空间影响和空间再造	
A12	航空、铁路枢纽、领事馆等国际化程度较高地区的文化产业空间发展、再造	

　　第四步，对已归类的空间发展的不同路径、类型，再次基于社会文化要素的考量，对具有共同属性特征的路径和类型进行比对、合并、归类。以 A ~ D 的形式编码，共四大类。依此四大类，对合并前的同一类别，分别以 A1 ~ A3、B1 ~ B3、C1 ~ C4、D1 ~ D2 的序号重新编码。由这四种发展路径和类型，进而研判和推演出对应的四种性质、特征，汇总后，最终推敲、提炼和归纳为四种经验、模式，即，社区赋能：旧式里弄民居、街坊老宅及附属地的空间改造；地方性再生：工业遗存、文博遗产的迭代更新；"文""商""旅"业态融合：业态融合创新下的空间优化与场域重构；跨文化的场域"对榫"：国际化影响的文化产业空间自觉（见表 4 – 18）。

表 4-18　基于社会文化要素考量的上海文化产业空间再造的发展模式的归类、推演

空间发展的路径、类型（12个）新编码：A1~D12	代表性范例	基于共同属性的路径、类别的归类（4种编码：A~D）	性质、特征（4种）	经验 模式（4种）
旧式里弄民居的空间场域的改造（A1）	田子坊、新天地	旧式里弄民居、街坊老宅及附属地方的空间改造（A）	社区的赋能赋新	社区赋能：旧式里弄民居、街坊老宅及附属地方的空间改造
街坊老宅的空间改造（A2）	长宁红坊166、LINE-FRIEND主题店			
里弄民居、街坊老宅与部分工业遗存区、历史文化风貌区并存的集中连片区的空间改造与利用（A3）	虹口区及北外滩、1933 老场坊及周边"四区一心一谷"			
工业老厂房改造为文化产业园区、创意园区（B1）	同乐坊、北虹桥 F. E. U1985 时尚创意园	工业遗存、文博遗产的迭代更新（B）	地方性的产业再生	地方性再生：工业遗存、文博遗产的迭代更新
集中连片工业区、工业遗存区整体改造为文化产业园区、创意园区（B2）	苏河湾地区、苏河南岸文化创意产业园、上海老码头			
文化场馆、文博遗产的新建、重构、再造（B3）	沪西工人文化宫新馆、浦东五馆、中华艺术宫、自然博物馆			

续表

空间发展的路径、类型（12 个）新编码：A1~D12	代表性范例	基于共同属性的路径、类别的归类（4 种编码：A~D）	性质、特征（4 种）	经验、模式（4 种）	
城市文脉、特色街道、街区、风貌区的资源整合和升级（C1）	山阴路文化名人街区、绍兴路文化街、吴江路休闲街、乌鲁木齐路一带	业态融合创新下的空间优化与场域重构（C）	"文""商""旅"等多元业态的融合、创新	业态融合创新下的空间优化与场域重构	"文""商""旅"街区式的串联：城市文脉、特色街区的升级优化（C1）
大中型城市综合体的空间再造（C2）	大悦城、环球港、怡丰城、光启城、万象城				"文""商""旅"综合体式的综合空间再造（C2）搭建："城市综合体"的文旅商展共融化与场域重构（C2+C3）
文化产业业态综合发展空间富集区（C3）	魔术主题文化产业综合体："红土天阶"、长风公园周边空间				
"文商旅"空间混搭融合："旅游度假－文化休闲－创意产业"的场域建构（C4）	迪士尼乐园、黄浦江滨江廊道贯通工程				"文""商""旅"片区式的融合："旅游度假－文化休闲－创意产业"的场域建构（C4）
国际化社区的空间影响和空间再造（D1）	虹泉路一条韩国街、古北路地区、浦东花木路地区	国际化影响的文化产业空间再造（D）	跨文化的空间场域的链接和"对榫"	跨文化的场域"对榫"：国际化影响的文化产业空间自觉	
航空、铁路枢纽、领事馆等国际化程度较高地区的文化产业空间发展、再造（D2）	虹桥天街－虹桥天地地区、"虹桥－古北"空间环链地区、娄山关路－新虹桥地区的东、南、西三线				

上述内容是本书对上海文化产业空间再造发展模式的研究思路和研究过程。在发展模式研究中，始终贯穿以历史、人文、区位、产业、社会发展等上海特有的地方性社会文化要素及其关联关系为研究的立论维度和逻辑依据，对走访和调研的 69 处典型案例地的空间属性的三个变量进行汇总，层层递进，通过一步步的归纳，最终推演出了上海文化产业空间再造的发展模式。

值得一提的是，经过多年发展，上海文化产业空间再造进行着不断地融合、变革、创新，这个过程带来的是客观上空间再造发展模式的优胜劣汰和结构优化。方田红、曾刚在多年前对"往往是多种基本路径相结合的复合模式，75 个园区中，有 56 个属于复合型发展模式，只有 19 个属于单一型发展模式"① 的研究结论，也同样已发生了新的变化。基于本书选取的立论视角、逻辑依据、研究思路，笔者发现，至少在对再造空间发展具体路径、类别的归类过程中，在对具有共同属性的类型的再次归纳过程中，在上海，复合型发展模式的案例在减少，而具有某一种或两种关联关系的共同属性、经验、路向、态势的发展模式的案例在增加。通过对上海文化产业空间再造的最新研究，还可以发现，经过近年来上海文化产业空间再造的发展、融合、变革、创新，越来越多的具有社会文化要素中的某一大类共同属性的空间，其发展模式越来越显化地朝着一个具有共性特征、共同范式的较为成功的发展模式和路向去集合，并最终演化为具有普适性和地方发展特征的稳定而成功的几大模式和路向。这种模式和路向的集合，不是简单的合并，而是有选择的优化，是基于上海特有的地方性社会文化要素基础上的发展模式上的优化选择。上述由此归纳出的四种"上海模式"，能呈现出它们各自的稳定性、共性特征的发展基因，能反映出当下上海文化产业空间再造的崭新面貌和发展格局，呈现着上海文化产业再造空间的自我发展、融合、变革、创新的过程，反映着最优化发展模式和路向的优胜劣汰的选择性规律，是上海特有的地方性社会文化要素影响下的空间再造发展规律和范式的必然结果。

4.3.2 社区赋能：旧式里弄民居、街坊老宅及附属地的空间改造

旧式里弄民居、街坊老宅是上海城市空间风貌的常见形态，在空间上大

---

① 方田红，曾刚. 上海创意产业园区空间分布特征及空间影响 [J]. 社会科学家，2011（8）：59－63.

量分布。作为原有的居住功能空间，面临城市拆迁或空间转向问题，在城市更新、产业升级的宏观背景下，空间再造成为众多市区旧式民居改造的必由之路。

正如表4-19中归纳，共有三种具体的空间发展路径和类别：以田子坊及周边泰康路地区、新天地及周边马当路地区为代表，是传统的市区旧式里弄民居的空间场域整体改造的发展路径；以长宁红坊166、LINE-FRIEND主题店为代表，是传统的市区街坊老宅的空间载体的内外部改造；以虹口-北外滩地区、1933老场坊及周边"四区一心一谷"地区为代表，都是以里弄民居、街坊老宅为主要功能空间，周边地区一般都具有一定的地域性社会文化要素和发展文化产业的先天条件，有一定的人文属性，有利于里弄民居、街坊老宅与部分工业遗存区、历史文化风貌区并存的集中连片区的空间改造与利用。

表4-19　　　　　上海文化产业空间再造发展模式之一：社区赋能

经验、模式	性质、特征	基于共同属性的路径、类别的归类的类型编码：A	具体的空间发展的路径、类别（3个）编新码：A1~A3	代表性范例
社区赋能：旧式民居及附属地方的空间改造	社区的赋能、赋新	旧式民居及附属地方的空间改造（A）	旧式里弄民居的空间场域的改造（A1）	田子坊、新天地
			街坊老宅的空间改造（A2）	长宁红坊166、LINE-FRIEND主题店
			老宅与部分工业遗存区、历史文化风貌区并存的集中连片区的空间改造与利用（A3）	虹口区及北外滩、1933老场坊及周边"四区一心一谷"

从走访和调研的实际情况看，人口众多、年数久远的里弄民居等旧式居住生活功能区，保持着强烈而稳定的人文属性，历史、区位、文化等因素持续而至关重要地影响着周边空间发展态势的机理关系，将社区、生活区赋以新的业态，优化业态空间的组合样式，旧瓶装新酒，是社区赋新；将社区、生活区赋以新的发展动能，由政府主导，各方力量共同推动，打造特色鲜明的业态空间形象，是社区赋能；将社区、生活区赋以新的产业量级，规划、整合有条件的老宅，盘活面积、空间、体量，辅以宣传和营销，是赋量。这种赋新、赋能、赋量的叠加效应，使得旧式居住空间实现功能转向和改造，是社区赋新式的空间再造模式。

以社区赋能的方式，对有再造和开发条件的旧式民居、街坊老宅，结合地区整体特有的社会文化属性和特征，进行的空间功能的转型、升级、再造，一般再造为以开放式的文化创意产业富集区、空间集聚特征的产业园区、创意园区、主题性文创产品展销空间等为主的形态样式。

4.3.3　地方性再生：工业遗存、文博遗产的迭代更新

上海是中国近代工业的发源地，这里出现了中国最早的一批工厂、码头、仓库、票号、商会、会馆等。工商业发达是上海的城市特性。时至今日，大量老厂房、老码头、老仓库等工业遗存，较多的老商会、老字号、老会馆、老收藏馆等文博遗产分布于上海市区，呈现一定的集聚性特征，这其中，以同乐坊、苏河湾地区、北虹桥 F. E. U1985 时尚创意园等为代表。

正如表 4 - 20 中归纳的，共有三种具体的空间发展路径和类别：以同乐坊、北虹桥 F. E. U1985 时尚创意园为代表的，是工业老厂房改造为文化产业园区、创意园区的路径和类别；以苏河湾北岸地区、苏河南岸文化创意产业园、上海老码头为代表的，是集中连片工业区、工业遗存整体改造为文化产业园区、创意园区的路径和类别；以沪西工人文化宫新馆、浦东五馆、中华艺术宫、自然博物馆为代表的，是文化场馆、文博遗产的新建、重构、再造。

表 4 - 20　　　　上海文化产业空间再造发展模式之二：地方性再生

经验、模式	性质、特征	基于共同属性的路径、类别的归类的类型编码：B	具体的空间发展的路径、类别（3 个）编新码：B1 ~ B3	代表性范例
地方性再生：工业遗存、文博遗产的迭代更新	地方性的产业再生	工业遗存、文博遗产的迭代更新（B）	工业老厂房改造为文化产业园区、创意园区（B1）	同乐坊、北虹桥 F. E. U 1985 时尚创意园
			集中连片工业区、工业遗存整体改造为文化产业园区、创意园区（B2）	苏河湾地区、苏河南岸文化创意产业园、上海老码头
			文化场馆、文博遗产的新建、重构、再造（B3）	沪西工人文化宫新馆、浦东五馆、中华艺术宫、自然博物馆

位于海防路的同乐坊，地处静安区海防路与西康路的三角地带，虽场域面积、空间体量不大，却是近代上海市中心地区工业厂房、遗存、旧址较为集中的区域。其空间的组合形态以小范围空间集聚为主，园区内道路不宽，

建筑间距不大，空间虽是开放式的，但基本都以内部人员为主，只在园区内南片区内以餐饮、艺术、展览为主要业态的地域里有部分外来的本市居民或游客。同乐坊的知名度很大，这在于它空间再造模式的成果。将工业老厂房区改建成创意园区的范例不少，但同乐坊却是少有的具备了中心城区内工业老厂房依托街坊发展的空间形态，凭借这一场域特殊性，加以空间利用、改造、包装、宣传，着重发展文创类中小型创新创业公司，使得一大批中心型双创公司入驻，在同乐坊的街道较窄、场域空间紧凑的空间格局和样式中，集约化地进行艺术创作、产业创新、资源价值的创造。厂房式的小型建筑群落反而成为同乐坊远近闻名的优势和特色，进行着旧式少有的街坊式工业遗存区的迭代更新和地方性特征的重塑。

总体上，同乐坊的空间形态是街坊式老工业遗存空间，业态特征属性是美食、文艺展览、文创公司集聚、创意产业园区、静安区创业示范中心、创客空间、文创公司＋文化产业园区。从空间的平面分布看，同乐坊园区分为三个部分：南区，以美食、小型演艺、艺术、展览等业态为主；西区，以创客空间、示范性创业中心、创意公司、工作室等业态为主；北区，以文创、艺术、设计、在线旅游、咨询、策划等中小型双创公司为主。其中，以西区、北区的文创类公司最为集中，这也是同乐坊最具场景产业创造力的板块，也是具有工业厂房的地方性特征的产业再生的板块。

工作于这个空间场域的人员，与旧上海老工业厂房里的工匠做着相同而不同的事：相同的是，都在同一个空间里，通过自己的劳动和智慧努力工作，实现了时空穿越和超时空的对话；不同的是，现代工匠在这个场景再造的空间场域里，通过创意、设计、艺术等文化产业的业态形式，发挥创造力和想象力，在现代工业文明的环境下还原文化记忆，体验着空间化的文化记忆的再现与穿越，实践着文化产业在特定空间里的地方性再生。

苏河湾地区工业基础雄厚、厂房仓库码头众多、商业发达、文博事业生机勃勃。一大批上海乃至中国最早的工业空间使苏河湾地区成为上海重要的老工业发展功能空间区域，构成了独具上海城市地域特色的特有的社会文化要素——中国近现代工商业发达。苏河湾地区，尤其是现黄浦区新闸路段的苏河湾地区，留下了众多宝贵的老厂房、老仓库、老建筑、老码头、老票号、老收藏馆、商业商会、同乡会馆等旧址。工业遗存、文博遗产资源丰富多样，使得对苏河湾地区的工业遗存、文博遗产的文化产业空间改造成为一种可能和必然。将苏河湾工业遗存改造为文化产业园区、创意园区，使其焕发生机，实现迭代更新，创造一定的产业价值，这种模式已是近些年上海文化产业空间再造的典范之一。除了众多文创公司、艺术展览、设计策划、旅游民宿等业态入驻外，杨虎城将军社会福利会上海中心、中国新三板研究院等机构也在这里挂牌。

位于嘉定区江桥的北虹桥 F. E. U1985 时尚创意园，行政上属于嘉定区，区位上属于长宁区的北虹桥地区。其空间组合形态为中小型片区、产业集聚式园区，由原老工业厂房整体翻新、改建而成。其中有多座工业厂房、仓库、酒坊等中小型建筑群，以两层、三层建筑为主，通过整个空间场域里的内部街道、回廊、扶梯等，建筑群得以贯通串联。该创意园于 2017 年 11 月正式开业，业态以文化创意、设计、艺术、展览为主。作为嘉定区政府重点扶持和打造的大虹桥地区的代表性产业园区，还会进行后续空间的完善、提升，引进和举办文化创意类的活动。随着大虹桥地区的开发，北虹桥 F. E. U1985 时尚创意园所在的地域的区位条件日益凸显。由政府主导，将这一地域原本几近废弃的工业空间加以利用，更新换代，使得工业空间转化为文创空间，在北虹桥地区再造了一个有鲜明特色的时尚创意园区。这性质和特性上，属于地方性再生和迭代更新。北虹桥 F. E. U1985 时尚创意园是上海地方性再生式的工业遗存、文博遗址迭代更新的空间再造模式的范例。

4.3.4 "文""商""旅"业态融合：业态融合创新下的空间优化与场域重构

随着文化产业以不同形态、业态的面貌快速发展，业态融合已成文化产业空间再造发展的常态形式。上海部分案例地区中体现的文化、商业、旅游三大业态的"文""商""旅"业态融合，是将"文化及相关产业"的共十大部类中关系最紧密、相关度最高的三个业态实现充分融合，体现了上海部分案例地区鲜明的地方性特征。

正如表 4-21 中归纳的，共有四种具体的空间发展路径和类别：以山阴路文化名人街区、绍兴路文化街、吴江路休闲街、乌鲁木齐路一带为代表，是城市文脉、特色街道、街区、风貌区的资源整合和升级；以上海大悦城、环球港、怡丰城、光启城、万象城为代表，是大中型城市综合体的空间再造；以魔术主题文化产业综合体红土天阶、长风公园及周边地区为代表，是文化产业业态综合发展空间体、富集区的创建与改造；以上海迪士尼乐园、黄浦江滨江廊道贯通工程为代表，是旅游度假-文化休闲-创意产业类文商旅业态融合的场域建构。

表 4 - 21　　　上海文化产业空间再造发展模式之三："文""商""旅"业态融合

经验、模式		性质、特征	基于共同属性的路径、类别的归类的类型编码：C	具体的空间发展的路径、类别（4 个）编新码：C1 ~ C4	代表性范例
"文""商""旅"业态融合：业态融合创新下的空间优化与场域重构	"文""商""旅"街区式的串联：城市文脉、特色街区的升级优化（C1）	多元业态的融合、创新	业态融合创新下的空间优化与场域重构（C）	城市文脉、特色街道、街区、风貌区的资源整合和升级（C1）	山阴路文化名人街区、绍兴路文化街、吴江路休闲街、乌鲁木齐路一带
	"文""商""旅"综合体的搭建："城市综合体 - 产业发展共同体"的空间再造（C2 + C3）			大中型城市综合体的空间再造（C2）	大悦城、环球港、怡丰城、光启城、万象城
				文化产业业态综合发展空间体、富集区（C3）	魔术主题文化产业综合体："红土天阶"、长风公园周边空间
	"文""商""旅"片区的融合："旅游度假 - 文化休闲 - 创意产业"的场域建构（C4）			"文""商""旅"空间混搭融合："旅游度假 - 文化休闲 - 创意产业"的场域建构（C4）	上海迪士尼乐园、黄浦江滨江廊道贯通工程

　　山阴路、绍兴路、吴江路、乌鲁木齐路等，基本都是基于道路的线性形态，向道路两端和道路的内部纵深延伸和扩展，形成具有一定文化风貌特色的街区。山阴路是文化名人街区；绍兴路是以新式书店混搭咖啡厅的形式完成再造的具有小资情调的文化休闲街区；原先作为著名小吃街的吴江路，也华丽升级为休闲文化街区，其所处的南京西路地区商业发达、文化多元、人流众多，加之位于吴江路东西两侧的地铁 12 号线、13 号线南京西路站的开通，吴江路最终呈现了与东西北三个面向的空间串联，形成了"空间环链"态势；乌鲁木齐路位于原法租界内，自北向南延伸，路边遍植法国梧桐，街道两侧西式洋房、花园住宅鳞次栉比，创意门店也独具海派风格，使得乌鲁木齐路汇集了居民、游客、资本、文化资源等要素，人气颇旺，年轻人众多，空间和产业的叠加效应明显，文、商、旅三大业态充分融合，形成了独具海派特色的街区风貌。将特色道路发展形成特色街区，进而进行文化产业的发展和空间的改造，这种业态融合，其空间再造的路径特性可归纳为："文""商""旅"街区的串联，城市文脉、特色街区的升级优化。

　　大悦城、环球港、怡丰城、光启城、万象城等，基本都以大型城市综合体的单体建筑或建筑群的形态呈现，建筑面积、空间体量都较为庞大，有的还具有宫殿式的外观、外挂摩天轮的外观、圆球巨体等新颖别致的外观。上海大悦城以建筑顶端外挂摩天轮的外观呈现，环球港以超大型连体宫殿式的外观呈现，怡丰城以巨型立体式球体建筑体的外观呈现。

红土天阶、长风公园及周边地区，基本都是以文化产业业态融合、功能齐全的大型文化产业富集体的形态呈现，根据形态、业态特征，笔者将这一类型空间体称为"文化产业发展共同体"。它不同于城市综合体，主要不以固定的建筑载体的形态呈现，而是以"空间载体+场域"的形式呈现，以某一特色或主题为主，配以文商旅多元业态。活动地域可在室内可在室外，更具开放性，参与度和互动性更强。如以魔术为主题的红土天阶，由几个中小型建筑体形成的建筑群、开放式广场、演艺互动中心、宽屏幕现代化电影院等构成；长风公园及周边地区，则以城市公园为中心，周边分布休闲广场、购物中心、海洋水族馆等，城市休闲娱乐的特色明显。

上述的大型城市综合体和文化产业发展共同体，都是文化产业富集地区，并都以建筑载体的单体式或组合式的形态呈现，反映着上海文化产业空间发展和再造中非常重要且日益增多的途径。通过这种形式，实现业态在一个空间场域范围的充分融合，其空间再造的路径特性可归纳为："文""商""旅"综合体的搭建，"城市综合体－文化产业发展共同体"的空间再造。

最后一种，以上海迪士尼乐园、黄浦江滨江廊道贯通工程等为代表，它们是以文促旅、商务休闲、文商旅互相渗透的空间发展形式。上海迪士尼乐园、黄浦江滨江地区的整体贯通，都体现了业态融合下的对特定空间场域的规划、设计、整合、改造。迪士尼乐园在远郊，空间上具有团组特色，形成一个以大型度假区为主要形态的文化产业富集片区，也是环上海文化产业休闲空间带上的重要节点和环圈。黄浦江滨江廊道以黄浦江沿江的南北线及片区为轴带，这个轴带也是上海城市宏观文化产业空间分布中"一轴、两河、沿海、多组团①"规划中的"一轴"。这个轴带贯穿了北外滩地区、陆家嘴地区、外滩地区、原世博园区的浦东片区、徐汇滨江地区等，被打造成上海的都市港湾创意街区、创新服务区、文化观光风貌区、文博遗产及会展区、艺术时尚休闲区，并形成文化产业富集片区。南北岸线贯通后，从总体上看，滨江岸线地区将成为上海重要的文化休闲产业风貌区和城市居民重要的休闲观光廊道和场域，业态齐聚，"文""商""旅"互动，旅游度假－文

---

① 花建. 面向 2020 年的上海文化产业空间布局 [J]. 上海城市规划, 2012 (3): 7－10.

化休闲 – 创意产业共融，具有大维度上的开放式和包容度，其空间再造的路径特性可归纳为："文""商""旅"片区的融合，"旅游度假 – 文化休闲 – 创意产业"的场域建构。

"文""商""旅"街区的串联——城市文脉、特色街区的升级优化、"文""商""旅"综合体的搭建——"城市综合体 – 文化产业发展共同体"的空间再造、"文""商""旅"片区的融合——"旅游度假 – 文化休闲 – 创意产业"的场域建构，这三种路向的发展模式的汇总，形成了上海特有的文化产业空间再造的模式——"文""商""旅"业态融合：业态融合创新下的空间优化与场域重构。

4.3.5　跨文化的场域"对榫"：国际化影响下的文化产业空间自觉

上海有着优越的地理和气候条件，经济发展环境和基础较好。作为国际化大都市的上海，经济发展、城市建设等成果举世瞩目，吸引着大量的海内外人士前来。诸多因素，使得上海的国际化特征日益明显，如表 4 – 22 所示。

表 4 – 22　上海文化产业空间再造发展模式之四：跨文化的场域"对榫"

经验、模式	性质、特征	基于共同属性的路径、类别的归类的类型编码：D	具体的空间发展的路径、类别编新码：D1 ~ D2	代表性范例
跨文化的场域"对榫"：国际化影响的文化产业空间自觉	跨文化的空间场域的链接和"对榫"	国际化影响的文化产业空间自觉（D）	国际化社区的空间影响和空间再造（D1）	虹泉路一条韩国街、古北路地区、浦东花木路地区
			航空、铁路枢纽、领事馆等国际化程度较高地区的文化产业空间发展、再造（D2）	虹桥天街 – 虹桥天地地区、虹桥 – 古北空间环链地区；娄山关路 – 新虹桥地区的东、南、西三线

2010 年，中国第六次人口普查①首次对常住外籍人口②进行调查。数据

① 根据《全国人口普查条例》和《国务院关于开展第六次全国人口普查的通知》，中国以 2010 年 11 月 1 日零时准时点，进行了第六次全国人口普查，普查对象是在中国（不包括港澳台地区）境内居住的自然人。本书中有时简称为"六普"。
② 常住外籍人口，是指在中国境内居住三个月以上或能够确定居住三个月以上的港澳台居民和外籍人员，但不包括出差、旅游等在境内短期停留的港澳台居民和外籍人员。中国"境内"，指海关关境以内，不包括港澳台地区。

显示：上海市外籍人口（不包括港澳台胞）为143496人，占全国外籍人口的比例为24.16%，来自214个国家和地区，外籍人数超过200人以上的国家和地区的有39个，呈现出国际化、多元化趋势。从国籍上看，上主要来自日本、美国、韩国、法国、德国、加拿大、新加坡、澳大利亚、英国及马来西亚，其中，日本、美国和韩国的外籍人员分别为3万人、2.4万人和2万人，占上海全部外籍人口数量的51%。从来沪目的看，就业、商务、学习占前三位；从居住时间上看，平均居住时间较长的境外人员主要来自韩国、马来西亚、新加坡、英国、法国、德国和加拿大，平均居住时间为21~22个月。

上海市常住外籍人口分布的空间集聚效应明显，并已形成具有特定国籍、族群特色的外国人社区。以闵行区虹泉路地区为例，该区域邻近地铁9号线合川路站、10号线龙柏新村站、紫藤路站、大型城市综合体万象城、虹桥地区主干道吴中路。东西走向的虹泉路，以韩式美食、购物、休闲、娱乐、文化创意、咖啡厅、文化商品等为主要文化产业业态，已形成韩国特色一条街，虹泉路地区也逐渐形成了韩国文化特色的街区。虹泉路地区周边东西走向的虹泉路两侧、吴中路－紫藤路沿线两侧、龙柏新村一带，形成了具有一定规模的外国人集聚的大中型移民社区——"韩国社区"，具有明显的国际化特色。另外，古北路地区，是日本人集聚的社区。浦东的花木路地区是欧美人集聚的社区。

虹泉路、古北路、花木地区，受到国际化的以居住生活为主要功能空间的外国人社区的影响，其周边的空间风貌，体现了以外观人集聚的居住功能和社会生活为主线而展开的地域特性。故而，其周边地区的文化产业的空间再造，主要以国际化影响的"居住＋生活＋文化产业再造空间的发展"这一路径生成、发展、演变，属于"国际化社区的空间影响和空间再造"的类型。

同时，以虹桥天街－虹桥天地地区、虹桥地区为代表，形成了国际化特色鲜明的商务、购物、娱乐、会展、公务、日韩特色街区、国际品牌展销快速发展的格局。虹桥地区临近地铁2号线娄山关路站、毗邻虹桥机场、虹桥火车站，北部有天山路商圈区、西部有多国驻上海领事馆区、东部有国际化时尚购物区，与虹泉路地区不同，虹桥地区更多受到国际化的以商务、公务、工作、购物、学习等为主的功能空间的影响。其周边地区的文化产业的空间再造，主要以国际化影响的"商务、公务＋生活＋文化产业再造空间的发展"这一路径生成、发展、演变，属于"航空、铁路枢纽、领事馆等国际化程度较高地区的文化产业空间发展与再造"的类型。

将虹泉路韩国社区与虹桥路国际化地区的空间特点、功能属性、业态特征、国际化影响因素等相结合，可以看出，居住、生活在虹泉路的韩国人，会优先选择参与餐饮、娱乐、休闲、交流等方面的日常化、常态化的文化产业活动；又会因为工作、购物、商务往来、办理签证等商务、公务的需要，前往邻近的虹桥地区。这一地区以文化产业为主要形态的各种空间和业态的载体场域的打造，小到主题咖啡厅的选址，大到针对特定人群的大型城市综合体的建设，都会受到国际化功能性空间不同特征属性的影响。总体上，这是一种跨文化的场域"对榫①"，体现着国际化影响下文化产业再造的空间自觉，是一种具有上海地方特色的文化产业空间再造模式。

4.4　上海文化产业空间再造的发展模式及特点

4.4.1　文化产业空间的想象力

在上海，新的文化产业空间载体以及文化产业空间再造的过程，体现出一种想象力，包含人对物的想象，人对非物的想象，体现出了上海文化产业特有的空间再造模式的特点，即在空间维度上的开放性、多元性和创造力，表达了其中的一种"具体和抽象的关系"。想象力是空间再造的前提和动力，贯穿于再造过程的始终，并进行着不断地修复、更新、完善。

这种想象力微观的表现形式，主要是在上海的特色街道、街区、创意产业园区等地，由墙绘、涂鸦、壁画、雕塑、海报、招贴画、地面设计、声光艺术、数字多媒体、动态荧幕、艺术性图案、个性设计摆件、文创单品等带有明显文化创意元素的具体物质构成的空间，或静态或动态，或平面或立体，在视觉、听觉、触觉上给人以冲击，这可以看成是一种"微再造"，以突出微感官体验、体现微创意文化空间。这更多的是对细节、具体、局部物象的技术性的空间处理和创造性的场景应用。

比如，位于长宁区的红坊 166，原为一幢旧式的上海民居老宅，它地处繁华的商业街区淮海西路 570 号，周围的花园洋房、海派里弄众多。由这幢旧宅改建而成的单体式多层建筑型文化产业空间，从外观造型、房体色彩、

---

①　榫，从木从隼（sǔn）。器物两部分利用凹凸相接法的凸出的部分：~子，~卯。具体是指，有榫眼、榫头和框架结构两个或两个以上部分的接合处。对榫，引申为对接、接合的意思，合理而恰到好处的对接、吻合。建筑学中，有"对榫结构"。

内部构造、砖石运用、装饰风格、光电技术、投影效果、美术设计、海报宣传、墙绘壁画、单品陈列等各处，都可以看出，经过了一番对细节的精心再设计、再创造。近年来，配以一系列颇具特色的小众化的文化产业创意活动，如创意秀、非遗展、发布会、展览会、观影沙龙等，红坊166已远近闻名，逐渐成为上海代表性的文化产业空间再造的创意性单品典范，众多各地的文艺青年慕名而来。

再比如，位于淮海中路666号的LINE-FRIENDS主题馆，其作为全球知名文创品牌LINE在中国的第一家主题馆，也同样选择了对原法租界这一地区的老洋房进行"微再造"的方式，打造标识性异常鲜明的文创空间。由花园洋房改建而成的三层连体式小型建筑，通过"微再造"，在不大的空间里充分呈现了具有LINE元素的风格特色。粉红色的内外部墙体、带有卡通图案的招贴画和玩偶、精心陈列的商品和文创衍生品，还有对灯光和阳台的设计、对咖啡和甜点区的考虑，在这个连体老洋房的小空间里，无处不体现出卡通、动漫、可爱、新颖、时尚、设计等微观元素和细节。一个墙绘的背景、一个新潮的橱窗、一个可爱的转角，都成为LINE迷们流连驻足的地方。在上海这所改造后的房子里，参与和体验"LINE-FRIENDS主题馆"这个物象空间里所传递的各种"非物象"的信息、符号、元素的人们，满足和扩充了自己对LINE品牌中关于各种人设、场景、故事的好奇心和想象力。

这些较为成功的上海"微再造"案例，将人们带到具体而微观的文化产业空间里，人与空间里的微元素互动的过程，也恰恰是文化产业空间"微再造"的想象力在人们脑海和思维中得以释放和实践的过程。事实上，人们在微观空间里的众多活动——主要通过参与和体验两种方式展开，有意无意间，实现了空间的客观想象力与人的主观想象力的投影、串联、链接。这是一个很有趣的过程，具有想象力的文化产业空间再造的载体，才能较好地实现这个过程。

想象力中观、宏观的表现形式，主要以上海的地铁站内、沿黄浦江一线、沿苏州河核心段一线、同济大学周边地区、大型购物中心和城市综合体、博物馆-艺术馆-展览馆、迪士尼乐园组团式游乐园区等地为代表，由地铁地下人行通道两侧墙体、路面、通道，沿黄浦江、苏州河两侧的水岸、廊道、旧时社区、工业遗址，大学周边沿街店面、园区、商务写字楼，城市综合体的外立墙、体量度、内部各文化产业业态组成的综合空间，各类型文化艺术展馆的外部设计和内部展区，游乐区域的单体及组合式建筑空间的扩展度、动漫形象、文化符号、总体空间的质感度和满意度等物质实体构成，以静态为主，动静结合，在体验中，通过各种感官，实现着对空间"体式"和"局式"的想象。和其他产业的空间再造不同的是，中观、宏观维度上的文化产业空间再造，可以通过由对物质载体的"象"的局部和整体的认识，扩展到对它所代表的文化产业的内涵和外延、文化背景和文化特色等方面的"体""式""势"的联想。借助建筑空间的造型结构、外立面的装潢效果、内部的设计和装饰艺术、物质载体间的搭配形式和空间关联关系、声光技术及效果等，对特定空间的想象力会无限放大，可以是抽象的，也可以是具象的。

更大维度上的空间想象力，往往依托新的文化产业空间实体得以实现。比如，来到同济大学周边业已形成的文化产业带地区，看到附近街道、店面、创意园区的空间布置、产业分布、设计元素等，就会联想到建筑创意、时尚装潢、文创家居、原创家私、个性摆件等文化背景和元素，进而联想到同济大学文化产业带所代表的建筑家居创意文化产业的这一特殊的"体式"，符号化的理解，扩展着对空间的想象。

迪士尼乐园作为远离市区的郊区文化产业岛，却具有空前的凝聚力，这是一种特有文化带来的聚合效应。在产业上，"聚集发展迪士尼项目产业链条上的文化创意、动漫设计、特色会展、影视制作、商业零售、体育休闲等产业，充分放大迪士尼主题公园的溢出效应"；① 而在空间上，它带来的不只是童话主题的幻境，还有这些幻境所带来的由产业空间集聚而衍生的各种想象力。游览迪士尼乐园，游客不会因为它坐落于空旷的郊野而觉得地域空间庞大，反而会更因为迪士尼乐园所代表的文化产业特质，形成对这一特定文化产业空间的喜好和价值判断。基于心理认知、满意度、体验感、舒适度等，在游玩体验过程中，对迪士尼乐园里呈现的各种动漫元素、卡通形象、城堡外观、建筑风格、游行队伍、演艺表演、烟花表演、夜场霓虹灯等，形成了一种既定场域的文化符号、文化背景的认同。游客在心理和意识层面，在这一文化空间里，实现了有机的跨国的场域"对榫"，达到了一定程度上的跨文化、跨地域的自然契合。迪士尼乐园里的各地游客，倘若拥有愉快的游玩体验，大多是超空间、超地域的文化体验。这种体验，扩展着对特定文化空间的想象力，造就了对原有"物象"在"体式"上的延展和释放。上海迪士尼乐园是近年来文化产业空间再造的典型实例。

再比如2010年上海世博会园区的浦东展馆区，由原世博展馆——中国主题馆改建而成的中华艺术宫，仅就建筑外观而言，中国风造型、中国式风

---

① 详见《上海市"十三五"规划（征求意见稿）》。

格、充满中国文化元素的设计和艺术效果，通过感官，会扩大和充实人们对这一实体载体和周边空间的想象力，进而赋予了其更大的文化艺术内涵，增加了基于这种特定条件下对这一特殊文化产业空间的共鸣、认知。这种感悟、共鸣、认知，是通过对空间想象力得以实现的。来此参观、体验的人们，大多已忘记当年"中国馆"的形象，展现在眼前的，是经过空间再造后的全新的"中华艺术宫"。与它毗邻的，有形状如同飞碟的梅赛德斯－奔驰文化中心——另一个新建、重构、再造意义上的新的文化产业空间载体，坐落在黄浦江东岸，与浦西的传统式的现代建筑遥相呼应，满足了人们对国际化、超现实、新奇感的空间想象。与它毗邻的，还有大型立方体单体建筑——世博中心，由 2010 年世博会集运营指挥、庆典会议、新闻中心、论坛活动等功能为一体的世博综合馆改建而成，其风格敦实、厚重，其内部随处可见极具艺术感的设计空间、现代感的艺术单品、时尚感的声光效果，其外部是庆典广场同时也是很多中小型艺术节、音乐节等节庆活动惯常举办活动的开放式空间。三个大型建筑体在各自的场域空间里，释放和再现着所有"非建筑"的想象力元素。它们体量庞大、造型各异、特色鲜明，分布在不同地理空间上，合理地构成一个大型的组团，形成了空间建筑群，矗立于黄浦江畔，空间呼应，动静相宜，构图立体，结构分明。尤其到了晚间，借助于灯光、声乐、多媒体艺术灯手段，三个造型各异的建筑、一个互相呼应的空间群，光彩奕奕，创造着一个特殊的想象空间，令人啧啧称奇。这不能不说是文化产业在国际化大都市发展的空间的现代化创新。

近年来，在上海文化产业领域新建再建的空间实体中，这种由特定场域文化产业空间扩展所特有的想象力的特征，表现得普遍较为明显，表现出了上海文化产业一定意义上的张力和创造力，这也与上海这座城市特有的文化特质、文化环境有关，与其特有的开放包容和创新融合有关。

作为现代大都市的上海，无疑有着众多需要高品质的、有创意的、充满着多元文化想象力的文化消费和文化体验的市民需求；文化产业空间的再造，首先便满足了他们的这些需求。没有开放性、创造力和想象力，很难实现。其中，既有"物"的想象，也有"非物"的想象，通过"物"的有形文化意义，想象"非物"的无形文化意义。比如，上海由花园洋房改造而成的 LINE-FRIENDS 主题馆是一个文化产业的具体的物象空间，参与和体验其中的人们，接收和回应着这一实体空间里所传递的各种"非物象"的信息、符号、元素，即关于 LINE 品牌中的各种人设、场景、故事的理解和感知，由此产生对 LINE 品牌的文化和记忆层面上的好奇心和想象力。信息、符号、元素、人设、场景、故事、文化、记忆，以及由这些逐级推演和产生的好奇心和想象力，属于"非物象"的空间范畴，属于心理和意识层面，丰富和扩充着原有空间的范畴。

人们对有形的物质文化产业空间有自己的文化阐释和理解，会产生诸如好奇心、想象力、探求欲等意识，达成一种心理的契合和默契。对物质空间的文化涵义，每个人的阐释和理解相同或不同。相同，则产生共鸣，体现了"物"的空间再造者的原创初衷，尤其是对有"主题"的文化产业空间载体而言。不同，会在心理达成一种自我暗示或妥协——这是一种基于心理学的文化暗示或文化妥协，即"羊群效应"，逐渐产生和增加对新生的文化产业空间的"性质、主题、功能"等的认同。由此，人们会普遍累积、放大自己在文化消费、文化体验过程中的畅快感、现代感，无形中也扩展着文化产业的空间度，"非物"的内容和范畴，在人们的意识里变得更多更大了。由此实现了的另一种空间再造——"文化产业空间的意识再造或心理再造"，具有主观性、主体性，却真实存在，给狭义上的"文化产业空间再造"赋予了新的内涵和外延，丰富和扩充着原有空间的范畴。

在众多新的创意感和现代感十足的文化产业空间载体里，上海模式实现了城市市民需求和文化生活供给之间的连接，它借助富有创造力的还原、修复、创新、再造、赋能等形式，体现对文化消费、文化体验的具有想象力的串联、链接，它通过"主体-客体"的互动，在"物"与"非物"的想象中，扩展和丰富着人们意识和心理层面对文化及文化产业的阐释和理解，由此，较好地达到文化资源配置和文化产业发展的理想状态。

4.4.2　区位的"人文-产业"特性

上海文化产业空间再造的新生态格局，潜移默化地影响了人们的日常生活方式，改变了人们部分的消费喜好，重构了城市的空间面貌，丰富了城市的精神气质。上海的空间再造模式中，以新建、更新、再造的产业空间为载体，表现出文化产业与人们的文化生活、文化产业与城市的人文特质、文化产业与消费升级、文化产业与城市发展空间等一系列相互联系、相互影响的关系的区位特征与人文属性。

上海模式中，在文化产业转型和消费升级的背景和语境下，这种空间再造上的区位特征和人文属性，也或可称为区位的"人文-产业"特性——区位，体现影响因素，是前提和落脚点，是重要属性；"人文-产业"，体现关联关系，以空间嵌入为特征，反映现实动向。

也就是说，空间上虽存在不同的地域分布、不同的形态样式、不同的业态特征，然而，在上海，新的空间载体的再造，不是无序的、无缘由的、无根据的再造，基本都与所在地域的区位特性和属性有关，与所在地域本身特有的社会历史人文的特色和风貌有关。新的空间载体的落成，也代表着新时代下的城市精神的丰富与拓展，成为地区性乃至城市级的地标性实体，较好地诠释、再现、活化着所在地域原有的独特的区位特征和人文属性。

比如，作为大型城市综合体的环球港，位于普陀区曹杨地区的金沙江路东段，坐落于金沙江路由西向东延伸入中心城区核心地带的重要支点以及中山西路高架由南至北连接中环周边各主要干道的城市枢纽上，西临长风公园地区，东临沪西工人文化宫新馆，连接宁夏路、凯旋北路、曹杨路地段，是浦西地区人流、车流、物流等的主要交汇处，周边有地铁 3 号线、4 号线、13 号线，有华东师范大学、曹杨新村等大型社区。这里曾是上海老工业、商贸发展的基地，曾是早期苏皖移民进入上海的重要通道，也是本地人口集聚的大型生活社区，这里人口稠密、门店林立、市集众多、商业发达。环球港所在地域原为曹杨路地区进入市中心纵深通道的关键节点，是位于普陀区核心地带的自西进入传统市中心的北、东、南的三角交汇地带，地理位置十分重要。这一地带，旧式的老公房、沿街商铺、街巷市场混合，空间再造势在必行。经过城市规划、拆迁，基于曹杨路地区特有的交通、区位、商贸、居住等特点和需求，在这一块大面积的开阔三角带上，进行了体量、级别巨大的城市更新活动，在旧城原址上新建了环球港这个大型的连体建筑群，再造了一个多业态、多功能的文化产业实体空间。环球港空间集聚、功能齐全、产业效益和辐射性强，短时间内便形成了良好的声誉和口碑，成为普陀区乃至上海浦西地区的文化产业新地标，交通、区位、环境、历史、人文特色，尽显其中。

其他，如基于国际化的交通、区位、物流、文化环境的位于虹桥机场、虹桥高铁地区的"虹桥天地－虹桥天街－虹桥汇"的立体贯通式建筑群组合的文化产业新空间，基于海派风貌的老上海民居、里弄、石库门、原法租界街道等的保护与开发的位于上海老城厢周边地区的"田子坊－日月光中心－泰康路"的文、旅、商属性兼备的平面连通式里弄－商圈－街区组合的文化产业新空间等，都全方位、更明显地呈现出这种空间相互影响的区位特征和人文属性。这种区位和人文的特性，还主要体现在以文化产业消费活动为视角的"休闲－产业"和"生活－产业"这两大维度，前者呈现出空间分布上的消费体验、文化产业业态的多元性、多样性，后者呈现出空间结构上文化产业在特定地域的生活嵌入性、区位关联性。

根据人们文化休闲活动展开的空间分布态势，从"文化休闲－文化产业"的关系中,可以看出区位空间体验、文化产业消费的多元性、多样性;根据日常文化消费地域的空间分布结构,从"文化生活 – 文化产业"的关系中,可以看出地域空间的生活嵌入性、区位关联性。

首先,是消费升级催生下的"文化休闲 – 文化产业"空间形态和分布的区位体验多元、多样性特性。在城市更新和空间再造的视角下,以人们围绕文化产业的休闲文娱活动为中心,分析和研判文化产业空间再造与区位人文之间的机理关系。笔者以上海居民日常文娱休闲活动依托的文化产业物质实体和空间载体为切入点,以手机社交软件平台"微信朋友圈"作为调查样本。分别选取节日及周末两个相异的时间段,通过手机微信端朋友圈当日好友上传的实时图片,关注研究对象和样本在所依托的文化产业空间实体中的活动时段、活动内容、人群或职业特征、年龄、空间位置、业态类型等变量,经过归纳、总结,探寻其文化产业活动开展的消费形式、空间性质、分布特征、产业中的人文属性等,以说明消费升级和注重文化体验需求的双重驱动下,上海文化产业空间再造的地理区位与休闲生活方式的关联关系和基本特点。通过对微信朋友圈活跃人群的休闲文娱产业活动内容及空间分布,重点考察"休闲 – 产业"维度下的区位体验、文化产业消费结构的多元、多样性(见表 4 – 23 和表 4 – 24)。

表 4 – 23　　　　　基于手机微信端朋友圈晒图的上海文化
消费活动及空间统计 1(节假日)

样本序号	昵称	活动时段	活动内容	职业(或与笔者关系)	年龄段	位置	晒图张数	出现人数	晒图主要内容
1	Circle	上午	休闲娱乐	朋友	青	上海莘庄	6	2	商场、VR 设备体验、大屏幕、人物
2	星星	上午	休闲骑行	朋友	青	上海共青森林公园	9	3	景色、人物、公共自行车
3	可乐果	上午	休闲美食	学生	青	上海	9	1	美食、自制蛋糕、自拍
4	Nikki	上午	休闲美食	朋友	中	上海	4	1	美食、餐厅内景
5	田雨儿	上午	休闲游玩	学生	青	上海	3	2	风景、街区、自拍
6	Steven	上午	休闲生活	朋友	中	上海	2	1	新式茶馆、安吉白茶

续表

样本序号	昵称	活动时段	活动内容	职业（或与笔者关系）	年龄段	位置	晒图张数	出现人数	晒图主要内容
7	律韵风舞	上午	文化消费、亲子	校友	中	上海虹桥天街	6	1	商场、儿童图书馆
8	THE	上午	休闲购物	学生	青	上海第一八佰伴商场	2	1	商场内景
9	Simona	上午	休闲美食	朋友	青	上海八七公社酒馆	9	2	美食、人物、自拍
10	秋心	上午	休闲生活	学生	青	上海	7	多人	餐厅、人流
11	上海米豆	上午	休闲生活	朋友	中	上海浦东世纪公园	6	多人	舞蹈、民族服装、风景
12	Simona	上午	SPA、美容美发	朋友	青	上海	4	1	SPA、美发效果、店内场景
13	Jiujiujiu	上午	美食	学生	青	上海吴江路休闲街	1	1	美食（水果、甜点）
14	元宝元宝想变得更有钱	上午	美食	学生	青	上海金虹桥国际中心	1	1	美食（日式料理）
15	别皱眉小姑凉	上午	休闲购物	学生	青	上海日月光购物中心	9	2	商场内景、商品、自拍
16	晴天	上午	休闲游玩	学生	青	嘉兴乌镇	9	1	风景、艺术厅内景、美食
17	Syto	上午	休闲参观	学生	青	杭州西湖	9	多人	花木、风景、人物、阿里巴巴总部
18	橙子	上午	休闲	学生	青	上海田子坊	6	2	咖啡厅、街道
19	ZDTS508	中午	休闲	学生	青	上海交通大学	4	0	花木、自行车
20	金金	中午	休闲游玩	朋友	中	上海顾村公园	9	多人	人流、美食、表演
21	第一颗纽扣	中午	休闲游玩	朋友	中	上海外滩	3	2	人流、街道
22	Simona	中午	休闲	朋友	青	上海新天地	9	多人	面包、咖啡
23	Simona	中午	休闲美食	朋友	青	上海新天地	9	多人	护肤品商店店景、咖啡厅

续表

样本序号	昵称	活动时段	活动内容	职业（或与笔者关系）	年龄段	位置	晒图张数	出现人数	晒图主要内容
24	Lena	中午	休闲	朋友	青	湖州	6	6	景色、自拍
25	美七	中午	休闲	学生	青	上海	3	2	景色、自拍
26	赵文文	中午	运动	朋友	中	上海 loft 体育馆	1	2	运动场馆内景
27	我是小老虎	中午	休闲娱乐	朋友	中	上海	视频	2	乐器制作过程
28	Ella	中午	旅游	校友	中	金华横店梦幻谷	视频	多人	游乐场设施
29	桑姆	中午	休闲游玩	学生	青	上海野生动物园	9	2	动植物
30	Ye	下午	旅游	学生	青	上海朱家角	2	多人	景色、人物、自拍
31	佳佳宁	下午	旅游	学生	青	无锡华美达广场樱花温泉	4	2	景色、樱花树、人物
32	小蜻蜓	下午	休闲	校友	青	上海	3	1	美食、巧克力、蛋糕
33	我是小老虎	下午	休闲娱乐	朋友	中	上海	2	1	乐器演奏、吉他
34	Chrislinda	下午	休闲	学生	青	上海	2	1	卡通玩具、自拍
35	金金	下午	休闲娱乐	朋友	中	上海好乐迪歌城	2	多人	唱歌、人物
36	王怜花	下午	休闲	朋友	中	上海豫园	3	多人	青团店、人流、街景
37	Hjh	下午	休闲游玩	学生	青	上海大悦城	9	1	摩天轮、商场内景、樱花树、自拍
38	唐妮妮	下午	休闲运动	学生	青	上海	5	多人	鲜花、盆景、花店、体育场跑道
39	王怜花	下午	休闲娱乐	朋友	中	上海尚都里	3	多人	餐厅内景、时尚街道
40	ScoXiao	下午	休闲	学生	青	上海科技馆	9	2	机器人、玩偶、展品
41	Sylvia	晚上	美食	学生	青	上海CASANOVA（外滩店）	9	2	美食、餐厅、夜景
42	QI	晚上	休闲生活	学生	青	上海	1	3	生日蛋糕、水果

续表

样本序号	昵称	活动时段	活动内容	职业（或与笔者关系）	年龄段	位置	晒图张数	出现人数	晒图主要内容
43	陆佳蕾	晚上	休闲生活	学生	青	上海	2	1	影音 app、iPad、电视节目
44	Shero Capricorn	晚上	美食	学生	青	上海	2	3	美食、自拍
45	悠悠	晚上	美食	学生	青	上海	6	3	美食、餐厅、夜景
46	庄二	晚上	休闲生活、儿童摄影	校友	中	上海	9	1	儿童照
47	旅行姚	晚上	参观	朋友	中	上海	1	1	宋庆龄故居外观
48	仁青白马	晚上	休闲	朋友	中	上海虹口公园	6	0	樱花、景色
49	唐妮妮	晚上	漫画	学生	青	上海	2	0	画本
50	孙建祥	晚上	夜跑健身	校友	中	上海	1	1	街道
51	天天	晚上	休闲	学生	青	上海美晶佳园	2	0	樱花、街道、冰激凌
52	Jiujiujiu	晚上	娱乐	学生	青	上海	3	0	卡通玩具
53	Ella	晚上	旅游	校友	中	金华横店	3	1	景色、人物
54	潘文焰	晚上	休闲踏青	朋友	中	江西婺源	9	1	景色、街道、人物
55	徐丽源	晚上	旅游	校友	中	镇江西津渡	9	3	景色、人物
56	元宝元宝想变得有钱	晚上	参观博物馆	学生	青	上海博物馆	2	1	导览图、上海青龙镇遗址考古展宣传册
57	THEYUKI	晚上	购物	学生	青	上海宝山	1	1	商城内景、化妆品
58	Xuxu	晚上	旅游	校友	中	丽水	8	2	景色、人物
59	董欣欣	晚上	观影	学生	青	上海嘉定	3	2	电影院、电影票、食品
60	阿文	晚上	休闲娱乐	学生	青	上海	9	2	街道、餐厅、人物

注：（1）统计时间为 2017 年 4 月 3 日 00：00～23：59，清明节假期第 2 天。（2）选取的样本为上海常住居民，多为笔者微信朋友圈好友。因对样本真实年龄、具体职业无从考量，故在"年龄段"一项中，以"中、青"分别指代中年人、青年人；"职业（或关系）"一项中，以"学生、校友、朋友"分别指代作为关系人的样本的三类情况。笔者将"学生"界定为青年人，"校友、朋友"界定为中年人。（3）本表以手机端微信朋友圈好友上传图片的时间为序，进行整理。整理活动时段时，不标识出具体活动时间点，只设定为"上午、中午、晚上"三个时段，并按作息习惯，由早到晚顺延排序。

资料来源：笔者调研整理。

表 4-24 　　　　　　基于手机微信端朋友圈晒图的上海文化
消费活动及空间统计 2（非节假日）

样本序号	朋友圈昵称	活动时段	活动内容	职业（或与笔者关系）	年龄段	位置	晒图张数	出现人数	晒图主要内容
1	上海米豆	上午	休闲生活	朋友	中	上海世纪公园	3	多人	舞蹈、民族服装、活动通告
2	佳佳宁	上午	休闲生活	学生	青	上海日月光中心	6	3	商场内景、餐厅外景、时装
3	陈挺	上午	参观	校友	中	上海 2577 创业大院	3	1	建筑、人物
4	伊拉拉	上午	休闲美食	校友	中	上海	6	1	美食、复活节海报、自拍
5	星星	上午	休闲	学生	青	上海	6	2	风景、街区、自拍
6	Syto	上午	休闲生活	学生	青	上海 SFC 上影影城	6	2	电影票、日式料理
7	金金	上午	亲子	朋友	中	上海	6	多人	自制蛋糕、儿童、家长
8	董欣欣	上午	休闲生活	学生	青	上海美影国际影城	3	2	电影票、电影宣传海报、自拍
9	田雨儿	上午	休闲生活	学生	青	上海	6	3	公园、自行车、人物、自拍
10	THE	上午	文化参观	学生	青	上海当代艺术博物馆	9	多人	"爱马仕奇境漫步展"入场券、展览馆内景、人流、展品
11	陆佳蕾	上午	休闲生活	学生	青	上海福州路	3	0	书架、图书
12	我是小老虎	中午	休闲参观	朋友	中	上海有渝（世博店）	4	2	餐厅内景、美食、世博园街道
13	韩公子	中午	生活婚庆	校友	中	上海	9	多人	婚礼现场、人物
14	MINI	中午	休闲生活	学生	青	上海	3	3	电影院、电影票
15	陆佳蕾	中午	休闲购物	学生	青	上海嘉亭荟城市生活广场	9	2	商场内景、商品、人物
16	王怜花	中午	生活	朋友	中	上海	3	1	常沙娜艺术展邀请函、宣传册

样本序号	朋友圈昵称	活动时段	活动内容	职业（或与笔者关系）	年龄段	位置	晒图张数	出现人数	晒图主要内容
17	晴天	中午	休闲体验	学生	青	上海七宝古镇茶馆	视频	2	茶馆内景、评弹表演
18	Ye	中午	休闲	学生	青	上海田子坊	6	7	咖啡厅、书店、街道
19	天天	中午	休闲	学生	青	上海美兰湖文化旅游景区	2	0	花木、湖水、风景
20	Lion	中午	休闲美食	学生	青	上海 Hatsune 隐泉日式料理（迪斯尼店）	3	2	店景、美食
21	ZDTS508	下午	休闲	学生	青	上海静安嘉里中心	2	2	商场内景、时装、人物
22	文文	下午	休闲游玩	校友	中	上海迪士尼乐园	3	多人	入场券、气球、玩具
23	Emily	下午	艺术活动	朋友	青	上海上剧场	6	多人	剧场内景、论坛嘉宾、宣传画
24	Crystal	下午	休闲美食	学生	青	上海港丽茶餐厅	3	2	茶餐、自拍
25	波波	下午	休闲	朋友	青	上海月星环球港	4	1	商场内景、时装、墨镜、自拍
26	唐晓文	下午	休闲生活	学生	青	上海	3	2	电视剧图片、西式快餐
27	Marica	下午	休闲生活	朋友	中	上海	3	1	旅游套票
28	圆鼓鼓	下午	休闲生活	校友	中	上海小小科学实验室	6	多人	儿童、教室、学习用品、亲子互动
29	宁吾宁吾	下午	创意生活	朋友	青	上海金平路网鱼网咖	9	2	网吧内景、墙绘现场、人物
30	伊拉拉	下午	文化培训	校友	中	上海交通大学	4	多人	教室内景、幻灯片、书籍、人物
31	悠悠	下午	休闲	学生	青	上海武康路	9	3	武康大厦、街景、店面、人物
32	Diamond	晚上	休闲生活	学生	青	上海	9	1	家居、宠物狗、自拍

续表

样本序号	朋友圈昵称	活动时段	活动内容	职业（或与笔者关系）	年龄段	位置	晒图张数	出现人数	晒图主要内容
33	李贝	晚上	休闲美食	朋友	中	上海光启城	6	2	商场内景、美食、人物
34	赵文文	晚上	休闲美食	朋友	中	上海酸菜妹	3	1	店内场景、美食、自拍
35	波波	晚上	演出展览	朋友	青	上海展览中心	视频	1	明星、时尚博主、发布会
36	陈挺	晚上	休闲美食	校友	中	上海万岛	3	1	料理、美食
37	Crystal	晚上	休闲美食	学生	青	上海一笼小确幸	3	1	"小确幸"商店图标、美食
38	金华萍	晚上	休闲	朋友	中	上海博景轩	9	2	石刻、雕塑、盆景、园林、茶馆内景
39	文文	晚上	休闲游玩	校友	中	上海迪士尼乐园	9	2	城堡、游乐场内景、自拍
40	波波	晚上	演出展览	朋友	青	上海展览中心	6	多人	展览馆内景、歌手袁娅维、展品
41	李贝	晚上	休闲娱乐	朋友	中	上海海上国际影城	2	多人	商场内景、电影院、电影票
42	尔安	晚上	创意生活	学生	青	上海康定路	9	多人	调制鸡尾酒、酒杯、人物
43	Yuansi	晚上	休闲	朋友	中	上海	2	1	花艺、明信片、摆件
44	李可乐	晚上	休闲生活	学生	青	上海	3	0	魔兽世界、游戏界面
45	小蜗牛	晚上	休闲生活	学生	青	上海	7	多人	喜茶店铺、排队人群
46	宁吾宁吾	晚上	文化生活	朋友	青	上海大舞台	3	多人	开心麻花舞台剧票、表演现场、演员
47	我是小老虎	晚上	休闲娱乐	朋友	中	上海滴水湖绿地	9	多人	音乐节现场、演员、人群
48	李贝	晚上	休闲娱乐	朋友	中	万象城	3	多人	美食、亲子体验、观影

注：（1）统计时间为 2017 年 4 月 15 日 00：00～23：59，周六，是美国电影《速度与激情8》在中国大陆首映日后的第二天，是西方复活节的前一日。（2）其他说明同上表后注。

资料来源：笔者调研整理。

通过表 4-23 和表 4-24 的统计情况，归纳、总结两个不同时段里社交软件中的活跃人群的休闲文娱产业活动内容及空间分布，尤其是样本中涉及的重要变量：活动时段、活动内容、人群或职业特征、年龄、空间位置、业态类型等，可以看出，上海文化产业活动开展的消费形式、空间性质、分布特征、产业中的人文属性等的一些基本特点。

（1）中青年群体已成为文化产业的消费主体，但年龄更轻的青年人偏向于更新颖、更具时代感的业态，如 VA 虚拟体验、动漫、酒会、明星发布会等。但这种分异性不明显。

（2）在上海，业态的形式和属性，决定着空间分布的地域性。一般来说，娱乐属性较强的业态空间，如商业购物中心、城市综合体等，多集中分布于中心城区，零星分布于新城或郊区环城带的中心市镇；休闲属性较强的业态空间，如文化产业富集的城市公园、旅游度假区等则相反，多集中分布于新城或郊区环城带的中心市镇，零星分布于中心城区的公众文化空间；美食、展览、电影、亲子、文化演出等非娱乐休闲属性的其他业态空间在各地区均有分布，但有一定的不均衡性，在文化产业空间的体量规模、集聚度、知名度上体现出一定的"城-郊"空间分化的特点。这些，既体现了空间分布上的宏观的地域性特征，也体现了空间结构上的中观、微观的城市各地区的由区位定位特性带来的区位分异特征。

（3）文化空间的消费活动区域，不再集中于传统的焦点、热点地区，众多的文化产业新空间使人们有了众多选择，出现了多元化、多样性。空间载体的形式不同，类型各异，种类齐全。其中，美食、电影、亲子等所依托的场域，成为常态化的空间选择。

（4）从表中还可以看出一个辩证、并存的现象，一方面是新空间选择的多样性，另一方面是热门新空间短时间的集聚。在功能、属性、业态等相差不大的情况下，人们有了更多的空间选择。随着上海城市规模的空间扩张和城市发展进程中的地区均衡，在空间的选择上，人们更加理性。考虑到通勤时间、交通便利等因素，人们更青睐区位条件好、交通便捷、口碑良好、功能齐全、空间舒适度高的文化产业场域，进而使得这些场域成为地区性的热门空间，如田子坊、大悦城、环球港、迪士尼乐园等。

（5）时间的性质，影响着空间的选择。节假日的文化产业休闲活动与非节假日的休闲活动，在空间选择上有所不同。前者以外出旅行的空间、市内郊区度假区的空间、亲子或家庭导向的休闲空间为主，后者以市内各地域的空间为主，外出较少。

（6）从表 4-23 和表 4-24 中的"晒图主要内容"一项，还可以推断出活动内容，即上海居民文化产业消费的结构特点和主要指向。如 VR 设备的体验、自制蛋糕、咖啡厅休闲、风景人物自拍、艺术展览照、购物中心内景、时尚街道、音乐节现场等，可以看出，人们在文化产业空间的选择上，呈现出的以人为本、注重体验、追求新颖、看重文化底蕴、讲求人文环境、讲究消费品质等除地理、区位的因素外，人们会考虑的因素。

总之，从以上分析中可以看出，消费升级和注重文化体验需求，是文化产业新空间得以新建、再造的双重动力。

上海新的文化产业空间，具有较强的较明显的区位特征和人文属性，以及特定文化地域下的"文化生活 – 文化产业"互为表里的空间分布结构上的生活嵌入、区位关联的特性。下文将在城市更新和空间再造的视角下，基于消费，以城市新建新式电影院的空间分布结构及地域特点，去分析和研判文化产业空间再造与区位人文之间的机理关系。以上海电影文化市场消费中电影院的区位空间分布和结构情况为例。

观影行为是文化产业消费的常态形式，影视业也是上海文化产业重点发展的领域之一。上海各区新建电影院的空间分布结构特点，体现了这种显性的"产业 – 生活"空间嵌入、空间关联的特性。笔者通过手机客户端，对《速度与激情8》中国大陆首映当晚后的第二天，即 2017 年 4 月 14 日，上海各大新建新式电影院上座率的分析，进而通过高德地图，查看上座率反映的代表性电影院地理区位的情况，以说明文化产业空间对生活社区的嵌入特征的存在性和程度感。通过电影院的空间分布及结构特征，重点考察"生活 – 产业"维度下的地域上的生活嵌入、区位关联特性。

第一步，选取同一时段，即 2017 年 4 月 14 日晚间 21：00 ~ 22：00，抓取笔者的手机微信客户端的购票系统，电影为《速度与激情8》，类型均为英语 3D，察看上海各主要电影院播放《速度与激情8》时的即时上座率。其中，上座率 100% 的电影院有四家，分别是：德信影城上海巴黎春天店、上海世纪友谊影城、上海星光影电影院城亚新店、天山电影院。上座率 90% 以上的电影院有：海上国际影城莘庄店、SFC 上影江桥店、SFC 上影宜川路店等。

第二步，对上述热门电影院所处的地理位置进行分析。通过高德地图，可以看出，这些热门电影院，均坐落于城市的腹地或向外扩展的地区，基本以中环线以外为主，而非传统的市中心或区级的城市副中心，周边有大中型社区、居民区、学校等，交通、生活便利。它们主要以大中型城市综合体为依托空间，设置于其中的高楼层楼面，基本为新建新式电影院，多设置宽屏立体数字化屏幕，设施先进，与载体内的其他文化产业业态融合、协作式发展，面向地域性人群，形成了大中型城市综合体形态的文化产业多业态发展的典型模式。

具体来说，上座率 100% 的四座电影院的地理区位状况：德信影城上海巴黎春天店，位于普陀区的中环路与金沙江路交会处的向西侧，巴黎春天百货内，邻近地铁 13 号线真北路站；上海世纪友谊影城，位于闵行区的沪闵高架路与莲花路交会处，南方商城内，邻近地铁 1 号线莲花路站；上海星光影城亚新店，位于普陀区的长寿路与常德路交会处，亚新生活广场内，邻近地铁 7 号线长寿路站；天山电影院，位于长宁区天山路与娄山关路交会处，上海虹桥艺术中心内，邻近地铁 2 号线娄山关路站。上座率 90% 以上的三座电影院的地理区位状况：海上国际影城莘庄店，位于闵行区莘庄镇，凯德龙之梦购物中心内，周边有莘松新村、上海康城社区、莘光学校等；SFC 上影江桥店，位于嘉定区江桥镇，新世界休闲生活广场内，周边有江丰社区、华江社区、曹江公寓等；SFC 上影宜川路店，位于普陀区宜川路，永乐文化广场内，周边有宜川新村、浦安公寓、宜川中学、甘泉中学、洛川学校等，社区、生活区、中小学众多。

上述影城交通便捷、区位优越、远离闹市，就近社区为闵行区莘庄镇、嘉定区江桥镇，属于上海近郊地区的成熟社区板块，这在一定程度上体现了上海文化产业渗入社区、居民区的状况，也体现了上海文化产业再造空间对社区生活的空间嵌入性和空间关联度。

从另外一个视角，以"城市商业综合体"这一文化产业空间再造的形态样式为考察对象，分析其空间分布状况，也可以体现出通过上海文化产业再造而融入社区生活之中的空间的嵌入性、关联性特征。据统计①，2016 年上海新建和开业的城市商业综合体数量达 29 个，新增和改建的体量达 203.6 万平方米，均位列全国第一。更为重要的是，5 万至 8 万平方米的社区型综合体数量明显上升。就浦东新区而言，2016 年新建和开业的社区型综合体有 5 家，分别是：浦东惠南禹州商业广场、花木富荟广场、金桥太茂商业广场、百联世纪购物中心、丁香国际商业广场，其中，花木富荟和丁香广场的面积为 3 万至 5 万平方米，其他均为 10 万平方米的体量。与此同时，浦东一批传统的产业项目空间也在升级改造，如第一八佰伴中心、华润时代广场、百脑汇。浦东新区地域较广，这些新建和再造的综合体，也多向城市内部大型居民区、近郊新城和外环地区的中心市镇渗入和扩展，出现了空间

---

① 《2016 年上海商业地产市场年终盘点报告》，由 RET 睿意德中国商业地产研究中心于 2016 年 12 月 21 日发布。

格局上的细化和外扩的特征，体现了对不同地区更广泛更纵深的影响。这些社区型的多功能、多业态的新空间具有城市综合体的特征和属性，多与当地居民的日常生活息息相关，产业配套齐全，文化产业的特色鲜明。品牌超市、购物中心、亲子游乐、文化教育、餐饮美食、电影院、科技体验、室内展览、娱乐休闲、新式书店、特色咖啡厅等文化产业的业态兼备，功能齐全，基本能满足社区生活消费各方面的需求。在上海，产业与生活已基本实现了集约化的自然的融合，而这种融合正是通过各种形态和样式的"文化产业的空间再造"在广度上的铺展和深度上的渗入得以连接和塑造的，体现出上海新建文化产业空间的城市内部辐射和生活渗入性特征。

在上海发展模式中，商业与社区、产业与人文、技术与艺术、文化与生活，不仅关系紧密，而且互为机理、互相渗透。在空间上，围绕文化产业各种业态的新空间，表现出了较强的与本地域生活休闲活动空间的关联性和嵌入性。

在上海，大型的文化产业空间完成了新建、重塑、再造后，在空间分布上，结构更加合理、有序，中心城区-城市副中心-街道、社区，近郊环城区-城市新城-远郊环城区，城区-地区-街区-社区，点-线-面、团-轴-带、岛-区-链，环环相扣，形态不同，多元化、多路向、梯度化、分层分异。这就使得人们较大程度地改变了原有的文化产业消费习惯、重构了原有的对文化产业空间的分布认识。上海居民不再一味地选择市中心或原文化地标地区，而是选择身边可以满足文化产业各种需求的空间活动的场域，就近、理性、便利成为大多数人对空间的首选原则。

上海文化产业的大发展，成就了文化产业空间的再造运动，文化产业再造的物质空间嵌入城市中更具体、微观层面上的街区、社区、生活区中。人们惯常活动的生活区、休闲区，也大多是这一地区的文化产业空间活动区，生活、休闲与文化产业的新空间互为表里。上海文化产业的新空间，其中观、微观维度的人文和区位属性已十分明显。

4.4.3　资源价值的地方性再生：文化记忆的产业再生

基于资源价值的再整合、基于地方性特征的再凸显，其梳理、优化、盘活的过程，是文化产业导入特定文化社区或文化地域的全过程。在上海的城市文化建设和文化城市发展中，文化产业的空间布局和产业再造至关重要。一方面，文化产业与城市、城市人文、城市空间发展的互动性强，你中有我，我中有你，相辅相成，互为机理（见图4-6）；另一方面，这种互为机理、相互影响的关系，在上海体现出了明显的地方性特征，并蕴含着文化产业的空间导入与文化记忆的物态活化的再生逻辑（见图4-7）。在上海，代表性的文化产业空间再造，特别强调和体现出了一种特征——将无形、抽象的"记忆、文化的"资源要素，投射到有形和具象的特定载体、空间、场域里，通过产业赋能、空间赋新的过程，对特殊记忆与文化场景进行再现、还原、再生。这一过程，本质上具有产业化的场景应用与实践的特性，以新的空间再造体，使身处其中的人们，产生记忆和文化层面上的强烈的共鸣感和带入感。

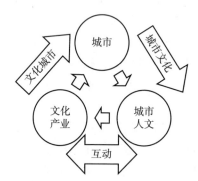

图4-6 上海文化产业与城市、城市人文的互动关系

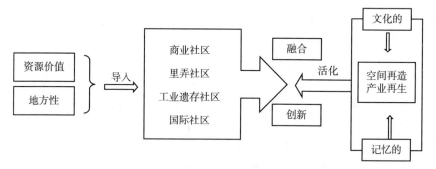

图4-7 上海文化产业的空间导入与文化记忆的物态活化的逻辑

上海特有的地方性城市文化特征——一种常被称为"海派文化"的城市文化精神，是由这座城市不同文化类型的文化特征集合而成的具有稳定共性的特质构成的。上海城市的"文化的属性"已很明显，而通过"空间再造、产业再生"使得文化的资源价值得以活化、新"海派文化"的地方性得以彰显，这是一个很好的城市内部发展的互动模式和路径。

这种"海派文化"资源价值的再生——也可以称之为"新海派文化产

业"，是一种现实的还原和重构，是以"文化的""记忆的"两个路向进行的再生过程。这种"再生性"体现为两层，它既是产业空间"变旧为新"式的再生，又是文化记忆的"借景怀旧"式的再生。依托上海不同社区的原有的特有的地域文化和文化传统展开——空间再造，是物态的载体的再生；产业再生，是非物态的文化记忆的再生。文化产业的地域空间的导入，"文化的、记忆的"的物质形态的活化，在上海的一定地域空间里碰撞、融合、创新、再生，这是上海模式中的逻辑关系和又一运行特点。

以浦东世博园区空间为例。原浦东世博园区内的大型文化产业空间载体有：中华艺术宫，由世博会"中国馆"再造而成；梅赛德斯－奔驰文化中心，是政府面向全球招标、设计、新建的大型文化艺术单体建筑；世博中心，由 2010 年世博会集运营指挥、庆典会议、新闻中心、论坛活动等功能为一体的世博综合馆改建而成。通过浦东世博园区的场景还原、对老建筑的空间重构、对新建超大级体量的新地标的打造，将 2010 年世博会的文化记忆重拾，将参观世博园经历的人设重塑，整合和优化空间资源，充分利用文博产业的先天优势，以文化及相关产业为业态形式，实现资源价值的最大化。这种通过文化产业空间再造进行的产业创造，较为明显地体现出资源价值、地方性的双重要素公共导入的产业再生，是资源价值和地方性充分融合的特有文化记忆的地方性再生。

以同乐坊为例。位于海防路的同乐坊，地处静安区海防路与西康路的三角地带，虽场域面积、空间体量不大，曾是近代上海市中心地区工业厂房、遗存、旧址较为集中的区域。其空间的组合形态以小范围空间集聚为主，园区内道路不宽，建筑间距不大，空间虽是开放式的，但基本都以内部人员为主，只有在园区内南片区内以餐饮、艺术、展览为主要业态的地域里有部分外来的本市居民或游客，并非主流人群，然而，同乐坊的知名度很大，这在于它空间再造模式的成果。将工业老厂房区改建成创意园区的范例不少，但同乐坊却是少有的具备了中心城区内工业老厂房依托街坊发展的空间形态的特征，凭借这一场域特殊性，加以空间利用、改造、包装、宣传，着重发展文创类中小型创新创业公司，使得一大批中心型双创公司入驻，在同乐坊街道较窄、场域空间紧凑的空间格局和样式中，集约化地进行艺术创作、产业创新、资源价值的创造。厂房式的小型建筑群落，反而成为同乐坊远近闻名的优势和特色，进行着旧式少有的街坊式工业遗存区的迭代更新和地方性特征的重塑。

考察具有代表性的众多文化产业空间再造的实体案例或项目的特征，可以发现，在上海，"地方性再生"的特性较为明显。这是一个对原有独特记忆、文化的空间活化和功能赋新的过程。这是基于文化产业的空间再生。也就是说，是依托地方性地域特色，借助一定的空间载体或特定的场域，将原有的资源要素进行整合和盘活，将特定的资源价值进行再现和释放，运用产业、资本、媒体、政府、民间等多重机制，发展文化产业，经营文化产业的各种业态，进而完成对原有文化产业空间或场域的还原、重构、再造、活化。

当然，原有的空间或场域是一个有机的生命体，在使它们赋量、赋能、赋新的过程中，记忆和文化的要素显然更加重要。对具有记忆和文化属性的文化要素浓郁厚重的空间和场域，进行合理、有序、科学的再造，这种良性的、正向的开发也是一种积极的、正向的保护。上海的实践正体现着这种"保护－开发"辩证互动。

4.4.4 文化遗产空间的"超级存在"

上海文化产业的空间重构与再造，呈现出一种多维度、多功能的空间综合体的特征，空间综合体体现出强大的聚合作用。一个文化产业的实体空间，在其赋新、活化的过程中，可以产生不同维度上的对应并存关系，可能承载和附着着多种空间的功能和效用。以多维度性和多功能性看，这种空间综合体也可以看作产业空间的巨大聚合体，或是空间的"超级存在"。近几年，上海新建或再造的具有代表性的文化产业新地标，尤其对文化遗产的保护、开发、活化、创新的过程中，大多可以从不同层面、不同剖面、不同内容解释它的内涵和价值，包括产业价值。发展文化产业，由此产生的文化空间聚合体的产业价值及人文价值、社会影响、规模效应，是复合、多元、高效、集聚的，具有超级性。这种"超级存在"，反映的是上海在文化产业空间的更新、重建、再造中，本身所具备的创新、融合、协同、开放发展的精神特质。这种"超级存在"的多维度性，主要体现在四个维度上，也随即相应地产生了四对关系。

（1）以文化遗产空间的赋新、活化为代表，重构和再造的过程及带来的实体结果——空间载体，既是文化空间，又是产业空间。比如上海新天地、田子坊等著名文化产业新地标，以原有上海旧时里弄民居街巷为基础，升级改造，不破坏原有街坊的空间区域和分布格局，修复旧有建筑，还原文化纹理。一方面，为再现旧上海的文化面貌，保存原有的院墙和砖石构件，重修了街坊里几家公用的洗手池，对院落中的天井修葺一新，梳理散落的盆景和小型的花圃等；另一方面，在最大限度保护上海民居文化遗产的前提下，将文化产业各业态导入里弄的既定空间，进行基于上海地方性文化的产业开发。整合基于文化的产业，创新基于产业的文化。既实现了产业的文化性，又带动了文化的产业性。在既定的文化空间聚合体里，将文化性的产业价值释放，口碑好，成效大。这是第一对关系，即"文化空间－产业空间"并存的关系。

（2）在开放性和创造力十足的上海，这些空间载体往往会呈现出的奇妙有趣的室内室外效果，开发者、设计者通过还原、创意、蒙太奇①、数字技术、视觉效果等科技和艺术手段，使得它成为既可以把握和理解的生活中的现实空间，又需要想象甚至会产生超越时空感的高于生活的超现实空间。以蒙太奇为例，在上海电影博物馆、上海数字影像馆、上海自然博物馆、上海科技馆、上海中华艺术宫等近几年新建或升级改造的文化产业地标里，数字和创意的运用十分普遍，数字的科技感和创意的设计性，随处可见。而无论数字技术还是人文创意，较大的空间里经常使用蒙太奇的手法，将有限的文化艺术空间里的文化要素进行人为的技术处理，通过跨时空的拼贴、剪辑，以一种生动的面貌呈现出来。电影博物馆里的翻唱的老电影歌曲、旧上海电影明星混搭的新式服装、自然博物馆里会说话的卡通人偶、科技馆里的神舟飞船与敦煌莫高窟中的飞天形象的拼接、中华艺术宫里流动的《清明上河图》动态画卷等，皆是这种超现实的蒙太奇式的创意手法的空间存在。这是第二对关系，即"现实空间－超现实空间"并存的空间。

（3）时代在进步，社会在发展，再现艺术愈加重视创新性和科技感。上海文化产业空间的再造，在内容的处理上，比如混搭、跨界、互动式体验、蒙太奇效果等，大多依托于互联网技术、数字技术、影像技术、多媒体技术、物联网技术等。科技文创是新态势，但科技只是手段，具有创意的设计，往往基于人为地想象、创造、赋新。无论是布局规划、文化定位，还是主题设计、内容展示、经营方式等，都少不了人的因素。新式展馆、创意园区、文化产业街区、旅游休闲街巷，各种形式和业态下的文化产业空间，都应是结合技术的艺术文化再造。科技感与设计感、科学技术与文化艺术，相辅相成，彼此关联，产生了较大的产业价值、人文价值、社会影响。以原上海世博会中国馆升级改建为中华艺术宫为典型代表，这一点，在上海近年来新建再造的文化产业实体空间里，表现得尤为明显。这是第三对关系，即"科技空间－人文空间"并存的关系。

（4）在具有超级性特征的聚合空间中，必然存在着主体与客体的关系，

---

① 蒙太奇，是一种设计艺术手法。由法语音译而来，原为建筑学术语，意为构成、装配，后用于艺术领域，指有意涵地人为地拼贴剪辑的手法。

主体在空间中的主要人设是设计者，客体在空间中的主要功能和人设是体验者。文化空间载体的超级性，有时不在于面积、规模、体量，而体现在一定空间场域内的场景还原和人设转换上，进而改变体验者的主体感知。在超级存在中，体验者感知到的客体空间，可能会与设计者主观上力图打造和还原的客体空间一致，也可能不一致。如北虹桥 F.E.U1985 时尚创意园，设计主体可以把工业老厂房进行空间改造，串联成一个综合体，打造为时尚创意空间，并举办曲艺表演、新式读书会、古装走秀、文化沙龙、时尚展览、文创论坛。体验者因对原有场景的超时空的空间场景的改变，主体性会悄然随场景和人设的改变而转换。体验者感知到的客体空间，可能是设计者主观上力图打造和还原的业态混搭、融合的客观上的创意空间，也可能是设计者主观上没有预先设定过的客观上其他空间，如美学空间、社交空间、作秀空间。设计和体验，带来不同的对空间场景和人设的理解，由"设计–体验"衍生的"主体空间–客体空间"关系，存在着认可、转换和变异的种种可能。这就是第四对关系，即"设计的主体空间–体验的客体空间"并存的关系。

这种"超级存在"的多功能性，主要表现为原有功能的重构再造上，相应地体现出两种模式。

一种是原有功能的转换赋新，具体又有三种类型：由居住功能的空间转换为文化产业功能的空间、由工业产业功能的空间转换为文化创意产业功能的空间、由自然地理的界域功能的空间升级转换为文化休闲游憩景观廊道的公共文化产业集聚的动能的空间。由于文化产业的内容本身和业态构成具有多元性、多样性，这种转换赋新的结果，依然会使之带有不同于原有单一功能的多功能性。第一类以田子坊、苏河湾地区沿苏州河河街坊为代表，第二类以同乐坊、M50、创智天地为代表，第三类以滨江绿地的贯通为代表。

另一种是原有功能的量增和内涵外延的质变，表现为一个文化产业空间实体本身由单一功能变为多元功能。这种多元功能，既具有文化产业的各种功能，如文化性的功能、体验性的功能、消费性的功能、娱乐休闲的功能、创意的功能等，还具有非文化产业的其他功能，如生活的功能、美学欣赏的功能、广告的功能、教育的功能、表演的功能等。也可能是几种相关功能的组合，但确实具有产业空间的聚合性特性。在新建或改建的同一个文化产业空间里，与文化有关的几种产业功能得以整合、串联，在运营管理中，产生、集聚、扩展出一定规模的产业价值，这也恰恰体现了"超级性"的特征。如位于上海虹口区的大悦城、普陀区的环球港、黄浦区的大世界、嘉定区的宝龙广场、松江区以欢乐谷和月圆园为核心的休闲业度假区。

　　在文化产业空间再造的进程中，以多维度关联关系和多功能性发展为表征的"超级存在"特性，是上海模式的重要特征。在数字时代，作为改革开放前沿城市和国际化大都市的上海，在文化生产和消费的两端，以科技手段和人文创意为引领，以迭代升级和叠加集聚为路向，对文化产业实体空间的更新、重建、再造，本身所体现和具备的创新、融合、协同、开放发展的特征亦十分明显。

第5章

上海文化产业空间再造的
典型案例研究

本章结合具体的典型性案例，做进一步的分析、研判，从实证的剖面和向度，考察上海文化产业空间再造的一些基本问题。近年来，上海的文化产业再造空间发展迅速，成为一种城市更新和产业升级的空间常态形式，并出现了众多新态势、新模式、新特点，仅笔者就本书走访和调研的案例地和项目，就达 69 个。所以，在做案例分析时，如何选取研究对象、以什么维度分析问题、以什么线索和依据将开展案例研究的几个典型性事例串联在一起，形成一个研究的逻辑角度和逻辑思路，成为本书案例研究的关键。以不同的视角、维度、标准、依据进行研究，就会产生不同的研究结论。

遵循贯穿本书研究始终的立论角度和逻辑依据，即以上海特有的地方性社会文化要素及其相关关联关系作为考量依据，从前面章节归纳的 A、B、C、D 四种空间发展模式出发，在 69 个案例地和项目中，分别选取一个对应的具有典型性的代表性案例，进行考察、研究。

在具体选取时，除考虑发展模式外，还要注意两个要素：一是生成机制，二是空间结构属性。首先，在案例研究时，本书将以"生成机制"为视角和维度，将上海文化产业空间再造的发展模式及对应的空间案例分为政府主导、民间自发两个类。政府主导，主要包括社区赋能式的里弄民居及附属地方的空间改造、地方性再生式的工业遗存及文博遗产的空间更新；民间自发，主要包括"文""商""旅"融合式的特色街区及风貌区的空间串联、国际化环境影响下的空间自觉。其次，在案例研究时，仅以发展模式为线索进行串联是不够的，还应以另外一个逻辑线索将所选取的典型性案例进行串联，基于社会文化要素与空间要素之间的关系，本书选取了上文中已阐述的"空间结构属性"为逻辑线索，以此作为另外一个向度的依据和选取案例的标准，且能与四个模式一一对应。选取的四种空间结构属性，均为上文提及的近年来有关空间分布、形态组合方面在演进发展中的重要样式，即沿黄浦江岸线、沿苏州河发展、空间群组、空间环链，在下文简称为：滨江、沿河、群组、环链。

将上海文化产业空间再造的四个发展模式及典型性案例与"生成机制""空间结构属性"两个逻辑线索和依据进行比对，选取对应案例，进而形成本书的研究案例及逻辑体系。这个选取的依据、过程、逻辑体系（见表 5-1），本身也反映和呈现了上海文化产业再造空间"生成机制、发展模式、空间结构属性"之间紧密的关联关系和机理关系，以及多维视角、维度下的具有上海特色的一些规律和特征。

表5-1　上海文化产业空间再造案例选取的依据、过程、逻辑体系

视角、维度（生成机制）	典型案例	发展模式	基于社会文化要素的特征类型		具体的空间发展的路径、类别	空间结构属性
政府主导	虹口-北外滩	社区赋能：旧式里弄、老宅及附属地的空间改造	旧式里弄、老宅及附属地的空间改造（A）		里弄民居、街坊老宅与部分工业遗存区、历史文化风貌区并存的集中连片区的空间改造与利用（A3）	滨江
	苏河湾	地方性再生：工业遗存、文博遗产的迭代更新	工业遗存、文博遗产的迭代更新（B）		集中连片工业区、工业遗存整体改造为文化产业园区、创意园区（B2）	沿河
民间自发	山阴路	"文""商""旅"业态融合：业态融合创新下的空间优化与场域重构	业态融合创新下的空间优化与场域重构（C）	"文""商""旅"街区式的串联：城市文脉、特色街区的升级优化	城市文脉、特色街道、街区、风貌区的资源整合和升级（C1）	群组
	虹桥-虹泉路	跨文化的场域"对榫"：国际化影响的文化产业空间自觉	国际化影响的文化产业空间自觉（D）		国际化社区的空间影响和空间再造（D1）　航空、铁路枢纽、领事馆等国际化程度较高地区的文化产业空间发展、再造（D2）	环链

　　依据表5-1的归纳，分别选取虹口-北外滩、新闸-苏河湾、虹口-山阴路、虹桥-虹泉路四个案例进行研究，依次对应的空间结构属性为滨江、沿河、群组、环链，依次代表的上海四种空间发展模式为里弄民居及附属地方的文化产业空间改造、工业遗存及文博遗产的文化产业空间更新、特色街区及风貌区的文化产业空间串联、国际化社区影响下的文化产业空间自觉。

　　将这三个视角和维度的信息——对应，形成了对四个典型性案例的研究路向。虹口-北外滩：滨江里弄民居及附属地方的文化产业空间改造；虹口-山阴路：群组式特色街区及风貌区的文化产业空间串联业空间改造；新闸-苏河湾：沿河工业遗存及文博遗产的文化产业空间更新；虹桥-虹泉路：环链式国际化社区影响下的文化产业空间自觉。

5.1 政府主导的上海文化产业空间再造事例分析

5.1.1   虹口 – 北外滩：滨江里弄民居及附属地的文化产业空间改造

位于上海市东北方向的虹口区，是上海历史悠久的成熟城区，人口众多，商业发达，名人故居众多，人文遗产和文化资源丰富。虹口区有大量的旧式里弄、老宅，随着城市更新，有些已经拆迁，形成新的居住区，有些旧建筑依然存在，散布于虹口城区的各区块中。经济发展较早、产业基础较好的虹口区，在上海文化产业建设和发展中，也曾一直走在全市前列，多伦路文化名人街、四川北路商业街都多次入选市级特色街道，鲁迅公园周边地区、虹口足球场周边地区都是文化产业发展空间的富集区，山阴路 – 鲁迅故居 – 甜爱路一线是上海著名的休闲漫步街区，北外滩的滨江地区也一度是近现代上海码头、游轮、船厂等发达的地区。

无论是多伦路、四川北路地区，还是鲁迅公园、虹口足球场、山阴路 – 甜爱路地区，还是北外滩地区，虹口各片区内都夹杂着为数众多的旧式里弄、老宅、城市新村，居住着大量人口。基于历史、地理、人文、区位等社会文化要素，虹口各片区呈现出其独特的地域性社会文化要素的特征，如片区周边分布的部分工业遗存、名人故居、城市公园、文化风貌区、河口港区、滨江岸线等，具备一定的文化产业空间发展与再造的资源优势和先天条件。

然而近年来，虹口区的文化产业空间发展和再造，从数量、质量、规模、效应、影响力、知名度、新地标等角度看，显然落后于上海的其他市区。仅就数量来说，上文提及的 69 个走访和调研的新的文化产业空间案例地和项目中，位于虹口区的只有大悦城等为数不多的几个，多伦路等地的文化产业空间配置也都有些年代了，大部分文化产业空间的存在形式和发展模式也多呈现多年前的特征。

多伦路地区，门庭冷落，街道已显陈旧，文化产业空间活动依托的体量和场域都较小，腾挪的空间不大。参与主体多以附近社区里的中老年居民为主，外来居民、游客较少。其以字画、茶叶、文物、老电影、文化用品等为主要业态的传统空间经营模式，已显老套，国际化和开放度日渐衰微，已不是 10 多年前为人津津乐道的文化产业休闲街区，急需进行空间的二次改造和升级。

上海老场坊1933及周边地区的"四园一心一谷"，位于虹口区海宁路东向尽头处的周家嘴路口，具体是指以上海老场坊1933为主体的园区群，周边园区分别为：半岛湾时尚文化创意产业园、老洋行1913创业园、1930鑫鑫创意园、国家音乐产业基地上海虹口园、1933会展中心四个园区以及上海音乐谷一个中心。多年前，这一地区主要依托周边里弄的旧房老宅和部分工业老厂房的翻新、改造，由周边的街巷马路串联，形成文化产业园区集聚的空间效应。然而，这种主要由里弄民居改建、辅以周边工业厂房遗址再利用的空间再造模式，如今已越来越不适应更全面、更多样的空间发展趋势。这些中小型建筑载体，规模、空间、体量不大；虽说分布相对集中，但又各自独立闭合，各自为战；业态以创意产业为主，空间形态以产业园区为主，业态重叠，竞争大于合作；加之地铁、公交等交通设施的不便，弱化了区位优势；造成了空间的小规模组团式发展而产业的空间辐射向度不够的局面，发展形势日渐式微。

以多伦路文化街、上海老场坊1933为例，多年前，由虹口区政府主导的文化产业空间营造成为全市乃至全国文化资源与文化产业空间发展的成功典范，一度成为虹口区文化资源整合、活化、再造的名片，成为虹口区的文化地标。相较于多伦路、老场坊1933的现状，可以看出，政府发挥的作用，在虹口区文化产业发展和再造过程中，日渐成为核心的影响因素和主要的发展动源。虹口区的其他地区，如鲁迅公园地区、甜爱路地区、北外滩地区，其空间形态和格局，多以旧式里弄民居、街坊老宅、城市新村等大中型居住区、生活社区为主，辅以地铁、街巷、公园、商圈、渡口、江边、文化街、风貌区、工业遗址、名人故居等有一定社会文化要素的空间场域，文化产业空间再造的面貌、态势、路向不太显化，长期以来缺少成功的范式介入和政府的机制引领。对里弄民居、街坊老宅与周边附属的具有一定社会文化元素影响力的部分工业遗存、文化风貌区并存的集中连片区进行文化产业空间的改造与利用；利用虹口区临近黄浦江北岸的地理、区位等优势，发挥政府的宏观规划、空间设计、体制创新、机制引领的作用，让虹口区以政府主导为主要动力源泉和生成机制的发展模式的特色、优势得以继续成为动力和抓手——是虹口–北外滩地区城市更新中发展、重构和再造文化产业空间的必要途径和基石。

可喜的是，虹口区政府已意识到文化产业空间发展和再造对城市更新和区域产业升级的重要性。基于虹口–北外滩地区的以旧式里弄民居、街巷老宅、城市新村为主要形态的特点和部分片区临近黄浦江北岸的地理区位优

势，体现小范围的地方性社会文化要素，从两大路向入手：一是着力规划和
打造虹口城区的旧式成熟社区及周边附属地方的文化产业空间；二是着力规
划和打造虹口滨江的北外滩地区的生活文化社区及周边附属部分工业遗址、
码头、风貌区的文化产业空间，最终形成虹口基于富集要素的三大文化产业
空间功能片区。这是政府主导下对地域性文化产业发展的宏观上的空间再
造、格局谋划、体制创新、机制引领。

针对虹口及北外滩地区的城市里弄民居集中、临近黄浦江北部岸线、各
片区附属的地方性社会文化要素特色鲜明等特点，虹口区重点开展对文化产
业的空间提升和地方营造的规划、整合、再造等工作。具体来说，在体制、
机制上，虹口区已成立了三个管委会：北外滩功能区管委会、中部功能区管
委会和北部功能区管委会，这三个管委会分别承担着虹口南部、中部和北部
的发展重任，是虹口"十三五"规划中打造三个产业功能区战略的实质性
推进。

将虹口区在宏观上规划为三个片区，基本结合了各板块各自的地域性社
会文化要素，并具有特色鲜明的本地化属性和文化特征，资源价值和社区性
特征都得到凸显，产业的空间属性也越来越具有文化及相关产业的空间属
性。作为上海人口众多的大中型成熟生活区之一，原有居住功能、商业功
能、休闲功能的整合、改造、盘活、升级，可使得空间功能中带有更多
"文化性、产业性、地方性"，使得空间功能发展更具多样化和多向度。政
府将虹口及滨江地区规划和打造成为"社区性特征的文化产业空间场域"，
并与其他城区的重要文化产业空间场域和片区形成了有机的环链关系。重视
较大维度、尺度上的跨行政区的"空间环链"的形成和发展，将有利于实
现资源互补、空间呼应、产业共享、经济关联——这种空间上的宏观谋划，
值得称道。虹口区政府具体的空间营造规划如下。

1. 北部

空间区域范围：大连西路 - 轨交 3 号线 - 北宝兴路 - 区界 - 安汾路 - 逸
仙路 - 邯郸路 - 区界 - 密云路围合的区域，约 13.4 平方千米。空间规划愿
景：形成具有虹口特色的"硅巷"式科技创新模式，成为上海科技创新中
心建设的重要节点，成为虹口活力的体现。

空间布局和定位。大柏树科技创新中心：完善科技创新服务，搭建创新
创业基础性平台；复旦 - 财大创新片区：重点发展新材料、大健康、数字出
版等产业，同济创新片区：重点发展绿色环保、设计产业，承接国家科技部
绿色技术银行（上海）试点项目；上外创新片区：重点建设国际教育园区；
上大创新片区：建设文化科技创意产业；绿色技术产业发展示范区：打造绿

色发展的创新总部区、绿色技术转移示范区和功能性机构的核心集聚区。

空间改造方案：新增创新载体 70 万平方米，推进存量地块、工业厂房和产业园区的更新利用，建成运光路 2 号、柳营路地块、广纪路沿线地块、市北燃气地块、海鸥商务大厦地块、上海国际教育服务与创新园区、虹口新业坊等项目，完善曲阳、凉城社区商业中心配套，基本建成彩虹湾社区商业中心，推进建设广纪路等特色商业街。①

这一片区里代表性的文化产业再造空间：环同济大学创意产业空间集聚带、大柏树科技创新产业空间团组等，多以园区、沿街、带状、环大学、集聚、团组等形态呈现。

2. 中部

空间区域范围：东至大连路，北至大连西路，西至地铁 3 号线、罗浮路、河南北路，南至海宁路、周家嘴路地区。

空间布局和定位。环虹口足球场区域：主要以体育赛事、文化演艺、商业展会、国际教育服务等为主导功能；四川北路公园 - 音乐谷区域：以高端商务、商业休闲、文化消费、文化创意等为主导功能；环瑞虹天地区域：以中高端消费、文化、体育、娱乐等消费为主。

空间改造方案：涉及土地面积约 6 平方千米，新增商务商业设施面积90 万平方米，重点项目包括金融街海伦中心、瑞虹 10 号地块、多伦路二期1 号地块、142 街坊、周家嘴路 901 号地块、海南路 97 号地块等，发挥历史人文、生态水系优势，带动整个片区的资源价值的提升，打造里弄民居与文化产业多元业态融合发展的特色区域。②

这一片区里代表性的文化产业再造空间有：多伦路文化名人街、甜爱路涂鸦街、环鲁迅公园周边文化体育娱乐空间群组、上海老场坊 1933 及周边创意园区"四园一心一谷"等，多以里弄、园区、沿街、独立式场馆、大型城市综合体、环公园、环风貌区等形态呈现。

3. 南部

空间区域范围：东至大连路、秦皇岛路，北至海宁路、周家嘴路，西至河南北路，南至苏州河、黄浦江。成为虹口实力的体现。

空间布局和定位。北外滩商务文化区：聚集高端金融、绿色金融、航运总部和文化等多种要素；舟山路历史创意街区：发展历史文化特色旅游和创意消费；虹口港亲水文化街区：侧重城市休闲、文化溯源都市游览；河口乐活商业街区：凸显海派韵味。

---

①② 根据虹口区政府新闻办、上海发布等公开信息整理。

空间改造方案：土地面积约4平方千米，新增商务商业面积190万平方米，建成上海国际航运和金融服务中心、上海白玉兰广场、星港国际中心、上海星荟中心、苏宁宝丽嘉酒店等一批标志性项目，打造上海国际金融中心、国际航运中心的重要功能区，打造空中、地面、地下三层步行系统，推进滨江贯通工程建设，构建虹口港、滨江带、公平路－提篮桥－海门路、东长治路东段等生态绿带，建成提篮桥绿地，加强虹口滨江带规划布局，推进上海全球文化中心城市建设。[①]

这一片区里代表性的文化产业再造空间有：舟山路创意街区、国际航运中心、1929艺术中心等，多以里弄、街区、河口、港区、沿黄浦江岸线的滨江带、沿江轴带、航运中心、城市综合体、文化产业广场等形态呈现。

值得一提的是，虹口南部的滨江地区，更应成为空间规划和改建的重点地区。政府的规划愿景是：改造里弄民居、街巷老宅、工业码头等空间，新建一批新的产业项目，围绕文化产业、文化创意产业、现代服务业，打造沿黄浦江北部岸线的文化产业空间带，沿江扩展，实现黄浦江岸线文化休闲产业富集轴带的整体贯通。加强打造虹口南部滨江地区的文化产业关联业态的空间功能，使其能与外滩和陆家嘴地区形成犄角，能与外滩所属的黄浦区、陆家嘴所属的浦东新区加强联系，空间呼应，互动发展，促进形成产业和空间上的规模和叠加效应（见图5－1）。

图5－1 虹口南部滨江片区与外滩和陆家嘴地区的空间呼应关系

资料来源：虹口区政府公开信息。

---

① 根据虹口区政府新闻办、上海发布等公开信息整理。

虹口－北外滩地区的文化产业空间再造，必须基于虹口区的空间发展现状，必须结合虹口各片区的地方性的社会文化要素的特征，由政府主导，各部门、各要素之间互相协作、积极配合，实施规划和具体执行。

该区域北部，城市里弄民居等生活社区集中，但复旦大学、同济大学、上海财经大学及其各自周边创意产业空间渐已形成产业和空间的规模效应；该区域中部，城市里弄民居等生活社区集中，街巷老宅等社区形态错落分布，但文化街区、风貌区、成熟商圈、体育休闲等空间历史悠久、特色鲜明；该区域南部，城市里弄民居等生活社区也较为集中，但街巷道路的距离和宽度变大，有较长的滨江岸线，拥有较多上海老工业遗址、船厂、码头等空间，地域文化性特征明显。

尤其是该区域南部滨江的北外滩地区，已反映和呈现了更多样、多元、多路向、多形态的空间再造态势、趋向和特点。里弄民居的整合、街巷老宅的利用、附属码头工业空间的活化、滨江地带的改建，各个空间要素都不是孤立的。充分利用本地区的社会文化要素，如老工业遗存、滨江地带风貌，加强联系，空间协作，使其具有新式的文化产业功能，形成各自不同的小区域的空间定位，综合构成一个版块内的空间发展系统。进而形成和构建有关文化产业再造空间的街区、场域、片区、轴带等载体，并沿主要里弄社区之间的街道向虹口的中部、北部的纵深地区进一步地扩展，沿黄浦江岸线向沿江的南北方向进一步地延伸，点线面、团轴带，形成开放式、立体化、多维度的区域文化产业空间发展再造的空间面貌和格局体系。

"虹口－北外滩"案例中这种滨江地区的里弄、老宅与部分工业遗址、创意园区、文化风貌区并存的集中连片区的空间改造与利用，体现出一种政府主导的社区赋能式的旧式民居及附属地的空间再造的模式。

5.1.2 新闸－苏河湾：沿河工业遗存及文博遗产的文化产业空间更新

笔者对新闸路－苏河湾地区的走访和调研，从 2016 年 7 月开始，分为三次共两个阶段进行。第一阶段，2016 年 7 月 1 日至 8 月 20 日，包括第一次和第二次的走访和调研，主要考察新闸路、南苏州河路、东斯文里、新斯文里等地，涉及新闸－苏河湾的苏州河南岸地区，这些地域均属于新闸－苏河湾地区。第二阶段，2016 年 12 月 1 日至 2017 年 2 月 20 日，为第三次的走访和调研，主要考察新闸路、南苏州河路、南苏河创意园区、光复路、福新面粉一厂旧址、上服实业苏河湾园区、九子公园、东斯文里、西斯文里等地，涉及新闸－苏河湾的苏州河南岸、北岸地区。两个阶段的走访和调研，

既是共时性的研究，也是历时性的研究。相较于第一阶段，第二阶段走访和
调研的范围更广、内容更多，并在考察线路的选择上有所不同。

　　线路上，第一阶段是从地铁一号线新闸路站出口出来，沿新闸路向西，
通过新桥路路口时向北，折进南苏州河路，途经九子公园，到斯文里，依次
走访调研；回程是从斯文里折返，沿南苏州河路原路返回，自西向东，在经
过新桥路的苏州河桥处，不向南进新桥路，而是继续沿河向东200米，到乌
镇路的苏州河桥处，向南进乌镇路，最终回到新闸路及新闸路地铁站处。第
一阶段的两次考察，时间上相隔约1个月，线路基本一致。第二次侧重深度
考察，进入部分空间载体的内部，并做了更详细的文字记录和观察笔记。基
本上，这一阶段属于线性的、沿河式的、以苏州河南岸为主的、折返式的考
察路向。

　　线路上，第二阶段是从地铁1号线新闸路站出口出来，沿新闸路向西，
在约50米处的乌镇路路口向北折向乌镇路，沿桥下的南苏州河路向西，到
九子公园，依次调研；之后，从九子公园自西向东反向折返，在新桥路的苏
州河桥处跨桥，沿桥向北，至苏州河北岸的光复路，向西，依次考察北岸沿
线的福新面粉一厂旧址、上服实业苏河湾园区，再向西到南北高架路桥，向
南过桥，到达斯文里地区；回程是从斯文里地区折返，沿斯文里所在的新闸
路，一路自西向东，沿街考察苏州河南岸的主干道新闸路周边空间及业态发
展情况，最终回到新闸路及新闸路地铁站处。基本上，第二阶段属于环形
的、沿苏州河岸与沿新闸路主干道相结合的、南岸到北岸再到街区的、走街
串巷式的、往复式的考察路向。

　　通过高德地图，不仅可以清晰、直观地察看新闸-苏河湾地区的空间位
置、区位条件、湾区全貌，还可以准确、细微地观察周边的街巷道路、工业
遗址、路桥配置。另外，通过高德地图对具体位置进一步搜索，还可以看到
部分代表性文化产业空间载体的改造现况、内部设施、产业活动等，还有对
这一地区的网友留言和评价。

　　以下从高德地图、大众点评网等处选取的部分网友的留言，反映的是
2014~2015年社会民众对新闸-苏河湾地区空间再造发展状况的认知。[①]

　　泛黄的老照片，让人串起关于苏州河旧时的记忆：清冽的河水，繁忙
的货船，两岸贮藏酒、面粉或是金条的大仓库。悄然间，苏州河畔那些有
着百年历史的大仓库，成了艺术家的工作室。（人生若只是初见1911，
2015-12-03）

---

　　① 高德地图评论区，http://ditu.amap.com/detail/B0FFF00K9Z? citycode=310000。

笔者梳理网友的留言，发现多为正面、积极性的评价，关键词也多围绕"苏州河""保护建筑""老仓库""文艺地""园区""展览""记忆"等展开，评价中暗含对"空间转向、改建、再造"的肯定。另外，还有网友提及"繁忙的货船、两岸贮藏酒、面粉或是金条的大仓库""苏州河畔那些有着百年历史的大仓库，成了艺术家的工作室""得到过联合国教科文组织颁发的保护建筑奖"等，可以看出，他们对苏河湾地区以往的老工业发展功能空间的一定的了解。

苏州河是发源于苏州地区的一条地域性河流，其中下游流经上海市区，自西向东穿城而过，经过普陀、静安、闸北、黄浦、虹口等多个主要城区，在外滩与黄浦江汇合，注入黄浦江。苏州河是上海的一条自然地理分界线。在旧时上海，苏州河北岸，以外来移民、本地贫民、工人阶级居多，旧式老宅、棚户区等功能空间集中，南岸，以上海最早的工业厂房、仓库、商会、票号、店铺、典当行、收藏馆、同乡会馆、花园洋房、西式建筑为主，间以里弄街巷中的居民区。以苏州河为界，北岸、南岸形成鲜明对比，苏州河也成为上海的一条阶层、产业、经济、功能空间等方面重要的社会文化分界线。

苏州河进入上海市中心后，尤其是经过普陀区、静安区以后，总体上呈现"自西向东"的整体河道风貌，并最终注入黄浦江。苏州河水流平缓、路向缓折，造就了平缓回旋式的地上空间，构成了一个个小小的河湾，形成一个个小小的"湾区"，与河流并存，一动一静，给地上的建筑形态、产业生成、空间布局、沿河风貌等带来了优越、便利、美观的地理、区位、资源条件，也给苏州河以南地区早期的上海近代工业、商业、文化博览业带来了发展先机和先天优势。

近代以来，上海的南苏州河地区，尤其是市中心的南苏州河的湾区地带，工业基础雄厚、厂房仓库码头众多、商业发达、文博事业焕发生机，出现了一大批上海乃至中国最早的工业厂房、仓库、商会、票号、店铺、典当行、收藏馆、同乡会馆等，使苏河湾地区成为上海重要的老工业发展功能空间区域，构成了独具上海城市地域特色的社会文化要素特征。苏河湾地区，尤其是现黄浦区新闸路段的苏河湾地区，留下了众多而宝贵的老厂房、老仓库、老建筑、老码头、老票号、老收藏馆、商业商会、同乡会馆等旧址，工业遗存、文博遗产资源丰富、多样，这些使得对苏河湾地区的工业遗存、文博遗产的文化产业空间改造具有先天优势。

新闸-苏河湾地区所在的黄浦区，政府一贯支持发展功能空间的升级，上海市"十三五"规划对苏河湾地区的发展进一步做出了部署。提出积极发展文化产业，引导社会、资本、人才等资源要素，做好政策支持和产业导向，重塑这一地区原有的海派城市风貌和较为发达的产业集聚特色，形成和扩大苏河湾核心区的文化产业空间的集聚效益，早日成为上海的城市新地标，提升区域知名度和国际影响力。苏河湾所在的各区级政府也积极响应，也相继制订愿景规划和实施路径，其中，静安区提出，"以影视文化产业链串联商业、休闲、教育、就业、居住等功能和空间，催生新业态、新模式。"①

　　本案例中，主要经验和再造路径是：（1）对苏河南北两岸工业遗存、文博遗产做整体规划、整合，处理好取舍关系，拆迁与改建并举；（2）以改造和营建特色创意园区、产业园区为主要手段；（3）在保护老建筑的同时，引进文化创意类公司入驻，力求有效利用和场景还原；（4）以展览、艺术、设计、文创、民宿等业态，活化和利用厂房、仓库、老宅等旧式建筑载体；（5）注重保护以福新面粉一厂旧址等为代表的上海重点文物和建筑文化遗产；（6）保护苏河湾核心地区作为上海近现代主要工业遗存区的整体风貌特征，具体情况具体分析，不搞文化破坏，不做一味开发。

　　宏观、中微观维度上的实施方案和具体做法如下。

　　2010 年，原属闸北区的苏河湾北岸东部片区率先实施区域功能空间的升级再造。2010 年，闸北区政府宣布投资约 205 亿，举全区之力启动苏河湾北岸开发，由美国 RTKL 公司负责设计改造方案，力争让苏河湾地区重现盛景。除以华侨城集团为代表的商业主体大力开发房地产外，近年来，大悦城、宝格丽酒店等新的文化产业空间载体横空出世。位于北岸东部片区的上海大悦城，现已打造成为上海最具都市文艺气息的文化产业新地标；中国第一家、全球第四家的久负盛名的宝格丽酒店也坐落于苏州河畔，成为上海新的奢华艺术与文化娱乐空间的代表性坐标。

　　2015 年 11 月 4 日，上海市政府宣布，撤销闸北区的行政建制，整体并入静安区。合并后的新静安，在产业空间的谋划、整合、调配上更加便捷和高效，文化产业的空间得到了进一步的梳理和扩展，为更大范围、更大力度的空间再造创造了条件和基础。新静安区、黄浦区的苏河湾得到了面积和体量上的扩充，扩建后的苏河湾，正在打造一个由"休闲河岸"和"活力临街城市界面"共同勾勒的都市文化沿河流域空间体系。通过新建综合体项目、加强包括上海火车站、M50 创意园区等区域的改建等措施，将原本被隔开的苏州河沿河一线各种空间形态的区域重新串接起来，形成"点面线、

---

　　①　根据静安区《环大宁地区发展"十三五"规划》中的部分内容。

团轴带、岛区链"的全方位、多路向的复合式空间综合发展格局。

实施"5+X"的文化产业空间和业态布局，在政府主导的苏河湾地区规划中，提出了以文化创意等五大产业为先导，酒店餐饮、生态宜居、商业配套等"5+X"的方式，打造和配置苏河湾地区的产业空间和业态布局，具体措施如下。

（1）构筑空中、地面、地下三维立体空间交通网络，步行5分钟到达生活服务网点，10分钟到达轨道交通站点，15分钟到达苏河湾绿地。（2）最大限度地保留见证了苏河湾百年辉煌的历史建筑。该地区22.21万平方米清末和民国时期建造的优秀历史保护建筑，包括工业遗存、文博遗址的优秀建筑，被划分为三个历史风貌保护街区，将被修旧如旧，进行保护性地开发利用。（3）保留建筑主要包括：北站街道内的联合新村、北高寿里、均益里等旧式里弄街坊，山西电影院、上海火车站遗址、大埔旅沪同乡会旧址、福新面粉一厂旧址等。（4）在苏河湾绿地还原和再造天后宫及戏台，场景还原和空间再造使用的主要建筑材料均为拆迁时保留下来的原建筑材料，按拆卸时标记的编号修旧如旧，还原再造。（5）上海总商会旧址（1915年建成），将作为宝格丽公寓的高端会所。（6）四行仓库（1931年建成），辟建为抗战纪念馆和爱国主义教育基地。（7）怡和洋行打包厂（1907年建成），改建为华侨城苏河湾规划展示中心。（8）永安公司新泰仓库（1920年建成），将打造为时尚休闲中心。（9）中国实业银行仓库（1922年建成），改为知名艺术家工作室与画廊；吴昌硕故居（1913年建成），改建为名人美术馆；上海虞氏住宅也已经确定将作为服务式公寓使用。①

本书更具体、更新的空间改造建设的现场状况以及空间发展的面貌和进度，乃通过实地走访调研获知。笔者走访和调研期间，即2016年7~8月、2016年12月至2017年2月，对位于苏河湾核心地区的新闸-苏河湾的文化产业空间再造的现场状况有了更为全面、最新、直观的感官感受。对新闸路-苏河湾地区文化产业空间再造的分析和研判，归纳、总结成表5-2，主要涉及其空间属性、发展模式、生成机制、形态特点等，是在多次走访和调研的基础上，对上海工业遗存、文博遗产富集区的文化产业空间再造的态势、趋向、特性等进行的案例研究。

---

① 根据上海市政府"十三五"规划文本，静安区政府、黄浦区政府的公开信息，"上海发布"、ShanghaiWOW网站等资料，汇总整理。

表 5 - 2　　　　　　新闸 - 苏河湾地区文化产业空间再造的案例研究

案例	新闸 - 苏河湾（苏河湾核心地区）		
考察阶段	第一阶段（分两次）		第二阶段
次序	第一次	第二次	第三次
时间	2016 年 7 月 1 日至 8 月 20 日	2016 年 7 月 1 日至 8 月 20 日	2016 年 12 月 1 日至 2017 年 2 月 20 日
案例地	苏河南岸文创产业园及周边地区	新闸路 - 南苏州河路 - 东西斯文里	新闸路 - 南苏州河路 - 苏河湾 - 九子公园 - 石门一路街道 - 东西斯文里一线
考察区域	新闸路、南苏州河路、东斯文里、新斯文里	新闸路、南苏州河路、东斯文里、新斯文里	新闸路、南苏州河路、南苏河创意园区、光复路、福新面粉一厂旧址、上服实业苏河湾园区、九子公园、东斯文里、西斯文里
线路	线性的、沿河式的、以苏州河南岸为主的、折返式的考察路向	线性的、沿河式的、以苏州河南岸为主的、折返式的考察路向	环形的、沿苏州河岸与沿新闸路主干道相结合的、南岸到北岸再到街区的、走街串巷式的、往复式的考察路向
空间分布	普陀区、静安区、黄浦区，核心地带的苏河湾，位于黄浦区的新闸路 - 石门一路、二路地段，即新闸路苏河湾地区	黄浦区，苏河湾核心地带地铁 1 号线新闸路站出口，向西的沿河片区	黄浦区，苏州河南岸、北岸的沿线地区，与第一阶段比，考察范围更广
形态组合	城市沿河岸线，片区、带状，局部块状沿苏州河南岸核心地带"苏河湾"一线	街道，里弄，老建筑，沿河分布，与苏河湾地区的产业园毗邻，形成多种形态的复合式平面组合	沿河岸线、街道、片区、园区、里弄，形成多形态的"点 - 线 - 面 - 带 - 轴"组合样式，形成沿河集聚的态势。群组、组团式，但不明显
业态特征	创意产业、创意园区、文创公司、青年旅社等，是创意园区、文化产业公司的富集区	沿街、沿苏州河的创意门店、旧式里弄改建中（东西斯文里），其中，东斯文里，居民已完成搬迁，里弄建筑整体保留，产业业态正在规划中；西斯文里，不再保留，已完成全部拆迁	创意园区、艺术门店、文化展览、工业设计、青年旅社、户外旅游网，依托工业遗存、文博遗址
再造空间的发展特点、特性	集中连片工业区、工业遗存、文博遗产整体改造为文化产业园区、创意园区、文创业富集区		
发展模式	地方性再生：工业遗存、文博遗产的迭代更新		

空间结构属性	沿河（沿苏州河分布）
生成机制	政府的政策支持和产业导向。 "十三五"规划中，对苏河湾地区的发展进一步提出了目标，做出了部署
具体经验和再造路径	（1）对苏河南北两岸工业遗存、文博遗产做整体规划、整合，处理好取舍关系，拆迁与改建并举； （2）以改造和营建特色创意园区、产业园区为主要手段； （3）在保护老建筑的同时，引进文化创意类公司入驻，力求有效利用和场景还原； （4）以展览、艺术、设计、文创、民宿等业态，活化和利用厂房、仓库、老宅等旧式建筑载体； （5）注重保护以福新面粉一厂旧址等为代表的上海重点文物和建筑文化遗产，由专人负责，加强政府监管； （6）保护苏河湾核心地区作为上海近现代主要工业遗存区的整体风貌特征，具体情况具体分析，不做文化破坏，不做一味开发
实施方案和具体做法	（1）构筑空中、地面、地下三维立体空间交通网络，步行5分钟到达生活服务网点，10分钟到达轨道交通站点，15分钟到达苏河湾绿地； （2）22.21万平方米清末和民国时期建造的优秀历史保护建筑将被修旧如旧，进行保护性地开发利用； （3）保留建筑主要包括：北站街道内的联合新村、北高寿里、均益里等旧式里弄街坊，山西电影院、上海火车站遗址、大埔旅沪同乡会旧址、福新面粉一厂旧址等； （4）在苏河湾绿地，还原和再造天后宫及戏台； （5）上海总商会旧址将作为宝格丽公寓的高端会所； （6）四行仓库辟建为抗战纪念馆和爱国主义教育基地； （7）怡和洋行打包厂改建为华侨城苏河湾规划展示中心； （8）永安公司新泰仓库将打造为时尚休闲中心； （9）中国实业银行仓库改为知名艺术家工作室与画廊；吴昌硕故居改建为名人美术馆；上海虞氏住宅将作为服务式公寓使用

新闸－苏河湾地区，正以对上海城市工业遗存、文博遗产集中片区的文化产业空间的更新再造的发展模式，基于沿河、湾区的形态，在政策支持和产业导向下，进行着空间营造，形成了较好的发展路向和范式，这也是城市更新和产业空间升级再造的必然趋势。

5.2　民间自发的上海文化产业空间再造案例分析

5.2.1　虹口－山阴路：群组式特色街区及风貌区的文化产业空间串联

山阴路所在的虹口区，文化资源悠久而丰富，尤其是以名人故居为代表

的文化名人遗产遗存较多，空间分布集中，资源特色明显。山阴路是上海特
色街道，因上海鲁迅故居坐落于这条小马路上而闻名，国内外众多中国文学
爱好者、鲁迅研究者、观光者等，慕名而来。山阴路及周边地区，主要以参
观名人故居、观看足球赛事、游览文化旅游线路及购买文博产品等形式，开
展文化、旅游、商贸等产业活动，形成一定的口碑和知名度，曾在上海名气
颇大。

　　山阴路及周边地区，文化产业发展较早，有一定的先发优势和知名度，
以鲁迅故居为核心的名人故居、历史建筑、博物馆、文史馆、古玩城等，是
珍贵文物鉴赏、特色文博活动、文化旅游参观的重要空间载体。以鲁迅故居
为代表，山阴路范围内各空间场域之间的关联度也较大，它们具有社会文化
要素方面的共同属性，早就形成了上海主城区中的成熟完善的特色街道、街
区、文化风貌区等文化产业空间场域，并多以"点－线－面"的空间组合
形式呈现。点，是文化产业空间载体，以山阴路的鲁迅故居为代表；线，是
文化产业空间的线性场域，以甜爱路涂鸦街为代表；面，是文化产业空间的
片区式空间和场域的集合片区，以环虹口足球场、环虹口公园地区为代表。

　　虹口区地域较广，但在山阴路地区，以上提及的"点－线－面"案例
地距离不远，分布相对集中。在空间上，鲁迅故居、街道、街区、风貌区以
不同的空间形态和组合样式呈现着，它们又都在山阴路范围内。因为空间的
形态、组合、样式等方面的不同，山阴路周边的文化产业再造空间，既有空
间集聚的现象，又不同于片区式、团组式的空间集聚，而更多是一定范围内
的群体化小团组的集合，是一个群落式的团组系统，是一个文化产业富集的
"空间群组"，并具有强调空间上相互关联的集合而又开放式的场域的属性。
它们在一个稳定而空间相对集中的城市文化生活及产业发展的片区、剖面和
维度上，吸引着对这个"空间群组"所具备的特有的社会文化要素特征感
兴趣的人群前来参与实践活动。它们的文化产业发展业态，也更多地彼此影
响、相互关联，逐渐形成了山阴路及周边地区的文化、商业、旅游观光三大
业态相互融合的格局。这种格局态势，并非政府主导，而是自发形成和衍生
的，是市场机制优化配置资源、产业业态遵循经济发展规律而造就的科学发
展的结果。是社会文化要素中具有共同属性的因子，通过非政府的方式，聚
合在一起。围绕着文化、名人故居等为主的社会文化要素，文化鉴赏、文化
休闲、文化购物、文化观光旅游、名人故居参观拜访等业态相互吸引、集
聚、融合，形成了空间上和产业上的集合，"文""商""旅"在融合中不
断创新，形成了涂鸦街、故居保护与开发、街区串联、文化旅游线路的重新
设计等新的发展趋向。山阴路及周边地区，业已形成的甜爱路涂鸦街、鲁迅

故居保护与开发、山阴路街区串联、文化遗产类文化旅游线路的重新设计，这些地域性的文化产业空间再造的新变化，本质上是优化、创新、赋能，客观上有助于促进山阴路及周边特有社会文化要素属性的所赋予的资源价值的实现，有助于促进这一片区地方性城市文化形象的再造，有助于这一片区地域性的城市文脉的梳理、整合、优化、宣传和经济社会的进一步发展。

山阴路及周边地区是文化名人故居及文化遗址遗存为主的、群组式的、民间自发形成和衍生的、"文""商""旅"业态融合创新下的空间优化与场域重构的、文化产业空间再造的典型性案例。由于它所处的地域原有的历史、人文、区位等条件和因素，特色街道、街区、街区式风貌区特征明显，这种以马路街区的样式为主的文化产业空间的资源整合和升级，又更多地呈现出"街区式串联"的特性和要求。

城市与文化、文化产业息息相关。城市文化遗产，尤其是位于街道、街区中的名人文化遗产的空间载体，往往容易被淡忘。上海虹口区名人故居众多（见表5-3）；位于虹口区腹地的山阴路，名人故居为数也不少。作为重要的近现代上海城市文化遗产因子，它们或散落于都市角落，或布陈于街道两侧，虽有极大的历史、文化、旅游、文物、产业等价值，却大多门庭冷落，保护显乏力，开发渐无策。

表5-3   上海虹口区主要的名人故居

名人故居	地址	文化信息
鲁迅故居	山阴路132弄9号	1999年5月被列为优秀历史建筑，市级文物保护单位
茅盾故居	山阴路132弄6号	二楼的一间房
郭沫若故居	溧阳路1269号	1994年2月被列为优秀历史建筑，现为民居
丁玲故居	昆山花园路7号	1999年5月被列为优秀历史建筑，现为民居
沈尹默故居	海伦路504号	沿街三层庭院式洋房
瞿秋白故居	山阴路133弄12号	老上海石库门建筑，全国重点文物保护单位
李白烈士故居纪念馆	黄渡路107弄15号	三层老式洋房，虹口区文化局管理
赵世炎故居	多伦路145号	—
孔祥熙故居	多伦路尽端250号	阿拉伯建筑风格，上海市近代优秀建筑保护单位，上海市文物保护单位

资料来源：笔者整理。

　　鲁迅先生是中国文坛巨匠、现代文学奠基人，具有巨大知名度和影响力。作为鲁迅先生生前最后居住地的上海鲁迅故居，就位于虹口区山阴路，是上海重要的城市文化遗产，是上海近现代城市文化重要名片和海派文化的重要地标，也是研究上海名人故居类文化产业空间再造发展路径和模式的典型案例。

　　下面将以位于山阴路的鲁迅故居为例，由点式的鲁迅故居入手，扩展到线式的山阴路、面式的山阴路周边地区，以点带面，实证研究，分析现状，剖析问题，提出建议，针对名人故居类文化遗产，讨论文化产业空间再造的发展路径和模式的完善与改进，以提升名人故居类文化遗产的文化产业空间的人文价值，提升上海国际化大都市的文化产业再造空间的多维发展的路向。其中，山阴路及鲁迅故居的再造路径和模式是：以文化遗产的空间保护为主，保护与开发并举，基于文化产业发展、文化产业空间再造的视角，整合地域资源，串联关联街区、优化空间路向，重设空间关系，实现"文""商""旅"充分融合路径下的文化遗产类资源的产业价值。

　　鲁迅故居位于上海市虹口区山阴路 132 弄 9 号（原施高塔路的大陆新村），是一栋红色的砖木结构三层海派新式里弄楼房，是鲁迅先生在上海的最后寓所。鲁迅于 1927 年 10 月从广州移居上海，到 1936 年 10 月 19 日逝世，在上海整整生活了 9 年。其间，他先是住在上海虹口区横浜路景云里，1933 年 4 月搬至此处，3 年多后病逝在这里。故居占地 78 平方米，建筑面积 222 平方米，分为三层。目前，鲁迅故居按鲁迅先生生前居住时的场景复原，屋前有小花圃，屋内分别陈列有客厅、卧室、客房里主人用过的简单家具和珍贵物品。在此居住期间，鲁迅先生先后编辑了《南腔北调集》《伪自由书》《准风月谈》等七本杂文集，翻译了《俄罗斯童话》等外国名著，编成《引玉集》等木刻作品集，并掩护瞿秋白夫妇、冯雪峰等共产党人在此居住。1999 年 5 月被列为上海优秀历史建筑、上海市级文物保护单位，对公众开放。

　　目前，鲁迅故居的发展现状如何？"以保护为主、保护与开发并举，文商旅融合，整合资源，优化空间"的文化遗产类文化产业空间再造的发展路径和模式，面临着哪些挑战，如何完善和改进？是否需要解放思想，在"以保护为主，保护与开发并举"前提下，更重视"文商旅"的业态融合，并整合资源，优化空间，串联街区，以带动虹口 – 山阴路地区社会经济的进一步发展。为此，笔者对参观的游客进行了问卷调查，对工作人员进行人物访谈。

　　调查设计的问卷（见本书附录），一共 20 题，基于文化产业空间再造的主题，针对文化遗产类文化产业空间载体的现状展开，分析空间再造的面临的问题、挑战，以讨论完善的方法和路径。问卷从九个方面对上海鲁迅故居现状、保护、开发等诸情况展开调查，具体如下。

（1）景点宣传：用来讨论上海鲁迅故居的主要宣传模式，以及参观者对这些宣传手段对参观者的印象；

（2）参观目的：用来讨论上海鲁迅故居的主要参观人群；

（3）门票：用来讨论参观者认为上海鲁迅故居的票价格是否合理；

（4）参观时间：主要讨论参观者每次游览上海鲁迅故居的总时间，以及影响这一时间的主要原因；

（5）参观收获：用来讨论上海鲁迅故居的内部内容结构所存在的问题；

（6）服务：主要评估参观者对上海鲁迅故居的服务满意度；

（7）交通：用来讨论上海鲁迅故居的可进入性问题；

（8）志愿者讲解：主要讨论参观者对上海鲁迅故居志愿者讲解内容是否满意；

（9）旅游纪念品：用来讨论上海鲁迅故居的旅游纪念品相关问题等。

发放问卷的对象是正在参观、游览上海鲁迅故居的市民与游客。主要采用实地发放的方式，辅以网络调查。因问卷预先设计的九个方面问题主要围绕上海鲁迅故居本体展开，未涉"游客来源"等较复杂的因子，故以鲁迅故居一地为发放端，对来此参观游客进行定点的问卷发放与调研，以利问卷所涉题目的数据收集和整理。计划发放150份及以上的问卷，向受访者赠送上海特色文化纪念品（如钥匙扣、小型文具、文化地标地图等），以利于问卷调查等实证活动的有效展开。问卷当场回收。

对故居工作人员，即主要针对故居讲解员的访谈，并对其访谈结果做记录、汇总、整理，用于研究分析中。

访谈设计了以下问题。

（1）上海鲁迅故居平时游客人数多吗？平日和周末的游客量大约每天多少人？

（2）一批进入故居的人数最多大约是多少？一般来这里参观的是组团来的还是自己来的？

（3）通常来这里参观的人中，哪一类人居多？年轻人、中年人、老年人的比例大概是多少？

（4）外国游客多吗？主要是哪些国家的游客？

（5）举办过什么文化活动吗？如展览、宣传、讲座、对外交流。

（6）您听到的对上海鲁迅故居较多的评价有哪些?

调查问卷共发放150份，回收148份，其中有效问卷共136份，并以此作为数据分析的主要依据。问卷中的基本信息和数据比例如下。

被调研者中，20~30岁的占了55.88%，并且以学生为主，50岁以上的离退休人员占了11.76%。被调研者来自不同的地区，其中，上海占26.87%、江浙地区占29.85%、北京、广东占7.46%、国内其他省市占25.37%、中国香港特别行政区、澳门特别行政区、台湾地区占5.97%、海外占4.48%，主要是一些来上海旅游的游客。

被调研者中44.12%的游客为第一次参观上海鲁迅故居，30.88%为第二次参观，有4.41%的游客参观鲁迅故居第三次甚至更多次，此类多数为上海的退休老人。对于参观上海鲁迅故居的游客来说，33.82%的参观者认为参观后更加了解故居的文化，13.24%认为亲近了历史，23.53%的参观者认为体验了过去的生活方式以及全面了解了鲁迅先生生前的生活，5.88%的参观者认为学到了鲁迅先生的思想。

问卷中的其他信息和数据情况见表5-4。

表5-4　　　　山阴路鲁迅故居文化产业空间再造案例研究的
调查问卷基本情况

统计属性	频数	百分比	统计属性	频数	百分比
单选题			多选题		
通过何种形式游览鲁迅故居			鲁迅故居周边交通问题		
个人自助	68	50	没有停车位	50	29
报名组团	24	17.65	只能靠步行	46	27
单位组织	32	23.53	没有明确标识	42	24
故居游览专线	9	6.62	公共交通站点远	32	19
其他	3	2.21	其他	2	1
通过何种途径了解鲁迅故居			鲁迅故居志愿者讲解存在问题		
朋友推荐	42	30.88	非常好，帮助了解故居历史	46	30
旅游手册	36	26.47	讲解内容单一	46	30
网络宣传	22	16.18	速度过快	38	25
电视报纸等广告	14	10.29	过程枯燥没有互动	20	13
其他	22	16.18	其他	2	1

续表

统计属性	频数	百分比	统计属性	频数	百分比
参观鲁迅故居目的			鲁迅故居旅游纪念品存在问题		
路过顺便参观	64	47.06	文化价值高，价格合理	42	18
学习工作任务需要	34	25.0	价格偏高	38	17
亲友导游	20	14.71	样式陈旧，不够新颖	44	19
旅行计划部分	18	13.24	缺乏实用性	46	20
其他	0	0	缺乏上海鲁迅故居特色	24	10
鲁迅故居门票价是否合理			制作不够精良	22	10
不合理，应该免费	60	44.12	没注意到旅游纪念品销售	14	6
无所谓	36	26.47	其他	0	0
合理，物有所值	38	27.94	导致鲁迅故居游人不多的真正原因		
其他	2	1.47	宣传太少，知晓的人不多	68	33
是否了解鲁迅故居背后的故事			文化设施布局过于单一	52	25
非常清楚	40	29.41	表现形式单一	44	22
比较了解	50	36.76	与参观者互动性不强	36	18
有点印象	34	25.00	其他	4	2
不了解	12	8.82	周边与鲁迅先生有关景点会去哪个		
在鲁迅故居停留时间			拉摩斯公寓鲁迅旧居	54	20
30 分钟以下	36	26.47	内山书店	52	19
30~60 分钟	84	61.76	景云里鲁迅旧居	50	18
60 分钟以上	16	11.76	鲁迅藏书室	56	21
是否满意故居服务			鲁迅墓、鲁迅纪念馆	62	23
非常满意	54	39.71			
较满意	64	47.06			
不满意	18	13.24			

资料来源：作者调查。

对上海鲁迅故居的两位讲解员志愿者进行访谈。为了便于区分，将两位讲解员分别以甲和乙加以标识。访谈者（提问）以 Q 代替，被访谈者（回答）以 A 代替。

对讲解员甲的访谈记录如下。

Q：上海鲁迅故居平时游客人数多吗？平日和周末的游客量大约每天多

少人？

A：平时游客量一般，周一和周五人数比较少。周末和节假日人数比较多，具体人数不好说。

Q：同一批进入故居的人数最多大约是多少？一般来这里参观的是组团来的还是自己来的？

A：最多 15 人左右，因为地方比较小，所以有每批的人数限制。一般组团来的不多，通常都是自己来的。

Q：通常来这里参观的人中，哪一类人居多？年轻人、中年人、老年人的比例大概是多少？

A：中老年人和日本人多一些，也有一些大学生，比例不好说，年轻的大学生比例也不少，都有吧，当然以中老年居多，有的来很多次。

Q：外国游客多吗？主要是哪些国家的游客？

A：外国游客是有的，主要是日本和韩国游客。

Q：举办过什么文化活动吗？如展览、宣传、讲座、对外交流。

A：举办过，有一些定期的宣传，比如参加虹口区的文化月宣传等，但不太多。

Q：您听到的对上海鲁迅故居较多的评价有哪些？

A：听说上海鲁迅故居在日本、韩国人中挺有名的。来看的都是慕名而来的、对鲁迅故居有些了解的人，算是小众群体吧。如果来的人太多，也装不下，现在这个人流量正好，附近也不好停车。

对讲解员乙的访谈记录如下。

Q：上海鲁迅故居平时游客人数多吗？平日和周末的游客量大约每天多少人？

A：平时游客不多，主要是周末和节假日多一些，但一般也就一百两百到头了。春秋天来的人多一些，夏天太热、冬天太冷，人不多。

Q：同一批进入故居的人数最多大约是多少？一般来这里参观的是组团来的还是自己来的？

A：最多 15 人，有规定，不能一批进去太多人，地方不大，人多的话，反而影响参观。

Q：通常来这里参观的人中，哪一类人居多？年轻人、中年人、老年人的比例大概是多少？

A：什么人都有，有一些大学生，有一些老年人，但基本都是外地来的，年轻人、中年人、老年人各占三分之一吧。

Q：外国游客多吗？主要是哪些国家的游客？

A：主要是日本游客，他们来了后询问得很多。

Q：举办过什么文化活动吗？如展览、宣传、讲座、对外交流。

A：有是有，但都是内部的培训和展览，对外交流主要是虹口区主办的，面向国外的不太多。

Q：您听到的对上海鲁迅故居较多的评价有哪些？

A：外地来的人，基本都去南京路、外滩逛，很少会来这里，了解上海鲁迅故居的人数量上不是太多。但有一些日本人是专程过来参观的。还有一个中国大学生说，他家是绍兴的，所以来看看，但是感觉比较一般，没有上海鲁迅纪念馆那么出名。

根据调查问卷、讲解员的人物访谈情况，分析虹口－山阴路鲁迅故居文化遗产类文化产业空间的现状与问题，分析"以保护为主，保护与开发并举"的发展路径面临的挑战，依次表现在以下几个方面。

故居参观者人数不多，以学生、中老年群体、日本韩国游客为主，多是慕名而来，专程前来参观的日本人表现出对上海鲁迅故居较高的兴趣。在周末和节假日，在春秋两季，会出现参观人次的波峰。相较于上海其他众多知名旅游景区，如上海博物馆、上海鲁迅纪念馆而言，上海鲁迅故居以小众参观者为主，爱好鲁迅文学思想的群体是它的主要到访群，这种定位是合适的、恰当的；但其宣传、交通、整合等诸要素是值得关注和需要完善提高的。

参观者大多都是以自助旅行的形式前来参观的，组团观览者少。上海鲁迅故居的宣传途径少，参观者在来访前了解故居概况的途径极少，宣传不到位，导致大多数参观者对上海鲁迅故居的背景知识了解较少。

上海鲁迅故居的门票价格，44.78%的游客认为是不合理的，虽然有学生票，但仍然被普遍认为价格偏高。文化名人故居对公众开放是否应当收费，这一问题，是很多慕名而来参观者共同关心的话题。

参观者在故居内部的停留时间普遍在30分钟左右，停留的时间相对较短，主要是由于讲解员的讲解内容比较简单循规、与参观者之间较少互动。故居内部的内容也比较单一，除了厨房、阳台没有对外开放外，其余的房间都是看似极其普通的家具陈列展示，无法完全体现鲁迅先生本人使用的特殊性。参观故居时，游客多由一位志愿者讲解员和一位保安共同带入，讲解结束后，便匆匆带出故居，没有给参观者预留自由观赏、把味、思考的时间。

旅游纪念品方面存在一些问题。首先，摆放的位置不够醒目，不少参观者表示根本没有注意到有故居纪念品销售；其次，所销售的纪念品比较陈旧、老套，缺乏上海鲁迅故居的文化特色，价格偏高，且收藏性不大；再次，没有专门的纪念品销售人员，服务有待规范化。

最为重要的是，上海鲁迅故居所在的山阴路及周边地区，交通不畅。山阴路道路比较狭窄，周边没有专门的停车场，亦没有临时停车位，给不少自驾车参观者造成了不小的困扰。由于周边的道路地形比较复杂，有些参观者表示故居比较难找，主道路口也缺少醒目的景点标识。此外，也有不少参观者表示公共交通的站点离故居比较远，地铁的通达性也不够。

通过以上对山阴路鲁迅故居的点式文化产业空间再造的客观载体的研究，可以看出，"虹口－山阴路"案例目前的总体现状是：（1）以鲁迅故居为代表的山阴路街区"以保护为主、保护与开发并举，文商旅融合，整合资源，优化空间"的文化遗产类文化产业空间再造的发展路径和模式，只看重"以保护为主，保护与开发并举"，却较少关注"文商旅融合，整合资源，优化空间"。（2）面临着形式单一、空间固化、文创不足、效果不佳的局面，知名度和影响力逐步下降。就空间载体本身而言，慕名而来的游客，多在狭小的空间、简单的形式、无趣的感想、静态的样式中完成参观游览过程，参观的主体来去匆匆、到此一游，被参观的客体门庭冷落、鲜人问津。就空间载体本身而言，凭借深厚的文化底蕴，拥有的名人故居良好的声誉和知名度，可充分利用声光、多媒体等技术，增强互动性和体验性，进一步提升参观的流畅度、亲近感、感知度。（3）就有共同属性特征的空间载体之间的空间关系而言，总体上，山阴路文化遗产类文化产业空间之间，依然呈现各自为战、独立发展、缺乏互动的局面，缺少深度的各路向的联系。立足于"以保护为主，保护与开发并举"的谋划，应扩宽思路，放眼全局，在方法上，将重点放在街道的串联、街区的连贯、街道街区之间的便利畅通、"文""商""旅"三种关联业态的空间融合。也只有这样，才能更大程度上实现地域性空间载体的呼应和空间资源的利用。

具体来说，宏观认知上，就路径和模式的改进而言，应自觉调整和完善空间发展再造的方法。在"以保护为主，保护与开发并举"的前提下，在社会文化要素等人文条件成熟、文化产业资源集中丰富分布、文化产业空间优势明显的地域板块，鼓励各方力量、要素，积极尝试和实施"以保护为前提的开发"，这样，才利于各方自觉进行城市空间的更新和城市业态的提升。这个发展路向，是类似"虹口－山阴路"案例的上海地方性群组式的特色街道、街区、街区式风貌区，在民间自发衍生型的生成机制下，进行更完善、更科学、更合理、更与时俱进的文化产业空间再造的前提。在这个前提下，应将街道的串联、街区的连贯、街道街区之间的便利畅通、"文"

"商""旅"三种关联业态的空间融合作为文化产业空间再造的重要举措和途径，作为文化空间场域赋新、改进的重要方法。

在具体操作上，基于"以保护为前提的开发"，整合地域资源，串联关联街区、优化空间路向，重设空间关系，实现"文""商""旅"充分融合，本书提出完善和改进"虹口－山阴路"地区文化产业空间再造的发展路径和方法举措如下。

第一，山阴路及周边特色文化遗产、街道、街区、风貌区，应与地域内具有共同属性特征的相关旅游景点和人文场所紧密结合，整合和优化现有的文化产业空间资源，提升空间呼应和互动，开辟和引导文化专项观览线路。

在"虹口－山阴路"周边地区，分布着大量与鲁迅先生相关的纪念地，除鲁迅故居外，还有鲁迅墓、鲁迅纪念馆、内山书店、鲁迅藏书室、拉摩斯公寓鲁迅旧居、景云里鲁迅旧居等（见图5-2）。

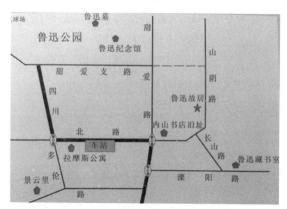

图5-2　山阴路周边地区鲁迅主题文化遗产空间分布

资料来源：上海鲁迅纪念馆故居管理部宣传页。

可以看出，山阴路周边，各个与鲁迅主题相关的文化遗产和景点之间距离并不是很远，但除了在每个景点的售票处有其余景点的宣传单页外，没有任何对于其余景点的介绍。知晓度的参差不齐，在一定程度上也成了这些相关度较高的景点之间游客参观量的冷热差距。可以将这些相关的人文景点进行优化和整合，开辟和设置成一条关于纪念鲁迅先生的专项观览线路，在相关路牌、地铁和公交站点增设导示标志，并以不同字体、颜色、图案加以显著标识，凸显其人文参观的特殊性特征，积极引导参观。将靠近地铁公交等公共交通站点、交通便利的鲁迅公园作为集合点、始发点，再循鲁迅墓、鲁迅纪念馆－鲁迅故居－内山书店旧址－鲁迅藏书室－景云里鲁迅旧居－拉摩斯公寓鲁迅旧居，最终回到始发点鲁迅公园。

本书调查问卷的数据（见表 5－5）也印证了整合空间资源和开辟专线的重要性和必要性。几乎所有的参观者都会选择周边其余的景点作为自己游览的下一个目的地，且多数参观者选择了不止一个景点。在收集调查问卷时，不少游客表示，对附近并不是很熟悉，不是特别清楚周边景点的具体位置。因此，经上海鲁迅纪念馆或故居的管理部门的建议和委托，由专业文化管理机构或旅行社专业人士设计出一条适合鲁迅故居及其周边人文景点的专项线路，不仅能在整体上提升鲁迅系列文化遗产的知名度和影响力，而且能满足鲁迅文化受众的观览需求，在适度提升游客参观量的同时，进一步做好名人故居等城市文化遗产类文化产业空间的完善和改进。

表 5－5   游客选择鲁迅故居周边景点参观的情况

对于山阴路周边与鲁迅先生有关的遗产地和景点，你会去哪个地方进行参观？	
统计属性	频率
拉摩斯公寓鲁迅旧居	54
内山书店	52
景云里鲁迅旧居	50
鲁迅藏书室	56
鲁迅墓、鲁迅纪念馆	62

资料来源：笔者访谈整理。

第二，增加设置停车位，增加设置景点标识，增加重要空间载体和场域的图文标识上的外语语种，优化道路基础设施，提升街道、街区的串联关系，提高公共交通的可进入性。

山阴路及鲁迅故居所在地区以老城居民区为主，周边多是小马路，停车场、停车位很少，地铁也相较偏远，公共交通和通达性需要进一步提升。然而，由于周边小区、商圈的设置已经比较成熟，因此，要开辟新的停车场有一定的难度。比较切实有效的方式是在山阴路设置临时停车位，专供去鲁迅故居、鲁迅纪念馆等地游览的自驾车游客停车，解决自驾车游客的停车难问题；在四川北路等主要道路处设置醒目的指路牌，引导游客前往故居进行参观游览；地铁轨道交通无法改变现有站点，但可以适当调整周边公交车的站点设置，方便公众乘车，提高故居游览的可进入性，为一定程度上增加游客访问量创造良好的交通通行条件。此外，重要路段的路牌标识的外语语种较少，给慕名而来的日本、韩国等主要外国人群体的参观游览带来不便，因此，增加对重要空间载体和场域的图文标识上的外语语种，也有必要。还应加强对重点路段的空间环境的规范和提升，完善道路基础设施，打通大路，疏通小路，优化空间路向，重设空间关系，实现"文""商""旅"业态的充分融合，提升街道、街区在各路向上的串联关系，提升位于街道、街区内的各种文化资源的互补互动。

就现有发展思路和路径就空间载体本身而言，山阴路鲁迅故居应充分利用声光、多媒体等技术，增强互动性和体验性，使其图文并茂、内容丰富、生动有趣，在原有空间载体中，进一步提升参观的流畅度、亲近感、感知度。就有共同属性特征的空间载体之间的空间关系而言，山阴路文化遗产类文化产业空间之间，应加强联系，扩宽思路。在方法上，应将重点放在街道的串联、街区的连贯、街道街区之间的便利畅通、"文""商""旅"三种关联业态的空间融合上，以在更大程度上实现城市更新下的地域性空间载体的呼应和空间资源的利用。

"虹口－山阴路"案例告诉我们，群组式的特色街道、街区、风貌区的文化产业空间再造，不宜简单地进行推倒重来式的重构、再造，而应以完善和改进的态势推进。在"以保护为主，保护与开发并举"的原则和前提下，应逐步鼓励社会各方"保护前提下的开发"，鼓励空间串联，鼓励业态融合，鼓励民间自发式的产业衍生式的空间态势的集聚发展，鼓励关于这一类文化产业空间再造的发展路径和模式的不断完善更新的尝试和实践。这样，才能出现更好、更全面、更科学的空间发展结构、路向、模式，促进城市空间的自我调整、自我更新；这样，也更利于地域性的社会、经济、文化事业的进步。

5.2.2 虹桥－虹泉路：环链式国际化社区影响下的文化产业空间自觉

在对虹桥－虹泉路地区进行走访和调研的基础上，笔者对文化产业空间再造的系列问题进行了考察和研究，将考察和研究的情况进行总结、归纳后，将一些重要的核心研究内容和研究思路制成表格（见表5－6）。表格中的各项内容相互联系，形成一个研究逻辑体系。

表 5-6　　　"虹桥-虹泉路"文化产业空间再造的案例研究总结

案例	虹桥-虹泉路			
空间结构总属性	环链（空间环链）			
环链特征	各区块内，产业业态各有特色，空间上资源互补、串联呼应、开放式链接			
生成机制	主要由交通、工作、生活、居住、商务公务活动、人员往来等非政府因素促成			
发展模式	跨文化的场域"对榫"：国际化影响的文化产业空间自觉			
案例地区	虹桥地区			虹泉路地区
具体地域范围	虹桥"空间环链"地区：以娄山关路为主轴的虹桥地区的东、南、西三线			虹泉路一条韩国街及周边万象城地区
具体地域范围	西线	南线	东线	虹泉路一条韩国街及周边万象城地区
具体地域范围	娄山关路-古北路-延安西路-上海国际舞蹈中心-洛城广场-中运量71路虹许路站-"老外街"-西郊鑫桥创意产业园一线	虹桥商务区的天山路商圈-虹桥艺术中心-娄山关路-金虹桥国际中心-上海油画雕塑院美术馆-上海国际展览中心-中运量71路凯旋路站一线	娄山关路-仙霞路-虹桥公园及郑多燕中国1号店（含健身中心、主题体验馆、咖啡厅等）-万都中心-尚嘉中心-虹桥万丰城-嘉顿广场一线	虹泉路一条韩国街及周边万象城地区
空间分布	长宁区，虹桥地区，使馆区临近地铁2号线娄山关路站、地铁10号线水城路站，沿娄山关路-仙霞路向西，以古北路、延安西路为轴，向南、向西延展	长宁区，虹桥地区，使馆区临近地铁2号线娄山关路站，以娄山关路为轴，南北向延展	长宁区，虹桥地区，使馆区临近地铁2号线娄山关路站、地铁10号线伊犁路站，以仙霞路为轴，向东、向南延展	闵行区、东西走向、临近紫藤路地铁站及周边万象城、吴中路等地区
形态组合	街道、街区、商圈、单体建筑、建筑群、城市交通廊道，形成多形态的"点-线-面-带-轴"组合式平面环链	—	—	街道、街区，向南北方向的居民区、商务区扩展，与毗邻的万象城、吴中路等地空间串联，形成"点-线-面"形态的多样化组合

业态特征	商业商圈、文化产业街区、休闲、购物、生活、居住、日韩特色饮食、日韩文娱体验	商业商圈、文化产业街区、休闲、购物、亲子、电影、话剧、培训教育、时尚购物中心、日韩主题商街、艺术展演、展览	商业商圈、文化产业街区、休闲、时尚购物中心、国际会议、展览、宾馆接待与服务业、国际文化产业交流合作	美食、购物、休闲、咖啡厅、文化商品等，韩国特色一条街
空间功能特征	日本、韩国等国际化社区、生活区及配套空间	成熟商务区、国际化商业街、使馆区、展区	现代休闲、购物、酒店、会展、国际品牌展销、国际文化交流等功能区	韩国特色一条街，周边有较大规模和数量的居住功能、生活服务休闲、学校教育等空间
空间结构属性	虹桥"空间环链"			虹泉路"空间链接"
相互关系特征、空间联系渠道	中观、微观尺度的各自"小环链"系统，宏观尺度的国际化空间的"大环链"系统，通过地铁、主干道、人员往来等非政府的渠道，实现空间呼应与链接			
空间再造的生成模式	国际化的功能性空间＋生活＋文化产业的再造空间的发展			
空间再造的生成路径	商务、公务＋生活＋文化产业的再造空间的发展			居住＋生活＋文化产业的再造空间的发展
空间发展的具体类型	航空、铁路枢纽、领事馆等国际化程度较高地区的文化产业空间发展、再造			国际化社区的空间影响和空间再造
非政府的影响因素（3个）	（1）靠近地铁、机场等的便利交通条件的因素； （2）办事和生活便捷的因素； （3）学习和就业为主的来沪动机的因素			

　　总体来说，"虹桥－虹泉路"的研究案例空间结构的"环链式"属性明显，"空间环链"成为这一地区文化产业空间再造的布局结构的主要特征。这其中，既有中观、微观尺度的各自地域性的"小环链"系统，又有宏观尺度的两大空间场域体之间的基于国际化背景的地区性的"大环链"系统。各个维度上的"空间环链"都体现出各区块内的文化产业业态特色，空间功能特征明显，空间与业态之间较好地融合，在空间效应上，资源互补、串联呼应、开放式链接，形成相互关联的产业空间系统。

　　中观、微观尺度上，虹桥地区的"空间环链"主要体现在南北向的以娄山关路为主轴的东、南、西三线及其关系上。地铁 2 号线的娄山关路站地处长宁区虹桥地区腹地，周边商务、经济、文化发达，人口众多，分布有多国领事馆、国际高端社区、时尚购物中心、文化创意街道、大型城市综合体、日韩特色商街、日韩生活社区及配套功能空间。由 2 号线娄山关路地铁站出口处出发，沿娄山关路向南，共有四大空间场域、三条线路、多个文化产业空间新载体，围绕文化产业空间的构建、再造、配置，各种业态、形态、组合的文化产业空间正在快速发展，形成"空间环链"格局。

四大空间场域，是指北部的天山路 – 娄山关路商圈、西部的领事馆区、西部的古北路"日韩"特色国际化街区、东部的国际时尚生活区。四大空间场域的空间功能定位不同，特色明显，但围绕文化产业进行空间再造成为主要发展趋势，文化产业的空间和业态是各片区的主要特征。具体来说，北部，围绕文化产业，重点发展成熟商务区、国际化商业街、使馆区、展览馆等文化产业空间功能，空间再造的业态聚焦于商业商圈、文化产业街区、休闲、购物、亲子、电影、话剧、培训教育、时尚购物中心、日韩主题商街、艺术展演、展览等；领事馆区、古北路街区，围绕文化产业，重点发展日韩国际化社区、生活区所需的文化产业配套空间功能，空间再造的业态聚焦于商业商圈、文化产业街区、休闲、购物、生活、居住、日韩特色饮食、日韩文娱体验等；东部，围绕文化产业，重点发展现代休闲、购物、酒店、国际品牌展销、国际文化交流等的产业空间功能，空间再造的业态聚焦于商业商圈、文化产业街区、休闲、时尚购物中心、国际会议展览、宾馆接待与服务业、国际文化产业交流合作等。

三条线路，是指沿娄山关路主轴向南、向西、向东，形成南线、西线、东线，与南端的东西走向的主干道"延安路高架路"实现闭合、环绕、回旋，由此形成虹桥地区的国际化特征的地域性"空间环链"格局。具体来说，南线的走向是：虹桥商务区的天山路商圈 – 虹桥艺术中心 – 娄山关路 – 金虹桥国际中心 – 上海油画雕塑院美术馆 – 上海国际展览中心 – 中运量 71 路凯旋路站一线；西线的走向是：娄山关路 – 古北路 – 延安西路 – 上海国际舞蹈中心 – 洛城广场 – 中运量 71 路虹许路站 – "老外街" – 西郊鑫桥创意产业园一线；东线的走向是：娄山关路 – 仙霞路 – 虹桥公园及郑多燕中国 1 号店（含健身中心、主题体验馆、咖啡厅等）– 万都中心 – 尚嘉中心 – 虹桥万丰城 – 嘉顿广场一线。

多个文化产业空间新载体，是指在这一地区内的各街道、街区、片区、线路上，近年来，新建、重构、再造了为数众多的文化产业空间载体和场域，如位于北部商圈的上海虹桥艺术中心、位于娄山关路上的金虹桥国际中心及日韩美食街、位于东线的仙霞路上的大型城市综合体虹桥南丰城和国际化时尚购物中心尚嘉中心、位于东线仙霞路与延安高架路交会处的大型综合一站式文化产业空间体嘉顿广场等，都是其中典型性的代表。

中观、微观尺度上，虹泉路"空间环链"主要体现在以虹泉路"韩国一条街"为主轴，向北与虹泉路平行的主干道吴中路及周边地区之间的串联、往复的关系上。位于闵行区的虹泉路为东西走向，临近紫藤路地铁站及周边万象城、吴中路等地区，以韩式美食、购物、休闲、娱乐、文化创意、咖啡厅、文化商品等为主要的文化产业业态形式，多年来，形成了韩国特色街区。原先，它以街道、街区为主要空间组合形态，向东西延伸，向南北方向的居民区、商务区扩展，与周边韩国人集聚的生活区一起，规模空间和文化效应不断叠加，经过多年发展，逐渐形成了具有一定规模的上海代表性外国人集聚的大中型移民社区——"韩国社区"。虹泉路地区空间上与虹桥地区南北呼应，具有明显的国际化特色，但作为带有一定国际化特征的"韩国社区"，与虹桥地区的商务、公务、领馆集中的国际化地域特性不同，其周边的空间风貌，主要体现了以韩国人集聚的居住功能和社会生活为主线而展开的地域特性。

地铁、交通、新建文化产业空间载体的落成等因素，给虹泉路地区的文化产业空间结构属性带来了变化。原先虹泉路的文化产业空间再造，主要空间结构属性是线性式的拓展，即以街道为轴，向街区的腹地进行延伸和扩展，在一个街道轴上做线性的产业空间衍生。而现在，附近原有地铁9号线的合川路站，加之地铁10号线龙柏新村站、紫藤路站的开通，给这一地区具有韩国特色的文化产业空间再造和发展，带来了又一轮生机和活力。

当然，在总体格局上，它还不如虹桥地区的环链特征明显，但已带来了新变化，形成了小范围地域性的空间与文化产业之间的良性互动。这种空间的串联、往复、链接，在性质上也属于"环链"，是中观、微观尺度上的国际化社区影响下的文化产业的"空间环链"。

更为重要的是，它改变了原先单一的以街道、街区的线性延伸和扩展的文化产业空间发展模式，因交通、人员往来、居住和生活需求等因素影响，如今，虹泉路地区的文化产业再造空间，与毗邻的万象城、吴中路等场域，已基本实现了对接、串联、融合，并已逐步融入上海的地域性文化产业空间发展中，形成"点-线-面"形态多样的组合样式。在跨文化的国际背景下，虹泉路地区的文化产业再造空间，已较好地实现了文化产业空间再造的上海本地化、本土化实践。这种新的态势和趋向，反映和呈现了上海文化产业空间再造模式中的国际化影响的功能性空间的自主性发展生成机制，是自发衍生的，主要通过地铁、主干道、居住、生活需求、人员往来、商务工作等非政府的要素带动的空间再造，是一种跨文化的场域对榫下的自觉式的整合、再造和优化过程。

宏观尺度上，虹桥与虹泉路地区，南北相望，在空间效应上，呈现出了功能互补、空间呼应、开放式的链接的特点，一定程度上形成了更大维度的紧密的空间关联系统。相较于中观、微观尺度的各自"小环链"系统而言，两地区的宏观尺度的国际化空间的"大环链"系统，主要通过地铁、主干道、人员往来、商务公务活动等非政府的渠道，实现空间呼应与链接。居住、生活在虹泉路的韩国人，在虹泉路周边地区的文化产业空间载体中，实践和参与着餐饮、娱乐、休闲、交流、培训等方面的日常化、常态化的文化产业活动，又会因为工作、学习、购物、商务往来、经济洽谈、办理签证等商务、公务事项的需要，通过地铁、公交系统等交通工具，前往空间距离不算远的虹桥地区，那里有各种以文化产业为主要形态的各种空间和业态的载体场域，从而完成了空间与功能、业态之间的对榫，资源有效互补，空间有机利用。

从"虹桥 - 虹泉路"案例中，可以看出，这一关联地区的文化产业活动和文化空间再造的过程始终在发展、变化。通过对这两个关系紧密地区的以上分析，还可以看出，其空间再造的两个生成路径可分别归纳为：虹桥地区，商务、公务 + 生活 + 文化产业的再造空间的发展；虹泉路地区，居住 + 生活 + 文化产业的再造空间的发展。进而可归纳出其空间再造的生成模式：国际化的功能性空间 + 生活 + 文化产业的再造空间的发展。如果基于外国移民社区空间分布特点的视角，考察虹桥 - 虹泉路的文化产业空间再造问题，还可以推导出影响其空间再造各维度、各路向发展态势和特点的三大影响因素，即虹桥 - 虹泉路的文化产业再造空间的各发展态势、特点，会受交通条件、办事和生活便捷度、来沪动机这三大因素的影响。[①] 这也恰与上述提及的分析和研判不谋而合：地铁交通、居住和生活的需要、商务工作、人员往来、签证等公务事宜，促进和带动了"虹桥 - 虹泉路"地区具有跨文化地域特色的文化产业空间再造与发展。

---

① 王涛，金昌庆. 上海外国人侨居空间特征分析：兼论上海"韩国社区"的移民文化 [J].
人文社会科学研究，2016（2）：305 - 327.

第6章

文化产业空间再造的横向借鉴：釜山模式

　　"呷一口月光入酒，漫天星光作陪。霓虹烂漫，倒影成双，一个人的旅程也可以如此炫美。"这是《在釜山》杂志 2014 年 6～8 月刊（夏季刊）扉页一段充满诗意的话。这段话，既完美呈现出旅行者自由惬意之情，也生动描绘了一幅流光溢彩、诗音如画的城市炫美景致。生活离不开城市，城市离不开生活。在城市人的生活中，文化扮演着重要的角色，城市文化本身亦是现代文明表征和人们生活的精神载体。文化的城市才有气质和魅力；文化城市的多元化、动态发展、融合创新，是现代生活的常态特征和城市可持续发展的动力。

　　韩国是一个城市文化与文化城市研究的典型地。20 世纪 70 年代以来，韩国成功实现了由农业向工业国家的转型，成为"亚洲四小龙"之一。中韩地缘接近、文化相通、关系友好、交流广泛，尤其是近些年来，"韩流"势不可挡，以 K-POP 音乐、韩剧、动漫等为代表的"韩流"，除了席卷包括中国在内的东亚、东南亚地区外，也传播到蒙古国、俄罗斯、西亚、欧洲、非洲、美洲及澳洲。韩国文化产业内容丰富、形态多样，文化内涵多元、产业化运作精良。这些，无疑与其生成土壤和文化环境，即国家文化政策、城市文化机理、文化产业地方特征、市民文化意识、文化产业融创等关系紧密。

　　釜山，韩国第二大城市、东北亚著名海港，号称韩国"夏季首都"，是一座山海交融的海滨文化城市，著名的国际旅游城市和节庆之都。能让旅行者流连忘返、自由惬意地"呷一口月光入酒"，在城市"霓虹烂漫"中独赏"炫美"风景的，是这个城市引人入胜的人文气质和文化体验，是和谐融洽的文化机理和文化产业的多元聚合与融合创新。

　　本章对釜山文化产业空间再造问题的横向国际案例的文本评述和分析研究，同样基于实地的田野调查，即针对釜山城市特有的社会文化要素、主要文化地标、文化产业富集区、代表性空间案例地和独特的文化互动现象，在多次深入的走访和观察基础上，对该市的城市文脉演进和整体特征做宏观把握和阐述，对该市的文化产业空间再造中的本地化发展、地域的"社区性"特质、发展的模式和经验等，进行中观、微观的分析和考察。

　　本章涉及的相关概念和理论，大致有：（1）场论。最早物理学中把某个物理量在空间的一个区域内的分布称为"场"，如温度场、密度场、引力场等，后运用于多个研究领域。本书将场论借用，以城市空间分布的维度，在"探因"部分，研究釜山的文化产业在布局和结构上的相互关系，提出"文化场"在釜山城市文化产业空间的连接、吸引和内生聚合效应中的重要作用。（2）"地方性"或"社区性文化特征"。前者最早是地理学中对

"人－地"关系研究的理论，其中有地方感、地方性、地方认同、地方归属、地方营造等多个相关概念，后在多个学科研究中得以运用，用以说明地方性特征，已形成一个完整的研究体系；后者是社会学中社区研究者最早提及的，后在民族学、文化人类学等多个学科广泛运用，虽文本上的表述略有不同，但强调地域上"社区性"特征的意思相近。在梳理釜山城市文脉、分析釜山城市文化产业特性及考察釜山文化产业空间再造典型案例地的过程中，基于社会学、民族学、人类文化学的社区研究思路，提出了"社区性文化特征"这一文本表述，"文化"一词意在呈现釜山城市地域文化的特殊性及产业空间在社区融入中的文化资源价值。（3）"差序格局"。费孝通先生在《乡土中国》一书中对中国传统社会和家庭结构特征的描述，即以自己中心并由此推展出去的一种人伦次序、组织形式和社会关系。近代中国，无论在社会整体结构上，还是家族家庭机理中，都依然体现这种几乎千年不变的"差序格局"。有别于中国"格局"的是西方的"团体格局"。本章将社会学研究中的"差序格局"借用，将韩国社会中"东西兼有"的"格局"进行比较分析，以探究韩国及釜山文化产业空间改造与发展中特有的持续创造力的成因，以期带来横向国际案例的实践发展的经验和模式的启发。

需要说明的是，本书选取韩国釜山市作为与上海进行横向比对的案例城市，这种比对不是严格意义上的比较研究，而是兼论性质的案例研究，是域外视角下的、横向性的、具有独立性的对横向比对和较为深入的案例探析。探讨和分析的内容也与本书的重点内容基本一致，即作为韩国典型大城市的釜山市，其独特的社会文化要素、特有的地方性特征、沿海沿江的地貌、文化资源价值的丰富与多元，这些属性特征，都与作为中国典型性大城市的上海的对应属性特征类似。基于此，探析韩国釜山文化产业空间再造的模式、经验、特点，考察其利用文化资源价值和地方性特征而进行文化产业发展的具体实践的路径，探究其因，以做一定程度上的借鉴之用。

本章结合文化产业空间再造的经验和模式，以文化空间资源和地方性为视角，涉及釜山的广安里地区、迎月路、甘川文化村、电影节场馆、文化会馆等代表性案例地。

6.1　诗意城市的古今：釜山的文化脉络与格局

从城市发展史的视角来看，釜山城市文化的产生、发展、演进、结构、文脉、机理，虽一波三折，却特征明显、井然有序，文化产业发展有其先天条件和人文环境，各方协力，水到渠成。

釜山位于朝鲜半岛东南端，与日本九州福冈隔海相望，属海洋季风性温带气候，四季分明，冬暖夏凉，昼夜温差较大。温和的气候、滨海的自然环境，处于东北亚陆路终端和海路十字路口的地理位置，成就了这座城市的海港特色和交通枢纽地位。李氏朝鲜（1392～1910年）初期，釜山出现于史料典籍中，以"浦"为后缀，称为釜山浦，"釜山"是因东莱佐川洞地区起伏丘陵中的甑山外形如铁锅而得名，"浦"是因东莱以南靠近大海边缘的小港口而得名。彼时，海上贸易开始兴起，作为天然深水良港，釜山城市对外贸易日益兴盛。

釜山市博物馆专设韩日关系室，虽称之为"室"，但展览面积、规模很大，藏品珍贵丰富。其中，不仅精细地绘制有"壬辰倭乱"前李氏朝鲜王朝、中国明朝、日本三国的国力比较示意图，还特别以多图标注了釜山在东北亚地区的地理区位。借用电子灯光技术，将北起日本北海道，串联东京都、京都、大阪，至九州福冈，通过韩日间海峡中的日属对马岛海路，到达釜山港，在朝鲜半岛由釜山所在的东南端，北连接至大邱、大田、首尔，迄于平壤，再经过南北方向的第二条通道，从朝鲜半岛北部的平壤出发，折返回釜山港的这一条韩日交往通道，完整形象地呈现给观展者。在釜山博物馆，朝鲜时期的"通信使"资料作为非物质文化遗产，被有效系统的保护和陈列出来，不仅有卷轴的长版画册，还复原了当时通信使的行列模型，行进队伍庞大齐整、各级官吏等级有别、各色人物栩栩如生。在朝鲜通信使行进模型中，有众多夹杂于队伍其中的日本人形象。可见，除受传统的中国文化的强烈影响外，近代韩国，尤其是最邻近日本列岛的釜山，受日本影响很大。

1873年釜山正式开埠，开埠后，便成为日本侵略的桥头堡。日本人在此新建众多军事设施和办事机构，越来越多的日本移民涌入，现在靠近釜山正南端的影岛区与市中心所在的中区连接的影岛大桥下的老式居民区，多半都是日式旧居，二层三层的日本式样的老楼老房交错分布，均是近现代日本移民及后代们的世居之地。为了还原历史、保护古迹，釜山市政府也并未对这一市区核心地段拆迁重建，而是尽量加以修缮、复原、保护。狭窄的巷道，佝偻着背的老人依然挪步与其间，做着家务或是贩卖些生鱼片，体现着釜山的历史和城市文化的多样性。

6.2 "国家 – 城市"关系互动下的
资源价值与地方性

　　通过梳理和评述釜山城市发展的文脉和格局，可以发现，釜山城市的地方性文化特性，有与韩国其他城市相通的共性，也有自身城市发展过程中不断形成、演进的个性。共性，是指作为韩国文化重要单元的城市的共同文化特征，即韩国文化的特征，映射和体现于城市文化中；个性，是指每座城市独有的文化魅力，它依托地方文化整体特征，并以当地的自然、风俗、节庆等资源要素呈现。釜山的城市文化是韩国文化的缩影和诠释；文化性的城市釜山，定位海洋之城、节庆之都，在海洋与大陆文化的冲突与融合中见证城市发展的兴衰，也彰显和创造着城市文化的个性。

　　中韩虽同属儒家文化圈，自近现代以来，中韩文化形成了各自十分鲜明的文化特征，区别已然很大。

　　韩国文化，笔者可用"三里文化"来形象说明其地域特性。"三里"是由韩语发音音译而来。"里"是韩语中"리"字的发音，"三里"是指"우리""빨리""요리"三个末尾以"리"音结尾的韩语单词，翻译成中文，分别意为"我们""快点""料理"。韩国人言必说"我们、我们的"，实际上，韩国人将"우리"广泛运用在口语中，仅仅只是一种语言使用习惯而已，并非表达太多感情色彩或是意识偏见。

　　韩国城市的文化亦表现出很多与他国的差异，尤其与中日相较，"趋不同"胜过"趋同"。在韩国良好的人文环境下，城市文化已出现了内生性和创造力，具有较强的地域文化特征，即地域上的"社区性文化特征"。基于地域文化，整合文化要素，运用于产业发展，形成和创造了其独有的文化资源价值。从国家层面上，K-POP音乐、韩剧、动漫、综艺节目、韩国电影、电子竞技、旅游观光、购物、整容、料理等，都是其文化产业"地方性"特征的具体表现。从城市层面上，釜山的海洋性自然地貌、港口城市、邻近日本、盛产海鲜、南方风俗、电影产业及由此衍生出来的众多节庆活动，如海洋节、沙雕节、渔祭、电影节、舞蹈节、烟花节等，也衍生出众多地域性的本土特色鲜明的文化空间资源，如曾为水营驻地的广安里海滩、海云台地区的迎月路、沙下区的甘川文化村、水营区的生鱼片广场、影岛大桥下的日本老宅区、釜山电影节主会场"电影的殿堂"、艺术演艺中心"釜山文化会馆"等，都是其重要的文化产业空间再造的载体和场域，都蕴含丰富的釜山特有的社会文化资源要素及产业价值，体现了其文化产业的"地方性"特征，也使得釜山文化产业的本土化空间营造成为可能。韩国釜山，其文化形式之多、内涵之深、衍生之广，文化产业化程度之高、运作之精良、影响之久远，文化产业空间再造的空间、地域、场所，在城市生活中延展开来，融入城市和社区机理中，为其他城市带来很好的启发和借鉴。

文化资源及产业的发展，在"国家－城市"互动中，体现出广义上的"泛"差序格局，影响到从家庭到整个社会。同时，在这个互动发展过程中，又存有不可忽视的两个变量，即普遍具有的较强的市民意识和社会协作上的"团体格局"，既强调个体上的个性创造，又注重团体协作的一致性，讲究整体上的步调一致和协调发展。

近代以来，社会内部的变革和国家外部形势的变化，使韩国无可避免地深受日本及美国文化的影响。韩国城市普遍注重文化城市的定位和文化产业的发展，自觉思考文化地方性和城市持续发展的动力。借助地方文化资源以发挥产业价值，充分有效地融入城市、城区、社区、街区，是韩国城市文化产业本土良性发展的重要路径。

6.3 广安里文化产业再造空间：
"社区性特征"与多元融创

注重文化资源价值，强调文化的地方性和产业的社区融合，在文化资源要素价值和"社区性特征"地方认同的双重动源下，城市与产业、产业与产业融合创新，这一点，釜山的经验值得借鉴。釜山文化产业空间再造与发展的实践，是韩国城市地方文化资源价值和文化产业"社区性特征"的最好示例，其中，又以位于釜山市水营区的广安里海滩地区为典范。

现代釜山，已进入后工业时代，虽然造船业、汽车业、港口物流业、水产品加工业等仍然在釜山产业结构中举足轻重，但多年来积累的传统工业已不再那么优势明显，产业结构优化调整后，市区很少见到工厂，文化产业取代了工业，成为釜山城市发展的现况和未来。釜山的城市特性，已更多表现为一种文化性。

文化、文化产业的大发展，不仅表现在产业权重上，更多表现在诸多城市文化现象中。号称"世界第三大文化产业输出国"的韩国，文化多元聚合，文化产业融合创新、形式多样，下文以釜山市广安里地区为例，管窥其资源价值和"社区性特征"。

　　釜山地处海滨，全市依山而建，面朝大海，自西部洛东江河口向东的沿海地区，有众多港口码头、海水浴场，其中，以海云台、广安里、松亭、松岛等海水浴场最为出名。广安里海水浴场位于中部的水营区，从西边的龙湖湾游船码头开始，讫于水营湾帆船竞技场和民乐水岸公园附近，沿海滩建有宽敞的海边漫步道，全长约3千米。在这漫步道上，不仅可以饱览全韩最佳良港海湾的美景，也几乎可以领略到釜山城市文化现象及文化产业发展中所有的精髓和脉络，也可显性地看出构成人性化之城的釜山城市文化产业的基本特征和发展动向。

　　步道不宽，用色彩和塑胶材质的不同来区分出人行步道和自行车骑行道。左侧沿街商铺，咖啡厅、赛车行林立，却显得低调不张扬。渐渐会看到游艇、老式捕鱼工具、渔业陈列馆，不一会便走到釜山著名的广安里樱花大道的路口。在运动器械区和休息区，有配以偌大图片的游览导图，机动车也不再允许通行。

　　广安里地区的文化产业业态多样、功能齐全，沿海滩岸线延展的空间布局合理，实现了空间上的互补、呼应、衔接，空间资源的利用度高，其文化产业再造空间的发展态势，是釜山城市文化和文化产业大发展的缩影。釜山强调人性化发展和人文关怀，意在打造文化的"多元化"和文化产业"均衡发展"的创意型现代产业经济，强调城市"地方性"和"社区融入"，文化产业发展基于地域特征、依托社区发展、嵌入市民生活，以求尽快形成以釜山为中心的韩国"东南经济圈"，凸显其"东北亚文化节庆之都"和"海洋枢纽"的城市地位。文化产业空间再造，与当地社会、文化、经济发展高度融合、衔接，互为机理，协同发展，这种发展思路，的确值得细究和借鉴。

6.4　文化产业空间再造的釜山经验与模式

　　对国家和城市而言，文化产业及其发展空间的升级和营造十分重要；"文化＋"和"文化产业＋"的宏观思路和发展格局，是未来的方向和趋势。釜山城市文化"多元聚合"和"融合创新"理念模式下的先进经验，也是注重文化资源价值和地方性文化特征良性发展的结果。

　　在全球化和互联网时代，和而不同、多元融创的韩国文化和文化产业，生机勃勃。2013年12月在韩国SBS电视台上映的《来自星星的你》（以下简称"《星》剧"），几乎同步在中国播出，并迅速掀起"都教授"热潮，一时风靡全球。该剧获得成功，而其产业运作模式的创新实践也被传为佳话。《来自星星的你》一剧，除在韩国仁川大学校园等多处地点取景外，有6处重要的露天外景地均取景于釜山市附近的海岛长蛇岛之上，分别是"山茶花隧道""猫头鹰瞭望台""长蛇岛分校－竹岛小学""连理枝树""临海公演舞台""艺术之屋"。

未拍《星》剧前，长蛇岛只是釜山市外距离巨济岛西南方向1千米处的普通小岛，相较而言，韩国第二大岛巨济岛更加有名。出品方 HE Entertainment 和发行方 SBS 电视台早已料到该剧播出后必定火热，就选取普通小岛"长蛇岛"作为外景地，在原有开放的海上公园基础上，边拍边建新的景点，如多层观景阶梯等。《星》剧成就了长蛇岛海上公园旅游景点的完善、宣传和营销，很多国外游客慕名而来，一睹剧中男女主角的浪漫场景，而长蛇岛也与巨济岛串联成一条成熟的观光线路，成为被众人熟识的花开满地的求婚圣地。韩剧《来自星星的你》的"剧－景"开发和运作模式，是韩国文化产业升级、创新的成功典范和生动案例。

另一个值得研究的案例，是2016年2月在韩国 KBS 电视台播出的《太阳的后裔》。它是一部16集的水木迷你剧，牵动数亿人，剧情动情感人，音乐婉转动听，并由此衍生出很多文化产业部类。有网友评论道："我们追捧的不单是人物的俊美"。仅就音乐而言，这部16集的迷你剧共有10首歌曲穿插其中，分别是：（1）尹美莱：*Always*，（2）CHEN&Punch：*Everytime*，（3）Davichi：《这份爱》，（4）Gummy：*You Are My Everything*，（5）Mad clown& 金娜英：*Once Again*，（6）K. Will：《说，干什么呢》，（7）Lyn：*With You*，（8）SG Wannabe：*By My Side*，（9）M. C the MAX：《让你随风而逝》，（10）金俊秀：*How Can I Love You*。韩剧《太阳的后裔》的"剧－音"联动模式是一大亮点，不走寻常路，在《星》剧运作模式基础上，新中创新，衍生了10首电视歌曲，带动了十多位歌手，影响了亿万观众。

釜山是韩国第二大城市，有400万人口，是著名的世界观光城市，有"节庆之都""海洋之城""影像名城""文化活动的天堂"等称誉，有着自己独特的城市气质和魅力，有着显著的城市文化形象。

文化产业空间再造的釜山经验、釜山模式，是以文化和文化产业为空间主导发展城市的空间实践的经验和模式，即考虑到釜山当地特有的城市演进特征、社会文化要素和地方性资源价值，去发展和再造文化产业空间，强调地方性的"文化营造"和社区融入，讲究空间资源的充分利用和均衡发展，注重再造空间的文化营造，凸显原生性和创意性，进而推动城市文化产业空间发展的多元、融合、创新。釜山文化产业的"空间再造"，表现为一种鲜明的"地方营造"的性质和特点，是文化空间的"经营和再造"。具体体现在以下方面。

（1）釜山有城市形象的一系列标识系统，以各种形态和样式，广泛运用于静态、动态的各类公共设施和空间场所中。如公交车车头上部位置的LED显示屏上，除显示车次线路、起讫站点名称等基本信息外，不断滚动翻屏，显示釜山城市LOGO："Dynamic Busan（动感釜山）"的图案。广安里海水浴场所在的水营区，海边步道上印有醒目的设计感"SeaYou"字样和广安里大桥的形象图，以体现大海的文化元素。地铁2号线，沿海岸连接城市东西，如恰逢将要停靠著名海水浴场景区的站点时，车厢内的报站声都会辅以海鸥、海浪的声音，人性化十足。而各类旅游宣传手册和市区地图，在机场、车站、地铁、大学、酒店，都能方便地免费取阅，中文版资讯的读物也都各有特色鲜明的标识性图文，如，《在釜山》封面为"Colorful Korea on your hand"、《来到釜山》封面为"DESIGN YOUR TRAVEL"、《外国人釜山生活指南》封面为"Life in Busan"等。

（2）重视整体的文化产业同时，又与其他韩国城市"趋不同"，空间利用与产业业态协作之间同步互动，错位发展，凸显优势。如着重发展节日庆典活动，活动形式多样、数量众多，同时又追求质量、求新求变。如今，作为"节庆之都"的釜山远近闻名，庆典活动的形式和数量也很丰富，以2016年釜山重要庆典活动为例（见表6-1）；而从质量和规格上看，釜山电影节、釜山海洋节都已成功举办多年多届，成效显著。尤其是釜山国际电影节，作为亚洲最具影响力的电影盛事，已上升为城市文化的战略高度和对外交流的城市名片。釜山电影节的空间发展，依托原有的釜山南浦洞地区成熟的影视氛围和商业环境，在海云台地区又新建了大型的电影节主题建筑载体——"电影的殿堂"，以此作为电影节的新的主会场，与南浦洞地区实现了空间上的互补、呼应、衔接。将通往"电影的殿堂"的沿海街道改建为电影主题观光街区，立有电影人物雕塑，挂有电影故事插画，并铺设了釜山第二个真人星光大道，供游人在电影节期间游览参观。釜山"影像名城"的赞誉家喻户晓，集中地凸显出了城市文化形象，较好地诠释了文化产业空间布局与营造所发挥的功用，极大地提升了整个城市的作为文化属性的城市特性和面貌，进而也提高了城市的国际竞争力和知名度。

表6-1　　　　　　　　　2016年釜山重要庆典活动日程

月份	庆典活动名称	日期	场所
4月	第33届釜山国际短片电影节	4月22~26日	"电影的殿堂"
	第5届釜山洛东江油菜花节	4月中下旬	大渚生态公园
	广安里渔坊节	4月22~24日	广安里海水浴场一带
5月	2016朝鲜通信使节	5月1~3日	龙头山公园、光复路一带
	海云台沙雕节	5月末6月初	海云台海水浴场
6月	2016釜山国际车展	6月2~12日	BEXCO会展中心
	第12届釜山国际舞蹈节	6月3~7日	海云台、釜山文化会馆
	第8届釜山"市长杯"国际冲浪大赛	6月24~26日	海云台海水浴场
	第9届釜山港节	6月中旬	东三革新地区一带
7月	第11届釜山国际儿童与青少年电影节	7月14~19日	"电影的殿堂"
	第42届釜山美术大展	7月22日至8月21日	釜山市立美术馆
8月	第21届釜山海洋节	8月1~7日	海云台海水浴场、广安里海水浴场等
	第11届釜山国际魔术节	8月4~7日	海云台海水浴场
	第17届釜山国际摇滚节	8月26~28日	三乐生态公园
	第4届釜山国际喜剧艺术节	8月末	BEXCO会展中心
9月	第19届釜山国际旅游展	9月9~12日	BEXCO会展中心
	2016釜山双年展	9月10日至11月12日	釜山市立美术馆、釜山文化会馆等
10月	2016釜山One-Asia节	10月1~23日	BEXCO会展中心
	第25届釜山札嘎其节	10月6~9日	札嘎其海鲜市场
	第21届釜山国际电影节	10月6~15日	"电影的殿堂"、南浦洞、光复路一带
	第12届釜山烟花节	10月21~22日	广安里海水浴场
	第16届釜山国际电影中介暨电影产业博览会	10月中旬	BEXCO会展中心

续表

月份	庆典活动名称	日期	场所
11月	2016 釜山招聘会	11月3日	BEXCO 会展中心
	2016 国际游戏展示会 G-star	11月17~20日	BEXCO 会展中心
	第8届釜山圣诞树文化节	2016年11月26日至2017年1月1日	南浦洞、光复路一带
12月	2016 新年市民敲钟仪式	12月31日	龙头山公园

资料来源：笔者整理。

（3）认真地对待跟文化有关的公共空间场所的构建、发展与串联。政府重视文化场所的建设，投入巨资，除因举办亚运会、APEC 会议而兴建的大型建筑外，釜山市设施一流的代表性大型建筑，基本都是文化设施和场馆，如釜山博物馆、釜山文化会馆、釜山市立美术馆、釜山水族馆、釜山电影节主会场"电影的殿堂"、BEXCO 会展中心、UN 联合国纪念公园等，且空间分布相对集中，有利于形成区域化的文化集聚效应，也便于开展各类专项的节庆活动。这些文化设施、场馆、公园（见表6-2），设计和管理先进，均采用最新的技术，电子化和信息化程度很高。例如，釜山博物馆主体是由两个场馆连体组成，并附有文化体验馆、户外展览馆、大礼堂、小礼堂等建筑场馆；侧门出口便可拾级而上，进入市民公园，而开放式的市民公园又与釜山文化会馆相邻，釜山文化会馆则由两座金碧辉煌的大型建筑构成，适于大中型演唱会和文艺演出，也是釜山夏季国际舞蹈节等活动的举办地之一。沿釜山文化会馆的二馆向西，步行3~5分钟，便可到达开阔的 UN 联合国纪念公园。

表6-2　　　　　　　　釜山主要文化设施、场馆、公园

类型	名称
文化类设施、场馆	釜山博物馆、釜山大学博物馆、釜山文化会馆、BEXCO 会展中心、水产科学馆、国立海洋博物馆、影岛海洋文化空间、釜山渔村民俗馆、东莱邑城壬辰倭乱历史馆、临时首都纪念馆
艺术类设施、场馆	釜山市立美术馆、釜山电影节主会场"电影的殿堂"、釜山电影摄影工作馆、BIFF 电影广场、国立釜山国乐院
休闲类设施、场馆	釜山水族馆、亚运会乡村俱乐部、水营湾帆船竞技场、儿童大乐园、乐天百货楼顶乐园、釜山动物园

类型	名称
城市公园	UN联合国纪念公园、釜山市民公园、海云台中央公园、APEC渡口公园、金刚公园、民乐水岸公园、二妓台公园、太宗台公园、中央公园、龙头山公园、江西体育公园、岩南公园、釜山庆南赛马公园、水营遗址公园

资料来源：笔者根据公开信息整理。

6.5　文化产业空间再造的国际经验借鉴

首先，多个文化产业设施、场馆、公园，馆馆相连，路路相通，开放式的联体规划，便于节庆活动的组织安排，最优地集中了文化资源，产生文化集聚效应。这种资源不断叠加，聚合效应明显，不断向外扩展开去，便形成了区域的"文化土壤"和环境——文化的"场"。在釜山，事实上，有文化历史遗迹展览富集的"场"，有艺术文艺富集的"场"，有体育休闲运动富集的"场"，有旅游观光购物富集的"场"，有流行音乐、酒吧、咖啡厅富集的"场"、有大学文化街区富集的"场"。一个个文化"场"与市民不断互动，相互影响，整个城市文化氛围浓郁，市民文化素质不断提升，文化的特性愈加显著。釜山的特性，已更多地表现为一种文化特性，其文化资源价值和文化产业得以较好发展，得益于釜山这座城市各文化资源要素之间、文化"场"与"场"之间、文化的市民之间、文化资源要素－文化"场"－文化市民之间的多维度多面向的紧密关系和良性互动，这种文化元素与机理间的不断聚合、推演，逐步形成和造就了釜山文化产业空间再造与发展的独特性。从城市空间分布的维度看，釜山的文化产业在布局和结构上的机理关系，加速了文化产业各资源要素的内部整合，"文化场"在釜山城市文化产业发展上，起着连接、吸引和内生聚合效应的重要作用。

其次，韩国文化虽多元共处，但社会和家庭结构依然受儒家文化圈的巨大影响。儒家讲究伦理纲常。费孝通先生在《乡土中国》一书中说到，中国"人与人往来所构成的网络中的纲纪，就是一个差序，即伦"，"这个社会结构的架格是不能变的，变的只是利用这架格所做的事。"韩国和釜山，作为国家和城市而言，社会结构基本仍是遵循这种"差序"人伦的，即以"己"为中心的讲究差等次序，这就是费先生所说的"差序格局"，全社会尊老爱幼，崇尚礼仪。但同时，又兼具西方社会的团体格局的特点，群己界限分明，讲求国会、宪法、真理、教义，市民的公民意识较强，这种团体格局使他们又不同于传统的中国式"差序格局"。所以，韩国和釜山的文化产业得以成功实践、完成转型升级，其文化产业的要素在空间发展和营造中，得以有机串联与衔接，其资源价值和地方性特征，得以较好地整合与凸显，其文化产业和文化空间发展过程中所呈现出的内生性动力及普遍的文化的自觉与创造力，都可能跟韩国"社会、家庭、个人"兼具"差序格局"和"团体格局"特征是有关联的。也就是说，其"这个社会结构的架格是不能变的，变的只是利用这架构所做的事"；① 在文化和文化产业的发展模式和路径选择上，在变与不变的研判中，他们可以不受体制机制上的束缚，解放思想，灵活实践，在规则和权责分明的情况下，调动各种生产要素，充分发挥创造力，不断地多元聚合、动态发展、融合创新，包括对空间关系的转向和利用。这也是现代城市文化发展的持久动力，是现代城市文化产业空间发展的可取之道。

再以迎月路为例。韩国釜山市的迎月路，位于釜山东北的海云台区，是海云台海水浴场通往松亭海水浴场的海滨山腰（卧牛山山腰）一段郁郁葱葱的林荫路。夹在釜山市东北郊两个知名避暑景区之间的迎月路，本是一条不知名的郊外小路，经过地域性的资源的规划和整合，进行了文化产业空间业态的打造，环境优化、空间营造，现已发展为釜山乃至韩国著名的海滨文化艺术休闲街区，有海滩、樱花、松树、步道，有各式咖啡厅、西餐厅、甜品店，还有十多家别致典雅的画廊。此外，还建有满足人们休闲生活的场所，代表性的有 DD（Dreamplant & Dreamsmile）牙科医院、Hanseam 教堂、冬柏 ART 中心等。与日本九州隔海相望的釜山迎月路，同时作为全韩观赏月出的最佳景点，吸引大批人前来约会、聚餐、漫步、赏月，熙来攘往，成为日常休闲好去处，被誉为"釜山蒙马特"。② 釜山迎月路成为韩国南部著名的摄影、休闲、文化艺术的产业聚集地，成为代表性的空间改造案例，是基于其特定区位条件和地域性社会文化特征属性的成功的空间营造典范，生动地再现和诠释了文化产业空间再造的资源整合和空间利用的重要性和必要性。

由迎月路的案例，显见的是，文化产业空间再造的釜山经验、釜山模式，是以文化和文化产业为空间主导发展城市的经验和模式，是基于釜山当地特有的城市演进特征、社会文化要素和地方性资源价值，去发展和再造文

① 费孝通. 乡土中国 [M]. 北京：中华书局，2013.
② 王涛，金昌庆. "环城岛"发展与人文营造：上海新型城镇化建设的模式与路径刍议 [J]. 上海城市管理，2016 (6)：32 – 36.

化产业空间。它看重空间营造，积极运用原有空间资源，依据特有的社会文化要素，巧妙地进行着特色文化资源的嫁接、扩展和创造性再生。在空间和产业的互动和衍生过程中，既实现了传统文化资源的空间保护，又实践了特有文化元素的产业开发。这一点，与本书研究的"上海基于特有的社会文化要素及其关系为逻辑依据，去进行文化产业空间再造上的布局、谋划和发展"的路径和模式，有关联和互鉴之处。

最后，正如前文所述，在城市更新、产业升级、地方性再生的宏观视域下，在釜山文化产业空间再造的实践中，还有很多典型的成功范例。比如：依据历史、经济、地理位置、文化、社会这五个要素，突出发展特色产业、文化元素等，甘川文化村很好地借用了传统文化资源，使原有的空间重生。作为港口城市的釜山，对沿海地区的文化产业空间进行有针对性、有主题性的再开发；借用"电影都市"的口碑，凭借电影制作和外景拍摄的资源条件和优势，釜山中区积极进行着地域性文化产业空间的再生；以釜山F1963为代表的文化艺术空置空间，得到了极大的整合和活用，旨在凸显城市文化艺术品位，吸引着大量受众慕名前往。

作为横向比对的国际案例，韩国釜山给我们带来的启发和借鉴有：它强调地方性的"文化营造"和社区融入，讲究空间资源的充分利用和均衡发展，注重再造空间的文化营造；它突出主题，个性鲜明，凸显原生性和创意性，进而推动城市文化产业空间发展的多元、融合、创新；它擅于借用原有的文化资源，活用特色的文化元素，运用特有的地方性民俗节日和国际化庆典，应用现代化的技术和手段，进行文化产业空间的嫁接、扩展和再生；在空间和产业的互动和衍生过程中，保护与开发并举，实现了传统空间的保护和特有文化产业的开发的有机结合和共同发展；釜山的各个文化产业的主体功能空间和场域，既有小范围的空间和业态间的互动与协作，又有更大范围的空间场域之间的互补与呼应；釜山各地文化产业业态多样、功能齐全，空间资源的利用度高，资源价值和地方性特征明显；釜山文化产业空间再造，与当地社会、文化、经济发展高度融合、衔接，互为机理，协同发展；釜山文化产业的空间再造，表现为一种鲜明的"地方营造"的性质和特征，是文化空间的经营和再造。这些釜山文化产业空间再造的实践经验和特征属性，都值得进一步细究和借鉴。

第 **7** 章

结论与展望

7.1 结　　论

"一个事物从不同的角度看，有不同的面目，我们要把它不同的面目都去了解清楚，但这其中还是有一种最主要的东西，是这一事物的本质现象，多面性和本质性要处理好。"[①] 本书的研究对象既有现象又有本质，既有复杂性又有可辨性，将各分析维度和研究理路汇总，基于前文对上海文化产业空间再造问题的阐释和论述，做出的基本研判，可归纳为以下内容。

上海文化产业空间再造的本质，是基于上海特有社会文化要素的空间再造场景与地方性文化环境的交融与体验的空间建构，暗含了空间融合和想象力、空间文化与记忆场景回归、人设和变现模式的革新、旧功能场域的文化产业赋能等诸多逻辑构件。表面上，属于城市的空间再造语境，实际上，是基于产业空间发展的文化记忆的活化与赋新。它既是文化产业的空间再造，也是空间的产业文化再造。

进一步梳理和总结前文提及的内容，归纳出以下具体研究结论。

第一，人文与产业发展共同影响文化产业空间再造。上海特有的地方性社会文化要素起着至关重要的作用，发挥着深层次的机理性的影响力。上海发达的传统商业对文化产业空间再造的影响力在下降，但更多地表现为向文化、商业、文化产业之间相互融合、创新发展的态势的趋向转型，上海文化产业的空间再造变得更加立体、丰富、多样。

第二，上海文化产业的宏观空间格局，依然带有"城－郊"二元的特征，但已发生面貌和结构上的变化，城市与郊区二元式的文化产业空间发展结构，不再体现为对立、矛盾、分层，而是梯度化、岛链式，紧密度加强，城市文化产业岛、环城岛、环城链、郊区文化产业带，有机互补、衔接。总体上更加集约、凸显特色、讲究"体"与"势"相济，是一种"局部"与"整体"协作的新的多元式"二元"。有行政区的边界，渐少有业态的边界，跨区、跨业态融合是现况，也是趋势。

第三，本书对上海文化产业空间发展新趋向、空间发展模式及特点、典型性案例的空间属性特征等重要而核心问题的分析和研判，均以上海特有的地方性社会文化要素及其关系为立论视角和逻辑依据。城市与社会文化息息相关，上海文化产业的空间再造问题，不可忽视的价值判断依据和要素，便

---

① 葛晓音. 器局：学者内心的修养［J］. 文艺研究，2016（1）.

是上海特有的独具海派地方性特征的历史、区位、人口、产业、生活空间、社会发展等社会文化要素及其相互的关联关系。这种关联关系，互相渗透、由表到里、深层次地影响着上海的社会发展机理和属性特征，自然，也反映和呈现上海文化产业空间再造问题的各种机理和属性特征。

第四，"空间集聚""团组样式"依然是这一领域持续关注的热点问题，也是包括上海在内的中国大多城市文化产业空间再造的发展目标和空间路径。但从上海最新的发展趋向看，"集聚"和"团组"出现分化，园区式集聚更应注意空间内向化与产业开放性之间的关系，空间与产业都具内向化特征，不利于空间的可持续发展。与内向化空间相反的是开放式空间，"群组""环链"是空间再造的进步形态。"群组"是"团组"的发展，"环链"是"集聚"的发展。在虹口山阴路等地，"空间群组"形态更显化；在吴江路周边地区、田子坊周边地区、虹桥地区等地，出现了不同维度和范围内的"空间环链"，基于空间系统论和"熵"效应的增减原理，这一形态，资源互补，空间呼应，业态融合，链接了空间路向、重构了空间关系。

第五，"文化产业空间"概念，在原有物理学、地理学的范畴基础上，具有引申意义上的内涵的丰富、外延的扩展。通过走访调研以及对具体案例的考察，这一概念有赋新的意义和价值。广义上的"文化产业空间"是分层级的、内涵外延丰富扩展的概念体，包括载体、场域、系统、心理意识等形式和层级。

第六，以上海特有的地方性社会文化要素及其关系为立论视角和逻辑依据，将上海文化产业空间再造的发展模式归纳为四个类型：社区赋能式的里弄民居、街坊老宅及附属地方的空间改造；工业遗存、文博遗产的地方性再生；"文""商""旅"业态融合的空间再造，包括"文""旅""商"街区式的空间串联、"文""旅""商"综合体式的空间搭建、"文""旅""商"片区式的空间融合这三种路径；国际化影响下的文化产业的空间自觉。

第七，基于城市更新、产业升级、地方理论，并考虑上海特有的地方性社会文化元素及其关系，考虑到上海社会经济发展多种路向特点，从地理学、社会学、文化人类学、心理学等与本书研究领域、对象、问题有关的学科出发，分析、归纳、推演、研判上海模式的四大特点：文化产业空间的想象力、区位的"人文-产业"特性、文化记忆的地方性产业再生、文化遗产空间的"超级存在"。

第八，通过对各自模式特点的学理和案例阐释，归纳上海模式中的空间再造的独特性。上海模式是海派记忆的重塑和想象力的再造；人文、区位要素，对空间再造起着关键作用；场景还原、地方性再造是重要路径，且与社会文化要素息息相关;本质特征是东方都市文化载体的超级存在;具有"物质载体－精神附着"与"文化性－产业性"并存的双重界域,并多维"对榫"发展。

第九,本书内容还包括对文化产业空间再造的上海典型性案例的具体考察。两大动力生成机制、四个发展模式、四个空间结构属性,这一分析的逻辑建构,将四个案例按照上述逻辑属性有机串联。两大机制为政府主导和民间自发,其中,政府主导机制涵义雷同,民间自发机制则又由两个不同类型属性的非政府要素促成。四个空间结构属性为滨江、沿河、群组、环链。案例各具各自机制、模式、结构属性的空间特征。

第十,本书的横向研究,是对文化产业空间再造的韩国代表性城市釜山市典型性案例的具体考察。釜山城市文化有地域性和独特性,文化性的资源要素也各有不同,在文化产业空间再造过程中,表现出较强的社会人文属性和地域上的"社区性文化特征",使其资源要素的价值得以较好推衍出生产力。在文化资源要素价值和"社区性特征"地方认同的双重驱动下,文化产业空间再造的各要素融合创新。釜山文化产业空间再造的实践中,强调地方性的"文化营造"和社区融入,讲究空间资源的充分利用和均衡发展,注重再造空间的文化营造,凸显原生性和创意性,以激发空间发展的内生性、持续创造力。釜山文化产业的"空间再造",表现为一种鲜明的"地方营造"的性质和特点,是文化空间的"经营和再造"。这一点,韩国釜山的经验和模式,值得借鉴。

以上的结论,有概念的赋新,有理论的丰富,还有一些重要的态势和路向的规律性和典型范式的推演和归纳,形成了本书的主要研究特色。如:在对上海文化产业空间再造的发展趋向的阐释中,基于对物理学、心理学等学科的交叉运用,对文化产业空间分布、结构、形态、组合等方面的阐释和案例分析时,将会对"文化产业空间"进行概念的赋新、内涵的丰富、外延的扩展。基于上海特有的地方性社会文化要素及其关联关系,以此为立论视角和逻辑推演的重要依据,重视上海历史、区位、人文、产业、社会发展等要素对空间再造的影响和渗透,由此层层推敲、步步推演,最终归纳出上海特有的文化产业空间再造的四种发展模式——社区赋能式的里弄、老宅及附属地的空间改造,工业遗存、文博遗产的地方性再生,"文""商""旅"业态融合的空间再造,国际化影响下的文化产业的空间自觉;及其发展模式的四大特征属性——空间的想象力、区位的人文产业特性、资源价值的地方性再生、空间的"超级存在"。结合走访和调研,在对代表性案例空间再造的新发展趋向的分析和总结时,归纳和推演出新的"空间群组""空间环链"等概念，并对其进行了概念的描述和解释，对其进行了特征的分析和阐述。指出："群组"是"团组"的发展，"环链"是"集聚"的发展；"群组""环链"是空间再造的进步形态，链接了空间路向、重构了空间关系。

对上海文化产业空间再造问题的研究，首先，可以呈现和推演出的本质问题为：在新型城镇化过程中，上海城市居民的现代信仰、思维模式或社会心的空间演进过程，即"意识流－行为流"的空间变迁。具体来说，是在文化产业空间再造中，由文化认同、消费倾向等因素形成和催生的价值观，影响到了文化消费和体验行为的方法论，表明了个体情感体验汇聚而成的社会整体微妙心理的现代化转向；都市大众的社会意识上原有的感性习惯和效仿式的单向简单模仿，发展到了更加注重"人地关系"意义上的人与空间的影响和互动，更加注重文化产业空间的层级、关系、区位、体验、符号、意义、价值等社会文化心理属性的内容；不再盲目跟风，不再在有限的空间和单一的样式下活动，而是多元多样、有机融合；是对原有时间、空间、闲暇、休闲、生活等思维模式和认知方式的地域诉求和解构。

城市更新伴随产业转型和消费升级，对上海文化产业空间再造问题的研究，还呈现和推演出文化产业在均衡问题上"生产－消费"两端的空间博弈与对话：文化产业空间的生产边际递减出现钝化趋向，"经济的产业的"与"文化的记忆的"双重属性带来的"边界分化"，表现为中心城区与郊区、地标性与非地标性、典型性与非典型性、文化性业态与多元融合性业态、有形物质载体与无形文化场域等多对多维度的机理与关系上。这是一种分异和矛盾，也隐含着一种辩证和统一。

对上海文化产业空间再造问题的研究，还可以呈现和推演出一种"空间再造的社会化动力"，即在社会发展和城市更新进程中，文化产业空间再造的自我沉淀、审视、调整，带动了"空间的社会化自觉转向"，尤其表现在上海国际化程度较高地区文化产业空间功能的转向上。对一个国际化大都市而言，在全球化语境和国际化社区影响下，文化产业空间再造的方式，由简单化的异域空间体验的复制挪移，转向更深层次、动态融合的空间关系的重构。就更具上海特有的地方性社会文化要素的本地化地域来说，这种自觉的社会化转向，更应是常态动力之一和可持续发展的基石。

当然，面临的挑战，也相伴其中，比如，存在趋同、同质化发展状况、简单复制、低效模仿，看重形式、功能不畅、效益不佳、产业力不足，整体过热和局部过热并存、发展不均；内向化、内卷化等。

文化产业空间再造是一个策略性的发展问题的求解过程，是通过对文化产业空间的平面铺展和立体重构的空间关系的解构、链接、赋新，以实现更好的城市生活质量。上海文化产业空间再造，本身隐含有一种文化代码和符号，是一种文化的标识性符号，作用和影响他人，将"社区－群体"与"社会文化－生活"联系起来，并试图使其更加紧密和固化。继而互为机理和因果，产生多维度多向路的关系，由此，在更大的剖面和视角上，推演和归纳其新趋向、发展模式、特性，呈现其内在规律、动力机制，带来基于上海特有的社会文化要素及其关系为逻辑依据和立论视角的研究范式和思路。在空间的还原、重构、再造、赋新等过程中，它体现主体与客体的跨时空的想象力、衔接度、融合性。一定意义上，它将现代人都市文化生活的问题结构和连接为一种新生活的机会，提供了一种更乐观和集约的方式，让人们热爱生活，探求自我，审视未来。

7.2 展　　望

7.2.1 上海文化产业空间再造的可持续发展

上海文化产业空间再造，在发展中不断融合、变革、创新，有一些先进经验和实践模式，同时也遇到一些问题和挑战。通过上文的分析研判，可以看出，目前，上海文化产业空间再造出现的问题有：地域割裂与非显性的辐射，"城－郊"二元空间的不均衡发展的局困，过热、趋同和"泛化倾向"的空间发展状况等。

基于已有的良好发展经验、模式，基于面临的一些发展问题、挑战，笔者提出一些建设性的意见，大致有：对上海虹口文化名人遗产富集区的整体提升工程，对上海周边代表性特色小镇的文化产业空间的营造，对"文化产业发展共同体"空间联盟的设立与发展的设想，设立上海文创产业综合试验区、注重选址及跨区协同，以双动机制促进上海"城－郊"二元文化产业空间结构发展等。以下举其中三例说明。

第一，开展对上海虹口文化名人遗产富集区的整体提升工程。积极探索上海市虹口区周边道路、街区、设施的整体规划和改造，建议以名人故居、特色街区、体育观赛、休闲娱乐为特色，由政府主导，吸引创业团队、资本等多方主体，建立"文化产业发展共同体"，研究文化产业的可持续发展机制，推动虹口区作为老牌文化资源富集区的再次发力。建议以多伦路文化街区、山阴路风貌区、甜爱路涂鸦文化街、四川北路文化商街为重点，通过空间再造、串联、提升，将由街道、街区、文化名人遗产、文化风貌区等空间要素及其关联关系而形成的空间群组进行串联、整合、活化，挖掘丰富的文化遗产资源IP，盘活名人故居、文博遗址、参观展览、文化观光等的空间场域，设计文创产品、内容、线路及衍生品，发展"文""旅""商"业态融合的空间，推动产业创新升级。由此，总结经验，推进其他具有一定特色的典型文化产业空间的再次升级和改造，进一步整合和挖掘空间资源优势，从而带动上海文化产业的高效运作和发展，带动上海城市更新中的产业转型和经济社会的进步。

第二，建议设立上海文创产业综合试验区、注重选址及跨区协同。当前，上海积极谋划和实践着打造全球竞争力"4+2中心"的各层级规划建设，前期已完成"2中心"之一的"全球科创中心城市"的选址工作，即浦东新区张江镇，它是张江科技园区的升级版，产业集聚、空间纵深、发展余地都属优质。而备受瞩目的"全球文化中心城市"，目前多以现有态势自发发展，文化产业空间再造在数量、质量、规模、知名度上虽均有快速发展态势，发展模式也较为独特高效，但还是缺少总体上具备战略性导向性的空间谋划和布局。除在远郊的上海自贸区设有文化产业进出口机制创新外，大多中小文化产业主体成为积极实践的"散兵"，老的历史文化风貌区已无法承载新的文化产业发展需求，在体制机制上需要大胆创新、实践，急需政府主导的可影响地域社会经济发展的相匹配的文化中心城市建设试验区，而文化产业实体的选址和产业配置又至关重要。基于此，建议上海创建"全球文化中心城市"所需依托的较大规模的空间场域，综合考量现有条件、区位优势、土地情况、空间配套和其他产业要素，建议选取环同济大学周边、环闵行紫竹园区周边、虹桥地区以西的新虹桥周边地区、上海浦东临近张江动漫谷的片区，可整体拿出或划出其中的部分土地、空间场域作为"上海文创产业综合试验区"作为备选的空间。

第三，在重点做好上海市区城区文化产业空间布局的同时，宏观上、整体上，切不可忽视作为上海城市重要组成部分的郊区的产业空间格局。上海郊区的新型城镇化和产业的合理布局，在上海城市发展及产业转型升级中至关重要。事实上，上海郊区很多新市镇和新城，正在着手发展各具特色的文化产业，突出地方性，发挥资源优势，体现产业价值。上海郊区文化产业发展不能孤立无援，单纯地"靠山吃山"，而应有空间意识，避免"马太效应"和均衡"城乡二元"发展。在实践层面，应积极探索和尝试郊区与城区文化产业空间上的遥相呼应和有机动态发展的长效机制，即联动与连动的"双动模式"。做好人文环境的营造，重点打造环城文化产业岛的业态空间布局，谋划郊区新城和市镇的特色文化产业空间功能区的发展。在新型城镇化、城市更新、产业转型的宏观语境下，在美丽乡村建设、田园综合体、特色小镇等一系列概念群集合的发展模式的带动下，上海文化产业空间再造的"环城岛"发展与人文营造至关重要。

首先，"环城岛"发展是关键。大都市郊区的城镇的文化产业空间配置，应被看作是非常重要的城市"环城岛"。"环城岛"文化产业空间的再造与发展不是孤立的，而要兼顾广义上的发展谋划。环城市城区的小城镇，最终的发展目的是形成各自特色，建立横向和纵向的联系，沟通资源和人才，促进本地发展。与其他城镇的互联互通也十分重要，"联动"和"连动"发展，可以更好地实现资源整合、资源互补。一般有两种途径：一是与邻近或优势城镇"联动"，共谋发展，形成特色产业，从而转化为产业集聚效应；二是与邻近或相似城镇"连动"，科学定位，错位发展，互相取经，形成小有名气的特色或亮点，尽快实现经济社会环境效益。联动式与连动式的发展中，应鼓励创新发展，鼓励打破以往的村镇发展老套路，如果都搞现代农业，都搞农业观光，都搞农家乐，不会形成良好的竞争 - 合作关系，很难形成由量到质的转变。按"联动、连动"的"双动"思路去进行"环城岛"城镇发展，本身就是为了更好地促成环城小城镇的链状发展和带状辐射。上海大都市周边小城镇的文化产业空间再造，可通过圈层设计、多维互动的"环城岛"发展思路，去尝试实现。

其次，在人文与产业关系上，着重发展具备人文、区位优势的低耗能、高附加值的文化产业，利用好现有土地和空间资源，做好文化产业空间的规划和布局。郊区和小城镇的文化产业空间再造，要营造人文生活环境，合理布局文化产业，吸引优秀人才创新创业。伦敦郊外的大学城文化、巴黎市北的蒙马特文化艺术村、首尔都市圈的爱宝主题乐园、釜山郊区的甘川文化村和迎月路等，都是值得我们学习的城市郊区文化空间再造的好案例。

最后，上海郊区特色城镇，除现有重点发展的汽车、钢铁、石化、造船等产业外，应鼓励有资源优势的城镇着力发展互联网、艺术、创意产业、旅游休闲、文化产业，促使空间集聚，积极培育和营造人文环境，做好空间的谋篇布局和全面升级改造，以惠社会经济的发展。

7.2.2　研究展望

本书在城市更新和产业转型的宏观视域下，以上海特有的地方性社会文化要素及其关联关系作为研究的立论视角和逻辑依据，做了上海文化产业空间再造的一些问题的研究。由于笔者才疏学浅，其中定不免有诸多遗漏、疏忽、误判的可能，也一定还有进一步改进、完善、发展的后续工作。

首先，本书涉及的基础理论主要为社会中的城市更新理论、地理学中的地方理论，在分析和研究上海文化产业空间再造的发展趋向和发展模式时，以上海特有的地方性社会文化要素及其关联关系作为研究的立论视角和逻辑依据，这应是属于文化人类学的理论方法。对文化产业空间再造问题的研究还需丰富和加强。对更多的基础理论进行进一步学习和理解，并尝试运用到今后的相关研究中，如：系统论理论、熵理论。本书虽在论及上海文化产业空间再造的新趋向一章中，对空间分布、形态组合方面的这两个变量和维度的新趋向的阐释时，基于系统论，提出了基于对走访和调研案例分析和归纳出的"空间群组""空间环链"新态势的发展趋向，也提到了"熵减"，并结合众多代表性案例，对这些空间现象的概念内涵、发展由来、演化路径、特征属性、案例表现等做了阐释。然而，基于系统论等理论的阐释力度还不够大，对系统论下的文化产业空间再造的发展路径归纳得还不够。

在现有理论基础上，学习和领会更多基础理论，包括系统论等理论，继而做进一步的深度的研究，是笔者今后的研究路向之一。这其中可能包括：系统论理论视角下系统与文化产业空间再造之间的机理关系；基于系统论理论的文化产业空间再造的生成、演变、发展路径；空间系统论的内涵和外延；在文化产业空间生成过程中，空间系统对市级的更大尺度区域空间发展格局的影响、互动规律，进而从生产到演化，再到动力机制，再到发展趋势的变化，尝试推演出一些文化产业空间再造的内部发展规律；加强对"系统与空间""系统与有机秩序""系统与熵"这三对重要关系的关注，进而从空间到系统，再到有机秩序，再到熵减，尝试推演出一些文化产业空间再造的优化路径和模式。

其次，在本书的多个章节中，对上海文化产业空间再造的具体问题开展研究时，运用了社会学、文化人类学、心理学、地理学、物理学、历史学等理论方法和研究范式，以交叉学科的视角，对"文化产业空间"进行了基于物理学、心理学等维度考量的概念赋新，包括概念的本义、引申义，概念的范畴、层级，概念的内涵、外延。对上海文化产业空间再造四大模式的特点，同样进行了基于心理学、社会学、历史学等维度考量的归纳和阐释，包括空间的想象力、区位的"人文－产业"特性、文化记忆的产业再生、"超级存在"等。虽说是概念和理论的创新尝试，也形成有一定程度上能自圆其说的理论解释逻辑内容和框架，但似乎学科交叉的集中度不够。

本书在研究思路和方法上，既不孤立地依托某一学科背景和理论，又不为了交叉而做研究，依托自己的学科专长，在深度、集中度上多做文章。针对文化产业的空间再造，还需深入挖掘一些概念、逻辑、研究思路、研究方法，加大深度和集中度，对与文化产业研究紧密相关的某一个或两个学科做精细化的学理性的深度思考，多学勤思，在稳定的几个关联性研究学科中，多交叉多协作，才能使文化产业方面的研究本身得以更加多元、立体、丰富的发展。这其中可能包括：利用自己的学科专长，重点依托文学、文化学，并结合文化人类学、民族学的研究理路，深度思考文化产业空间再造及其他相关问题的后续研究课题。

再次，在后续研究课题的内容上，还将重点关注包括文化产业空间再造问题在内的文化产业领域的研究，在学习和扩展研究视域、基础理论、研究思路的基础上，针对文化产业领域的一般性课题、焦点热点问题、学术前沿问题、国内外学者的最新研究课题、跨境的国际交流课题等，选取合适的研究对象，开展分析和研究。

由于时间、篇幅、学识等所限，本书对上海文化产业空间再造问题的研究还不够完善、不尽全面。今后对空间再造问题做后续研究可能包括：（1）对上海文化产业空间再造的格局和态势产生影响的因子的关注，重点关注人口情况对空间再造的影响及作用、在创新创业背景下的文创类青年创业者们对空间再造的影响及作用、地铁等主要城市交通工具对空间再造的影响及作用等；（2）在更具体的地域维度上，探讨上海文化产业空间再造问题，如选取上海市某一行政区、某一市区内街道办事处辖区、某一郊区新城、新镇辖区，研究和考察在这一更具体的地域维度上，文化产业空间再造问题；（3）本书在部分章节中曾提及消费升级、产业转型，但未深入，今后可进一步围绕消费者、消费行为、消费升级的特征等经济发展要素，考察消费升级背景下，以上海为代表的大城市居民的消费转向与文化产业空间再造的关系；（4）对上海文化产业空间再造过程中出现的问题进行后续的分析和研究，目前，已归纳出的问题和研究方向是：地域割裂与非显性的辐射，"城-郊"二元空间的不均衡发展的困局，对过热、趋同和"泛化倾向"的冷思考。考虑到的建议有：对上海虹口文化名人遗产富集区的整体提升工程、对上海周边代表性特色小镇及文化产业空间的营造、对"文化产业发展共同体"空间联盟设立与发展的设想、对上海文创产业综合试验区的设立、选址及跨区协同的建议、以双动机制促进上海"城-郊"二元文化产业空间结构发展等。具体来说，既可以按提出问题、解决问题的思路分别进行研究，也可以针对已经提出的每一条问题和建议，进行深度挖掘，结合案例和地域，做细致化、专题化的研究。

除对空间再造问题的后续研究之外，还会关注学术热点和前沿，开展文化产业相关问题的研究，这其中可能包括：（1）不同类型城市文化产业发展的路径、方法和模式；（2）新型城镇化背景下，村镇发展文化产业的发展路径、方法和模式；（3）选取一定的文化产业典型案例地和项目，开展文化产业的专题性、案例性研究；（4）研究文化产业内部各业态之间的融合与互动问题，如影视产业、创意产业、动漫产业、旅游产业、图书产业、演艺产业、艺术产业、舞蹈产业、音乐产业、设计产业、民族文化产业、游戏产业、出版产业、艺术品交易产业、文化装备与设施产业等；（5）文化产业与其他业态之间的融合与协同发展问题，如文化产业与商业、物流、交通产业、房地产等之间的融合与协同发展；（6）传统文化资源与文化产业发展问题，包括中国各民族传统文化资源、非物质遗产、民俗类遗产、民族歌舞、曲艺、手工业等的整合与活化、保护与开发、可持续发展与文化产业创新等，以带动资源价值的提升；（7）国外文化产业发展的模式和经验，包括美国、欧洲、日本、韩国等地的典型性文化产业发展模式、经验、实践、启发，进行比较研究；（8）文化产业的国际交流。除了这些，还会包括这一领域的其他研究课题，基于在自己的学科背景和研究专长的基础上，做课题选择和研究工作。

对上海文化产业空间再造问题的研究，是对一地文化产业发展的专题性研究，也是对上海的文化产业发展与社会空间之间关系的研究。本书以上海特有的地方性社会文化要素及其关系为立论视角和逻辑依据，分别对上海文化产业发展的历史演进、宏观格局、地域特征、空间发展新趋向、空间发展模式及特点做了分析和研判，并对滨江、沿河、群组、环链式的四种空间结构属性的四个典型性文化产业空间再造的案例进行了多维度、多路向、多态势的空间属性研究。

上海文化产业空间再造，带有鲜明的上海城市特色和地域特性，带有鲜明的文脉烙印和上海发展范式，带有文化产业空间再造的特有规律、属性、特征。它的发展，既是一个国际化大都市的经验和态势，也可反映某一维度和剖面上中国文化产业发展的路向和特征。上海模式，有其自身宝贵的实践经验，亦有需要提升的客观挑战，作为经济发达、文化多元、人口众多的中国城市发展文化产业空间的典型范式之一，扬长避短，不断完善，融合创新，自会价值彰显、人文呈现。

附录 关于上海鲁迅故居的调查问卷

您好！为了了解广大市民、游客对上海鲁迅故居的了解情况，进一步提升名人故居的文化知名度，我们特别进行了此次问卷调查。本次调查不用于任何商业用途，并采取匿名方式统计，对您的回答予以保密。您真诚而客观的意见，将对本研究起到很有效的帮助。

非常感谢您的参与和支持！我们将赠给您一份小礼物，以感谢您关心上海鲁迅故居发展和上海文化遗产的保护工作。

祝您身体健康、工作顺利。

1. 您的年龄？（单选题）

○20 岁以下   ○20 ~ 30 岁

○30 ~ 50 岁   ○50 岁以上

2. 您的职业？（单选题）

○政府工作人员   ○企业管理人员

○公司职员   ○文教技术人员

○工人   ○商贸服务或销售人员

○军人   ○学生

○离退休人员   ○其他_____

3. 您来自哪里？（单选题）

○上海

○江苏、浙江地区

○北京、广东

○境内其他省市

○香港、澳门、台湾

○国外（Foreign Country：Japan、Korea、Europe、USA、others）

4. 您以何种形式游览上海鲁迅故居？（单选题）

○个人自助游览   ○报名组团游览

○单位组织   ○专门的故居旅游线路连续游览

○其他_____

5. 这是您第几次来？（单选题）

○1 次　　　　　　　　　　○2 次

○3 次　　　　　　　　　　○3 次以上

6. 您是通过何种途径了解上海鲁迅故居的？（单选题）

○朋友推荐　　　　　　　　○旅游手册

○网络宣传　　　　　　　　○电视报纸等广告

○其他＿＿＿＿＿＿

7. 您此次来参观上海鲁迅故居的目的是？（单选题）

○路过了顺便参观　　　　　○学习或工作任务需要

○作为亲友的导游　　　　　○旅行计划部分

○其他＿＿＿＿＿＿

8. 您认为上海鲁迅故居的门票价格是否合理？（单选题）

○不合理，应该免费　　　　○无所谓

○非常合理，物有所值　　　○其他＿＿＿＿＿＿

9. 您对上海鲁迅故居背后的故事了解吗？（单选题）

○非常清楚　　　　　　　　○比较了解

○有点印象　　　　　　　　○不了解

10. 您在上海鲁迅故居参观停留时间是？（单选题）

○30 分钟以下

○30～60 分钟

○60 分钟以上

11. 您认为在参观了上海鲁迅故居后获得了什么样的收获？（单选题）

○欣赏了故居文化

○亲近历史

○体验过去的生活方式

○更深刻全面地了解了鲁迅先生生前的生活

○学到了鲁迅先生的思想、品德

○其他＿＿＿＿＿＿

12. 您对上海鲁迅故居的服务是否满意？（单选题）

○非常满意，服务人性化十分合理

○较满意，比较合理

○不满意，几乎没有任何服务

○其他＿＿＿＿＿＿

13. 您认为上海市政府对上海鲁迅故居的保护情况怎么样？（单选题）

○保护很完善　　　　　　　　○保护较完善

○一般　　　　　　　　　　○保护不完善

14. 您认为上海鲁迅故居周边交通存在哪些问题？（多选题）

□自驾车没有停车场　　　　□只能靠步行

□没有明确标识　　　　　　□公交、地铁等公共交通站点较远

□其他_____

15. 您认为上海鲁迅故居的志愿者讲解存在哪些问题？（多选题）

□非常满意，能够帮助了解故居历史

□讲解的内容单一

□讲解速度过快，没有时间品味故居内涵

□讲解过程枯燥，没有与游客互动

□其他_____

16. 您认为上海鲁迅故居的旅游纪念品存在哪些问题？（多选题）

□没有问题，文化价值高，价格合理

□价格偏高

□样式陈旧，不够新颖

□缺乏实用性

□缺乏上海鲁迅故居特色

□制作不够精良

□根本没有注意到有旅游纪念品销售

□其他_____

17. 您觉得导致上海鲁迅故居游客人数并不是很多的真正原因是什么？
（多选题）

□平时宣传太少，真正知晓的人并不多

□文化设施布局过于单一

□表现形式单一，只是普通的家具成列

□与参观者互动性不强

□其他_____

18. 对于周边与鲁迅先生有关的景点，你会去哪个景点进行参观？（多
选题）

□拉摩斯公寓鲁迅旧居　　　□内山书店

□景云里鲁迅旧居　　　　　□鲁迅藏书室

□鲁迅墓、鲁迅纪念馆

19. 您还会来上海鲁迅故居进行游览吗？（单选题）

○会　　　　　　　　　　　○不会

20. 您对上海鲁迅故居的保护和发展有什么意见或建议。

_____
_____
_____
_____

问卷到此结束，再次感谢您的积极配合！祝您旅途愉快。

参 考 文 献

[1]［美］Sharon Zukin, Philip Kasinitz, 陈向明, 于海, 钟晓华. 全球城市地方商街：从纽约到上海的日常多样性［M］. 上海：同济大学出版社, 2016.

[2]［美］安东尼·M. 奥罗姆, 陈向明. 城市的世界：比较和历史视野下的空间［M］. 曾茂娟, 任远, 译. 上海：上海人民出版社, 2005.

[3] 鲍宗豪. 培育世界城市的城市精神［J］. 毛泽东邓小平理论研究, 2003（3）：115－116.

[4] 常青. 从建筑文化看上海城市精神——黄浦江畔的建筑对话［J］. 建筑学报, 2003（12）：22－25.

[5] 陈立旭. 当代中国文化产业发展历程审视［J］. 中共宁波市委党校学报, 2003, 25（3）.

[6] 陈卫平. 上海：城市精神　海派文化　人格形象［J］. 探索与争鸣. 2003（7）：40－43.

[7] 陈犀禾, 王艳云. 怀旧电影与上海文化身份的重构［J］. 上海大学学报（社会科学版）, 2006（3）.

[8] 陈向明. 上海崛起：一座全球大都市中的国家权力和地方变革［M］. 上海：上海人民出版社, 2009.

[9] 陈向明, 周振华, 黄建富. 世界城市：国际经验与上海发展［M］. 上海：上海社会科学院出版社, 2004.

[10] 陈向明. 国界的扭曲：环太平洋地区的跨国空间［M］. Rim. Lanham, MD：Rowman & Littlefield Publishers, 2005.

[11] 程大林, 张京祥. 城市更新：超越物质规划的行动与思考［J］. 城市规划, 2014, 28（2）.

[12] 段云诺. 沈阳、广州区域文化产业比较研究［D］. 辽宁大学, 2013.

[13] 方可. 西方城市更新的发展历程及其启示［J］. 城市规划汇刊, 1998（1）.

［14］方田红，曾刚．上海创意产业园区空间分布特征及空间影响［J］．社会科学家，2011（8）：59－63．

［15］费孝通．乡土中国［M］．中华书局，2013．

［16］高宏宇．文化及创意与城市发展：以上海为例［D］．上海：同济大学，2007．

［17］葛晓音．器局：学者内心的修养［J］．文艺研究，2016（1）．

［18］洪世键，张衔春．租差、绅士化与再开发：资本与权力驱动下的城市空间再生产［J］．城市经济，2016（3）．

［19］洪伟成．上海文化消费跃上新台阶［N］．中国文化报，2016－05－05．

［20］胡惠林．论文化产业的属性与运动规律［J］．上海交通大学学报（哲学社会科学版），2007，4．

［21］胡惠林．时间与空间文化经济学论纲［J］．探索与争鸣，2013（5）．

［22］胡劲军．文化牵引上海新型城镇化发展的思考［J］．科学发展，2014（12）．

［23］胡雪子．文化艺术园区的都市再生战略——以上海 M50 和釜山甘川文化村的事例比较为中心［D］．首尔：建国大学，2017．

［24］花建．城市空间的再造与文化产业的集聚［J］．圆桌会议，2007：26－28．

［25］花建．面向 2020 年的上海文化产业空间布局［J］．上海城市规划，2012（3）：7－10．

［26］花建．文化产业集聚发展对新型城市化的贡献［J］．上海财经大学学报，2012（2）．

［27］花建．文化创意产业与相关产业融合发展的四大路径［J］．上海财经大学学报，2014（16）：4．

［28］黄建富．世界城市的形成与城市群的支撑——兼谈长三角城市群的发展战略［J］．世界经济研究，2003（7）：17－21．

［29］金兑铉．韩国文化产业国际竞争力研究［D］．吉林大学，2010．

［30］金泰根（音）．“电影都市”概念主题应用下的釜山中区的创造性再生［D］．釜山：庆星大学，2012．

［31］柯维佳．武汉市文化创意产业与城市更新的互动研究［D］．武汉：华中师范大学，2015（5）．

［32］冷观．城市精神与城市现代化［J］．上海经济研究，2003，（4）：

27 – 29.

[33] 李健. 创新驱动城市更新改造：巴塞罗那普布诺的经验与启示 [J]. 城市发展研究，2016（8）.

[34] 李萌. 基于文化创意视角的上海文化旅游研究 [D]. 复旦大学学位论文，2011.

[35] 李亚薇. 文化创意产业视角下的城市发展——以北京市和上海市文化创意产业发展为例 [J]. 特区经济，2012，11.

[36] 李炎. 论文化经济与时间空间的现代流变——与胡惠林教授商榷 [J]. 探索与争鸣（9）.

[37] 刘兵. 中国崛起中的湖南城市再造战略刍议 [J]. 南华大学学报（社会科学版）2006（2）.

[38] 刘东东. 城市转型背景下广州文化创意产业竞争力分析 [D]. 广州：暨南大学，2012（6）.

[39] 刘东吉（音）. 居民参与下的激活港口型都市的项目改造方案——以釜山北航再开发项目为中心 [D]. 庆尚北道庆山市：大邱大学，2009.

[40] 刘宏梅，周波. 透视新时期"城市再造"的乡土危机 [J]. 四川土木建筑，2005（1）.

[41] 卢汉超. 历史研究中的民众生活史研究问题 [M] // 张仲礼、熊月之. 中国近代城市发展与社会经济. 上海：上海社会科学院出版社，1999.

[42] 卢汉超. 美国的中国史研究 [J]. 清华大学学报（哲学社会科学版），2008（23）.

[43] 陆大道. 我国区域开发的宏观战略 [J]. 地理学报，1987（2）：97 – 105.

[44] ［美］马克·戈特迪纳，雷·哈奇森. 新城市社会学 [M]. 黄怡，译. 上海：上海译文出版社，2011.

[45] 马树华. 公共文化服务体系与城市文化空间扩展 [J]. 福建论坛（人文社会科学版），2010（6）.

[46] 孟潘磊. 创意驱动下的城市工业区复兴——荷兰埃因霍温 Strijp-S 区启示 [J]. 住区，2016（6）.

[47] 潘海啸，卢源. 大学周边产业形成动因及结构的实证研究 [J]. 城市规划学刊，2005（5）.

[48] 朴在郁，姜文熙，郑海容. 东北亚城市的增长战略和治理比较研

究：以釜山、大阪、上海为中心 [J]. 地方政府发展研究，2009（4）.

［49］沈金箴，周一星. 世界城市的涵义及其对中国城市发展的启示 [J]. 城市问题，2003（3）：13-16.

［50］石宁. 西安市文化产业集聚区多重效应研究 [D]. 西安：陕西师范大学，2013（5）.

［51］［英］史蒂文·蒂耶斯德尔，蒂姆·希思，［土］塔内尔·厄齐. 城市历史街区的复兴 [M]. 张玫英，董卫，译. 北京：中国建筑工业出版社，2006.

［52］蜀秦，徐琴. 全球化的创意产业与城市空间再造 [J]. 世界经济与政治论坛，2007，2.

［53］宋淑庆（音）. 闲置文化艺术空间的活用事例研究——以釜山市为例 [D]. 釜山：釜山大学，2017.

［54］苏智良，江文君. 双城记：上海纽约城市比较研究 [J]. 上海师范大学学报（哲学社会科学版），2008（5）：22-30.

［55］苏智良. 东亚双雄：上海、东京的现代化比较 [J]. 上海师范大学学报（哲学社会科学版），2007（4）：101-106.

［56］涂文学，罗翠芳. 美国学界的二十世纪中国城市研究 [J]. 江汉大学学报（社会科学版），2014（31）：6.

［57］王承云，杜德斌. 上海建设国际产业研发中心的模式选择与对策建议 [J]. 中国科技论坛，2006（1）：26-30.

［58］王国恩，杨康，毛志强. 展现乡村价值的社区营造——日本魅力乡村建设的经验 [J]. 城市发展研究，2016（1）.

［59］王晶，常俊杰. 城市产业空间定位研究——以上海创意产业区发展为例 [J]. 中国名城，2010（10）：27-32.

［60］王涛，金昌庆. "环城岛"发展与人文营造：上海新型城镇化建设的模式与路径刍议 [J]. 上海城市管理，2016（6）：32-36.

［61］王涛，金昌庆. 上海外国人侨居空间特征分析：兼论上海"韩国社区"的移民文化 [J]. 人文社会科学研究，2016（2）：305-327.

［62］王伟年，张平宇. 创意产业与城市再生 [J]. 城市规划学刊，2006（2）.

［63］王伟年. 城市文化产业园区因素及地域组织研究 [D]. 沈阳：东北师范大学，2007.

［64］王雪圣. 上海文化产业发展中政府行为的研究分析 [D]. 西安：西北大学，2013.

[65] 王亚南. 上海文化产业供需协调增长预期目标: 既往 20 年分析与未来 10 年测算 [J]. 社会科学, 2013 (3).

[66] 王颖. 中国文化产业发展战略研究综述 [J]. 经济论坛, 2009, 2.

[67] 吴明来. 城市文化产业对城市发展的影响研究: 以上海市为例 [D]. 福州: 福建师范大学, 2014.

[68] 肖红缨. 试论城市精神 [J]. 江汉论坛, 2004 (8): 126 – 128.

[69] 熊月之. 上海城市精神述论 [J]. 史林, 2003 (5): 1 – 12.

[70] 熊月之. 乡村里的都市与都市里的乡村——论近代上海民众文化特点 [J]. 史林, 2006 (2).

[71] 徐艳芳. 文化经济的空间依赖与空间再造——与胡惠林教授商榷 [J]. 2013 (10).

[72] 阳建强. 中国城市更新的现况、特征及趋势 [J]. 城市规划, 2000 (4).

[73] 杨德进. 大都市新产业空间发展及其城市空间结构响应 [D]. 天津大学博士学位论文, 2012.

[74] 杨吉华. 是过剩还是 "战略性短缺"? ——与张晓明、胡惠林、章建刚等教授商榷 [J]. 当代经济管理, 2013 (11).

[75] 叶郎. 中国文化产业年度发展报告 2016 [M]. 北京: 北京大学出版社, 2016.

[76] 尹艳冰, 马涛. 环渤海湾区位视角下天津市文化产业发展研究 [J]. 商业文化月刊, 2011 (12).

[77] 占绍文, 辛武超. 文化产业园区的界定与评价指标体系研究 [J]. 天府新论, 2013 (1).

[78] 张俊. 老城区旧里弄的文化功能转化与再造 [J]. 上海城市管理, 2016 (4).

[79] 张伟. 西方城市更新推动下的文化产业发展研究: 兼论对中国相关实践的启示 [D]. 山东大学学位论文, 2013.

[80] 张豫. 创意产业集群化导向的城市更新研究 [D]. 长沙: 中南大学, 2008 (5).

[81] 张中华, 张沛, 王兴中. 地方理论应用社区研究的思考——以阳朔西街旅游社区为例 [J]. 地理科学, 2009, 29 (1): 141 – 146.

[82] 张中华. 地方理论——迈向 "人 – 地" 居住环境科学体系建构研究的广义思考 [J]. 发展研究, 2012 (7).

[83] 张中华. 地方理论在城市休闲空间研究中的应用 [J]. 城市空间,

2012 (3).

[84] 章仁彪. 城市文明、城市功能与城市精神 [J]. 同济大学学报（社会科学版），2005 (2)：29-36.

[85] 郑国楠. 基于问卷调查的北京798文化创意产业集聚区影响力研究 [J]. 科技与企业，2013 (13).

[86] 钟雅琴. 基于创新的文化产业升级路径：以深圳为例 [J]. 中国经济特区研究，2015 (1).

[87] 周蜀秦，徐琴. 全球化的创意产业与城市空间再造 [J]. 世界经济与政治论坛，2007 (2).

[88] 朱彩清. 让历史、现在与未来共息：韩日都市更新专题考察与启示 [J]. 城市住宅，2016，4.

[89] 邹统仟. 旅游目的地管理 [M]. 北京：高等教育出版社，2011.

[90] 左琰. 上海弄堂工厂的历史兴衰与街区再生 [J]. 中国园林，2013 (7).

[91] Denise Yong, Honghai Deng. Urbanization, agriculture and industrialisation in China, 1952-91 [J]. Urban Studies, 1998, 35 (9): 1440-1441.

[92] Fengxiang Song, Michael Timberlake. Chinese urbanization, state, policy, and the world economy [J]. Journal of Urban Affairs, 1999, 18 (3).

[93] Glenn T, Trewartha. Chinese cities: Numbers and distribution [J]. Annals of the Association of American Geographers, 1951, 41: 331-332.

[94] Janet Salaff. The urban communes and anti-city experiment in Communist China [M]. The China Quarterly, 1967, 29: 82.

[95] Kang Chao. Industrialization and urban housing in Communist China [J]. The Journal of Asian Studies, 1966, 25 (3): 383-385.

[96] Kevin Honglin Zhang. What explain China's rising urbanisation in the reform era [J]. Urban Studies, 2002, 39 (12): 230.

[97] Laurence J C Ma. Anti-urbanism in China [J]. Proceedings of the Association of American Geographers, 1976, 8.

[98] Laurence J C Ma. Urban transformation in China, 1949-2000: A review and research agenda. Environment and Planning A, 2002, 34.

[99] Li Zhang. China's Limited Urbanization: Under socialism and beyond [M]. Nova Science Publishers, Inc, 2004.

[100] Rhoads Murphey. The fading of the moist vision: City and country in China's development [M]. New York: Methuen, 1980.

［101］ Shunfeng Song, Kevin Honglin Zhang. Urbanisation and city size distribution in China ［J］. Urban Studies, 2002, 39 (12).

［102］ Yuting Liu, Fulong Wu. The state, institutional transition and the creation of new urban poverty in China ［J］. Social Policy & Administration, 2006, 40 (2): 123.